JULIA BRUNS

DIE LANGEWEILE STIRBT ZULETZT

EIN SENIORENKRIMI

dtv

Von Julia Bruns
sind bei dtv außerdem erschienen:
Die Rache der Weihnachtsgurke
Der Weihnachtsgurkenfluch

FSC
www.fsc.org
MIX
Papier aus verantwortungsvollen Quellen
FSC® C019821

Originalausgabe 2022

Umschlaggestaltung: ZERO Werbeagentur GmbH
Umschlagmotive: shutterstock.com
Layout und Satz: Uhl + Massopust, Aalen
Illustrationen: Alexander Gröber
Gesetzt aus der Stempel Garamond
Druck und Bindung: Druckerei C. H. Beck, Nördlingen
Printed in Germany · ISBN 978-3-423-22000-2

Seniorenheime sind nur etwas für alte Leute. Das wusste ich vorher, aber Margot muss sich immer durchsetzen. Das ist bei ihr eine Manie. Das war schon so, als sie noch jung war. Damals sah sie nett aus und ich habe sie auf ein Eis eingeladen. Heute würde ich das auch noch tun, aber sie sagt, die Kälte und ihre Magenschleimhäute vertragen sich nicht. Abgesehen davon macht sie auf Anraten ihrer Freundin Hannelore eine dieser neumodischen Zuckerdiäten. Angeblich ist das gut für die Zähne. Wie natürlich Hannelore dahingehend aufgestellt ist, weiß ich nicht. Aber Margot kaut auf Keramik. Ich muss es wissen, ich habe die Leisten bezahlt. Jedenfalls findet Margot neuerdings immer einen Grund, wieso irgendetwas nicht geht, also alles, was außerhalb unserer Meldeadresse stattfindet. Es ist, als ob sie sich nicht mehr mit mir vor die Tür traut. Mich nervt das. Ich würde gern mal etwas erleben, und wenn es nur zwei Kugeln Eis in einem Waffelbecher sind. Margot sagt, mir wird hier genug geboten und meine negative Einstellung ist das Problem. Die Tatsachen sprechen dagegen, aber die überzeugen Margot nicht. Sie hat ihre eigene Linie und die hält sie konsequent. Das war schon immer so.

Meine erste Verabredung mit ihr lief eigentlich ganz passabel. Ich wollte mal sehen, wie weit ich komme. Margot wollte heiraten. Unsere Messinghochzeit ist nun zwei Wochen her. Fünfundvierzig Jahre plus vierzehn Tage. Margot kriegt eben immer, was sie will. Auch zwei Plätze in einem Seniorenheim.

Nun hocken wir hier. Ich denke, irgendwo muss man ja wohnen. Und Margot spricht nur noch von »meiner ganz reizenden Residenz«. Derartige Wörter hat sie für unser Reihenhäuschen niemals verwendet. Dreißig Jahre lang nicht. Dabei war das nicht nur abbezahlt, sondern ich habe auch noch jede Mode, die Margot gefallen hat, mitgemacht, sogar die Sache mit dem seniorengerechten Toilettenbecken inklusive Haltegriffen. Das hatte sie sich zum sechzigsten Geburtstag gewünscht. Deswegen jedenfalls hätten wir nicht ausziehen müssen. Wegen der geschwollenen Anrede auch nicht. Hier nennen sie uns »unsere lieben Gäste«, heben die Stimme und betonen dabei die Vokale, als hätten sie es mit ein paar lernbehinderten Grundschülern zu tun. Tatsächlich komme ich mir oft so vor. Margot sagt, sie wollte sich schon immer wie eine feine Dame fühlen und in unserer Siedlung wäre das niemals gegangen. Ich habe noch nie gehört, dass man dafür in ein Seniorenheim gehen muss.

Zwei erwachsene Menschen, einundzwanzig Quadratmeter, vier Mahlzeiten am Tag inklusive Wäscheservice. Wenn wir es wünschen, kommt sogar jemand, der uns die Fußnägel schneidet. Margot wünscht das so häufig, dass ich mich frage, ob ihre Zehen überhaupt noch Nägel haben. Ich kriege das alles noch prima allein geregelt. Abgesehen davon muss wenigstens einer auf das Geld achten. Der Laden hier ist verdammt teuer, auch ohne den Extraservice. Margot sagt, man muss sich einfach auch mal was gönnen. Diese Rechnung allerdings geht nur dann auf, wenn wir beide das fünfundachtzigste Lebensjahr nicht überschreiten. Oder einer von uns vorher ins Gras beißt.

Sollte es mich treffen, kann Margot zwar hierbleiben, aber sie muss auf die Sparversion umbuchen. Das mit der Fußpflege und dem ganzen anderen Schnickschnack kann sie dann vergessen. Doch das behalte ich lieber für mich. Seitdem wir hier sind, ist Margot aufgedreht genug. Sie kriegt sich überhaupt nicht darüber ein, wie toll sie das alles findet. Ich wiederum sehe keinen Unterschied zwischen dem Heim hier und einer Justizvollzugsanstalt, außer dass Letztere deutlich günstiger für die Insassen ist. Und etwas Sinnvolles zu tun haben die da drin meistens auch, wenn man nichts gegen Kugelschreiber zusammenstecken und Schrauben abzählen hat.

Ich hingegen spiele Schach, etwa sechs Stunden täglich, quasi auf Teilzeitbasis. Mein Gegner ist mein alter Freund Herbert Grusche. Wir waren fast dreißig Jahre zusammen im Schachverein. Dann musste Herbert ins Krankenhaus und ich ins Seniorenheim. Anfangs war ich fast ein bisschen neidisch auf ihn. Mit seiner Beerdigung hat sich das gegeben. Trotzdem spielt er immer noch besser als ich. Margot meint, es ist schon schlimm genug, dass ich mit einem Toten rede, dann könnte ich ihm nicht auch noch gram sein, nur, weil er der bessere Spieler ist. Ich hingegen finde, wenigstens jetzt könnte mich Herbert ab und zu mal gewinnen lassen. Aber womöglich hat sie recht. Im Alter sollte man die Dinge gelassener sehen.

Ich gebe mir Mühe damit. Wirklich. Dabei ist mir allerdings nicht ganz klar, wie weit ich noch an meinen persönlichen Grenzen schrauben muss. Nehmen wir zum Beispiel das Abendessen. Früher haben Margot und ich gegen sieben gegessen, etwas Brot, Aufschnitt, ein, zwei Flaschen Bier. Wenn etwas Besonderes anstand, hat sie auch mal ein Ei in die Pfanne gehauen oder ein paar Würstchen heiß gemacht. Wir haben dann ein wenig geplaudert, also Margot, denn die war den halben Tag zu Hause und bekam einwandfrei mit, was die Nachbarn so trieben. Mein Büroalltag war dagegen so harmlos wie ein Kindergeburtstag. Ich war bei der Kripo im Range eines Kriminalhauptkommissars. Heute klebt da ein a.D. dran. Mir war während meiner aktiven Dienstzeit nicht bewusst, wie sehr man zwei lumpige Buchstaben hassen kann. Aus der jetzigen Perspektive spielt der Beruf, den man einmal hatte, keine Rolle mehr. Wenn mich heute jemand fragt: Ich bin Pensionär. Das ist für mich nichts weiter als ein unpersönlicher Sammelbegriff, aber ich muss ja relaxter werden, verlangt zumindest Margot. Abgesehen davon fragt einen mit Anfang siebzig auch kein Mensch mehr, was man beruflich macht. Eigentlich schade, denn irgendwie bleibt man doch immer, was man ist. Margot sagt, das seien nur meine Hirngespinste. Sie war halbtags bei der Post, doch heute würde sie lieber nackt herumlaufen, als noch einmal etwas Gelbes anzuziehen. Noch dazu würde sie nicht einmal mehr eine Einkaufstüte über die Straße tragen wollen. Das scheitert schon daran, dass sie ohnehin nicht rausgeht. Aber wie gesagt, mit Logik brauche ich ihr nicht kommen.

Ich habe meine Arbeit immer gemocht. Margot erzählt jedem, dass sie beim nächsten Mal nie wieder einen Polizisten heiraten würde. Sie meint, der Beruf sei undankbar. Ich kann das nicht nachvollziehen. Immerhin leben wir bis heute gut davon, Margot noch mehr als ich. Sie wollte unbedingt in diese Residenz. Zudem frage ich mich, für wie gut sie die Chancen auf eine zweite Heirat hält, und vor allem auf welcher Basis? Wir sind beide im gleichen Alter, und selbst wenn man die Statistik heranzieht, was Margot niemals tun würde, fällt das kaum ins Gewicht.

Trotz meiner Jahresringe bin ich gut in Form. Lediglich der Gebrauch einer Schusswaffe könnte eventuell problematisch werden. Die Augen spielen dabei noch hervorragend mit, wenn ich meine Brille schnell genug finde. Meine Hände machen mir da eher Sorgen. Bei nasskaltem Wetter und Wind kriege ich mit der Arthrose in den Fingergelenken jedenfalls nur unter größter Mühe einen Abzug gedrückt. Aber das hänge ich nicht an die große Glocke. Und irgendwie ist es unerheblich, denn mit dem a. D. verliert man auch den Anspruch auf eine Dienstwaffe.

Jedenfalls habe ich mir fest vorgenommen, nach Margot zu sterben. Nicht, weil ich dann hier drin gute neunzig werden kann. Bloß nicht! Aber wenn ich wieder Single bin, kann ich mir eine eigene Bude nehmen und Herbert nach dem Schach hemmungslos ausmeckern. Ob ich wieder heiraten will, weiß ich noch nicht. Jedenfalls sollte meine Braut nicht auf Senioren-JVAs stehen. Ich verquatsche mich. Das kommt jedoch nur daher, dass ältere Menschen zu wenig Ansprache haben. Wenn die Chance besteht, lassen wir die aufgesparten Monologe der letzten Monate raus.

Aber zurück zu den Höhepunkten in diesem Greisengefängnis: den Mahlzeiten. Hier sitzen wir zu viert an einem Tisch, und bei der Platzwahl hat man so viel Spielraum wie das Strafregister der Straßenverkehrsordnung beim Überfahren einer roten Fußgängerampel in einer Spielstraße. Die mit der längsten Verweildauer besetzen die besten Plätze, wobei die Kriterien »Nähe zur Toilette« und »Sichtachse zum TV-Gerät« die wichtigsten sind. Veränderungen bedürfen eines Totenscheins. Erst dann wird nachgerückt.

Mich hebt das nicht an, denn ich verabscheue ein während der Mahlzeiten laufendes Fernsehprogramm, und auch meine Prostata kann noch genügend Disziplin aufbringen. Einige hier treibt diese Regelung aber in eine echte Lebenskrise. Bei mir ist es der Vierertisch. Natürlich mag ich gesellige Runden und entsprechend häufig hatten wir früher in unserem Haus auch Gäste, aber wenn man sich in einem fremdgesteuerten Lebensabend befindet, ist das anders. Hier entscheidet der Zufall oder das überengagierte Pflegepersonal über die Leute, mit denen man zum Essen zusammenkommt. Und Margot. Die hat nämlich unsere Selbstverpflegung abgelehnt, um sich bedienen lassen zu können. Die ungewollten Nebeneffekte hat sie wie so häufig nicht einkalkuliert, und dabei rede ich nicht vom finanziellen Aufschlag. Ich vergleiche die Mahlzeiten hier immer mit einem Candle-Light-Dinner in einem Restaurant, bei dem plötzlich zwei wildfremde Leute neben dem Tisch stehen und einem mit eindringlichen Blicken auf die letzten beiden freien Plätze im Lokal die Romantik versauen. In der Freiheit, also außerhalb eines Seniorenheims, hat man zwei Möglichkeiten: Entweder man wehrt die Störenfriede konsequent ab und rechtfertigt sich dann den halben Abend voreinander für dieses unhöfliche Verhalten, oder man gibt sich betont sozial, lässt die anderen Platz nehmen und redet bis zum Verlassen der Örtlichkeit nur noch Belangloses.

Nun ist es nicht so, dass der Diät-Streichkäse und die halbe Tomate, die im Heim serviert werden, irgendwelche romantischen Gefühle bei Margot und mir auslösen. Schon gar nicht bei mir. Margot findet den Käse »exquisit« oder

»superb«, beides Begriffe, die es in unserem früheren Dasein nicht gab, und tut so, als hätte sie sich fast ihr komplettes Leben danach verzehrt. Dabei hat sie immer bestimmt, was bei uns auf den Tisch kam. Manchmal möchte ich das Zeug nehmen und gegen die Wand werfen, nur damit sie nicht mehr minutenlang darauf herumschmatzt. Das kratzende Geräusch, wenn sie das Silberpapier mit ihrem Messer abschabt, wobei sie ihren kleinen Finger abspreizt, als wäre er Totholz, hätte sich damit ebenfalls erledigt. Das ändert nichts daran, dass ich schon gern selbst entscheiden möchte, mit wem ich meine Zeit verbringe, erwachsene mündige Menschen tun das zuweilen. Fehlanzeige. Wir sind also seit dem ersten Tag unseres Einzuges für die Nahrungsaufnahme auf Hannelore und Gerhard festgelegt. Man kann beide durchaus mögen. Oder eben nicht.

Mit Gerhard komme ich ganz passabel aus. Er ist auf seine Art ein cooler Typ – für einen Achtzigjährigen. Er sagt, dass er ins Heim gezogen ist, um nach dem Tod seiner Frau Marie-Luise etwas Besseres zu finden. Das Angebot schien ihm hier umfangreicher als bei einem nachmittäglichen Tanztee im städtischen Seniorenzentrum, und vor allem bekäme man durch das dauerhafte Zusammenleben einen ungeschönten Blick auf die Dinge. Ich verstehe, was er meint. Wenn man die ein oder andere mit Lockenwicklern, Bademantel und Latschen über den Flur straucheln sieht, weiß man zumindest, was man nicht will. Im Ergebnis jedenfalls scheint das Heim für Gerhard ein wenig zu viel Realität gebracht zu haben. Er hatte eine kurze Affäre mit Ingeborg, aber die wollte angeblich, dass er die Klamotten ihres verstorbenen Mannes aufträgt. Gerhard hat vielleicht seine Macken, aber geizig ist er nicht, und pietätlos auch nicht. Infolge dieser Erfahrung hat er schließlich die Suche nach etwas mehr als drei Jahren aufgegeben.

Einen Ersatz dafür hat er mittlerweile auch gefunden. Gerhard ist ein militanter Hypochonder. Das äußert sich nicht nur in unseren Tischgesprächen, sondern birgt auch jede Menge Potenzial für Marotten. Die Sache mit dem Alkohol zum Beispiel. Gerhard bringt es an guten Tagen zum Abendessen auf eine halbe Flasche Bier, denn er hat Sorge, seine Leberzirrhose zu befeuern. Ich darf mir dann den Rest nehmen. Wie gesagt, Gerhard ist kein schlechter Kerl, aber mal ehrlich, welcher kerngesunde Mann versagt an einer Flasche Bier. Und was muss das für ein armes Würstchen sein, der anderer Leute Neigen austrinkt? Ich gebe es zu, die ersten drei Tage bin ich standhaft geblieben, aber irgendwann sind die Dämme gebrochen. Bier kippt man nun einmal nicht weg. Und auf diese Art und Weise umschiffe ich die Gesundheitspolitik in diesem Hause.

Wieder so ein Ding. Normalerweise bestimmt man schon im Kindesalter, was man zu sich nimmt und was nicht. Gut, wenn man verheiratet ist, muss man auch da wieder Abstriche machen, aber die lassen sich diskutieren, ein wenig zumindest. Mit Margot war ich dahingehend immer auf einem guten Nenner. Drei Bier waren frei, bei jedem weiteren wurde gefragt. Jeder zusätzliche Schnaps wurde von der Biermenge abgezogen.

Hier gibt es dahingehend so gut wie keinen Spielraum. Frau Mehltau, die Leiterin der Seniorenverwahranstalt und eigentlich eine sehr umgängliche Person, macht die Bierregeln, und die lauten: Unter der Woche nicht mehr als eine Flasche für jeden. An den Wochenenden ist sie etwas großzügiger. Sie sagt, sie ist für unser Wohlergehen verantwortlich. Ich bin überzeugt, sie hat Angst vor Exzessen. Mit den Massen an Blutverdünnern, die wir alle intus haben, können die Verzehrmengen quasi ins Uferlose steigen. Ich meine, was haben alte Leute denn noch zu verlieren? Was mich angeht, ich schätze hin und wieder ein Schlückchen Alkohol. Warum denn auch nicht? Ich bin ein Mann in den besten Jahren, auch wenn mein Wohnsitz etwas anderes suggeriert. Und dafür geht auch noch meine ganze Pension drauf.

Manchmal frage ich mich wirklich, ob Margot eigentlich weiß, was sie mir antut. Früher jedenfalls war alles besser. Da hat sich mein Leben in Arbeitszeit und Freizeit unterteilt. Auch die Nuancen waren klar: neue Fälle, Ermittlungsarbeit, Urlaube, Feiertage, Dienstjubiläen, die Abende im Schachverein und so weiter. Das war etwas Reelles. Heute unterscheiden sich die Tage lediglich dadurch, ob ich ein oder zwei Bier zu mir nehmen darf. Aber ich beschwere mich schon wieder.

Mit Gerhard jedenfalls ist ein Auskommen. Hannelore hingegen ist eine echte Herausforderung. Margot sagt, ich soll nett über unsere Mitbewohner sprechen. Aber ich sehe das so: Wenn ich mit jemandem zusammenleben wollte, wäre ich nie bei meinen Eltern ausgezogen. Jedenfalls hätte ich mir die Leute in meinem direkten Umfeld gern selbst ausgesucht, so wie den Streichkäse. Stattdessen sind sie einfach da. Das ist ungefähr so, als würde man Straßenbahn fahren und danach die anderen Fahrgäste im Schlepptau haben, lebenslänglich. Ich weiß, »lebenslänglich« ist in unserem Alter nicht mehr ganz so dramatisch, aber das ist noch lange kein Grund, schon vorher aufzugeben. Ich soll es jedoch mit einer positiven Sichtweise versuchen, sagt Margot. Woher ich die nehmen soll, sagt sie nicht.

Hannelore ist ledig, neunundsechzig, und hat noch kein graues Haar. Wenn ich auf Jüngere stünde, würde ich sogar sagen, sie ist recht attraktiv, vorausgesetzt, sie klappt ihre Mundwinkel nach oben, was ich bei ihr noch nie gesehen habe. Mehr Nettes fällt mir nicht ein. Darüber hinaus ist sie Margots beste Freundin, was ich als ein echtes Problem empfinde. Nicht nur, dass die beiden andauernd zusammenhängen und ich mir dabei ziemlich überflüssig vorkomme. Das geht noch irgendwie, zumindest solange ich meine Schachduelle mit Herbert habe. Viel schlimmer ist, dass sie über mich reden. Ich habe Margot danach gefragt, aber sie sagt, das sei nicht so und ich nähme mich zu wichtig. Dabei habe ich genau gehört, wie sie mehrfach hintereinander »Herr Katuschek« gesagt haben. Herr Katuschek bin ich. Margot nennt mich so, wenn sie schlecht auf mich zu sprechen ist. Ansonsten sagt sie Helmut zu mir. Wie dem auch sei, ich möchte nicht das Gesprächsthema anderer Leute sein. Nicht einmal, wenn die anderen Leute meine Ehefrau sind. Das ist mir unangenehm. Überdies leuchtet mir nicht ein, was an mir so interessant sein könnte. Meine Nase sagt mir, dass Hannelore Margot gegen mich aufwiegelt.

Erst neulich habe ich mitbekommen, dass Hannelore meint, die Männer verdürben den Frauen grundsätzlich das Leben. Angeblich soll der Trauschein der Freibrief dafür sein, das Ganze noch zu perfektionieren. Wie gesagt, Hannelore ist nicht verheiratet und sie war es auch niemals. Was an ihrem Leben deswegen besser sein soll, erschließt sich mir nicht. Wenn dem so wäre, würde sie jedenfalls nicht andauernd über ihren Tod reden, ganz zu schweigen davon, dass sie den lieben langen Tag damit beschäftigt ist, die Zeit danach akribisch zu planen. Seit ich sie kenne, bereitet sie ihr

Begräbnis vor, und damit das alles möglichst authentisch daherkommt, kleidet sie sich schon jetzt konsequent schwarz und trägt eine Leidensmiene spazieren, die für normale Menschen nur schwer erträglich ist. Zu allem Überfluss bekreuzigt sie sich so häufig, dass man annehmen könnte, dies wäre eine Übung, um die Armmuskeln zu stärken. Wenn wir jung wären, würde Hannelore bestimmt zur Gothic-Szene gehören, aber in einem Seniorenheim gibt es derartig extreme Ausschläge bei den Lebenshaltungen nicht. Hier geht es insgesamt gediegener und damit überschaubarer zu.

Im Grunde genommen kann man die Insassen in zwei Fraktionen unterteilen: eine, die leben will, und eine, die sterben will. Mehr nicht. Die darüber hinausgehende Vielfalt des menschlichen Daseins spielt sich nur noch in meiner Erinnerung oder außerhalb dieser Mauern ab. Sehr bedauerlich, denn etwas mehr Abwechslung fände ich wirklich nicht übel. Hannelores Faszination für das Sterben scheint Margot jedoch nichts auszumachen. Hauptsache, an mir kann sie wegen meiner angeblich düsteren Gedanken hemmungslos herumkritisieren.

»Herr Katuschek, bist du noch bei uns?«, fragt Margot in diesem Moment, und ich kann schon allein an ihrem Tonfall hören, dass ihr irgendetwas ziemlich aufstößt. »Eine gemeinsame Mahlzeit lebt von Konversation.« Pause. »ALLER Anwesenden.«

»Helmut macht bestimmt das Sprudelwasser Probleme«, erwidert Gerhard. »Ich fühle mich davon auch immer so aufgebläht. Und wenn erst das Aufstoßen kommt…« Er winkt ab. Dann greift er nach meinem unangetasteten Glas und schiebt es ein wenig von mir weg, als wollte er mich vor mir selbst schützen. Unter Senioren hilft man sich eben.

Ich habe Lust auf ein Bier, mit Kohlensäure versteht sich, aber da wir gerade erst Mittagszeit haben, könnte ich mir auch wünschen, noch einmal zwanzig zu sein: Die Chancen gehen in beiden Fällen gegen null.

Hannelore wirft mir einen verächtlichen Blick zu. Das irritiert mich nicht, denn unser Meinungsaustausch beruht in letzter Zeit auf nahezu nichts anderem.

»Ich habe nachgedacht«, sage ich, um die Diskussion um meine Befindlichkeiten abzukürzen, und hole mir wie beiläufig mein Getränk zurück. Sprudel hat mir noch nie etwas ausgemacht.

»Was das nun wieder geben soll«, wirft Margot ein und tippt mit ihrem Zeigefinger mehrmals auf die unbenutzte Papierserviette neben meinem Teller. Dabei schaut sie mich nicht einmal an, sondern widmet sich umgehend wieder ihrem Gespräch mit Hannelore. Genau das meine ich. Ich werde, wenn überhaupt, nur noch für die Zurschaustellung erzieherischer Maßnahmen herangezogen. Was das in meinem Alter noch bringen soll, weiß ich nicht.

Seit wir hier untergebracht sind, besteht Margot darauf, dass ich meine Oberschenkel beim Essen mit einem Stück buntem Papier bedecke. Sie findet das vornehm. Ich denke, sie hält mich für einen tatterigen Greis, der das Essen nicht ohne Malheur zum Mund führen kann. Was die Servietten angeht, ist das Personal – oder sollte ich lieber sagen: *der gemeine Vollzugsbeamte* – sehr erfinderisch. Selbst wenn man das Haus niemals verlässt und keinerlei Außenkontakte hat, kann man anhand der Servietten erkennen, welche Jahreszeiten und Feiertage anstehen. Für all die, die schlechter beieinander sind als wir, kann das eine echte Orientierungshilfe sein.

Ich finde es albern, zumal es bei uns zu Hause früher eine weiße Küchenrolle auch getan hat. Die wäre ergiebiger und auch preiswerter. Aber davon will Margot nichts mehr hören. Ich greife also zu dem Papier mit den aufgedruckten Blumenbildchen und kombiniere: Der Sommer steht an und Margot ist schlecht gelaunt.

Die Mahlzeit naht. Für mich persönlich ist das zumindest eine willkommene Abwechslung in diesem Einerlei der Tage, nicht wegen des Essens, das geht so. Obwohl Janko Varga, der Küchenchef, bestimmt ein ganz passabler Koch wäre. Die ungarische Küche soll sehr gut sein. Ich hätte sie gern einmal probiert, aber solange ich im Dienst war, hatte ich kaum Zeit, Margot zum Essen auszuführen, und wenn, dann wollte sie nur zu »Schnitzelheinz« um die Ecke. Margot hat es nicht so mit Überraschungen. Und sie mochte den fertigen Pudding, den Heinz zum Nachtisch angeboten hat. Entsprechend habe ich alle kulinarischen Experimente auf meinen Ruhestand verschoben, wie so vieles andere auch, und die Rechnung ohne Margot gemacht. Rein theoretisch könnte ich nun zumindest jeden Tag ungarisches Pörkölt haben, wenn Janko nicht nur deutsche Hausmannskost in Seniorenportionen auf die Teller bringen würde. Seine Mutter ist Deutsche und vermutlich sehr dominant.

Ehrlich gesagt bin ich aber noch nicht dahintergekommen, ob der Koch allein das Problem ist. Womöglich sorgt sich auch Frau Mehltau bezüglich unserer Verfassung beim Verzehr von scharfen Gewürzen. Kurzum, das Angebot könnte besser sein. Aber ich soll mich ja nicht so viel beschweren. Entscheidend ist, dass wir von Selma, der Küchenhilfe, bedient werden. Sie ist mein Lichtblick in der Einöde, die sich nun mein Leben nennt. Selma nimmt nicht einmal das Alter ernst und teilt sich ab und zu heimlich im Park eine Zigarette mit mir. Ich rauche eigentlich nicht, doch für Selma tue ich es gern. Sie ist Anfang zwanzig, groß, klapperdürr und legt ziemlich viel Wert auf eine gleichmäßige Körperbemalung. Ihre Tattoos reichen sogar bis hinauf zum Hals, was ich persönlich nicht sonderlich ansprechend finde, bei Gerhard aber tagelange Monologe über Erkrankungen an den Lymphknoten ausgelöst hat. Was diesen Körperschmuck angeht, habe ich eine eigene Theorie. Selma ist zwar ein patentes Mädchen, doch sie ist nicht ansatzweise schön, ja nicht einmal hübsch oder zumindest nett anzusehen. Ihr Gesicht ist so asymmetrisch, dass jeder Phantombildzeichner jubilieren würde. Vor allem aber ist es ihr übergroßes Gebiss, das sie, das muss ich leider so sagen, ziemlich entstellt. Das allerdings tritt gegenüber der giftgrünen Schlange auf ihrem Kehlkopf so ziemlich in den Hintergrund. Selma ist wirklich clever, und das nicht nur, was die Verschleierung ihrer körperlichen Makel angeht. Und sie bringt ordentlich Leben in die Bude, denn sie ist nicht auf den Mund gefallen. Sie ist ein echter Kumpel.

»Das sieht verdammt nach fetter Linsensuppe aus«, stellt Gerhard mit lang gezogenem Hals und einem ungenierten Blick zum Nachbartisch fest. Seine Mimik taugt dabei nur bedingt dazu, die Freude auf das Mittagessen zu steigern. Er scheint sogar einen Würgereiz zu unterdrücken. »Oje, ich höre meine Gedärme schon galoppieren.«

»Trompeten trifft es eher«, entgegne ich angestrengt humorvoll, um mir nicht wieder den Vorwurf einzuhandeln, ich würde mich nicht an der Unterhaltung beteiligen.

»Herr Katuschek, bitte«, maßregelt mich Margot. »Wir werden gleich essen.«

Wie man es macht, ist es verkehrt.

Gerhard nickt. »Ja, ja, aber vor den Darmwinden kommt bei mir ein fieses Magenkniepen. Das muss an den ausgekochten Knochen liegen. Eine unangenehme Sache, die mich heute den ganzen Nachmittag ans Bett fesseln wird.« Er klingt auf nervtötende Art weinerlich.

»Das wird alles überbewertet«, murmelt Hannelore so mitfühlend wie immer. Zeitgleich schnappt sie sich ihr Besteck, als müsste sie es vor Taschendieben schützen, und hält begierig nach ihrer Portion Ausschau. Das macht sie mit allem so, was es hier scheinbar umsonst gibt, insbesondere aber mit dem Essen. Manchmal zweigt sie sich etwas davon ab, noch bevor wir anderen zulangen können. Dabei scheint sie eine besondere Affinität für Wurst und Fleisch zu haben. Für den Transport von Schnitzeln, Aufschnitt und in seltenen Fällen auch Obst taugen die Servietten übrigens ganz hervorragend, aber auch die langen Ärmel ihrer sackigen Strickjacken werden gern genommen. Dort schiebt sie übrigens auch beim Rommèspiel die Joker hinein. Aber ich sollte nicht so indiskret sein. Jedenfalls warte ich nur darauf, dass sie irgendwann einmal Margots Streichkäse für sich entdeckt. Dann haben wir Krieg und das Getratsche über Herrn Katuschek findet womöglich ein abruptes Ende.

Grundsätzlich ist es nicht so, dass mich Hannelores Essensraffgier stört, aber seltsam finde ich es schon, vor allem für jemanden, der lieber jetzt als später seinem Schöpfer entgegentreten möchte. Wie soll das gehen mit vollen Backen? Nach meinem Dafürhalten tickt Hannelore nicht ganz sauber. Ich wette, sie verkauft die Sachen, um sich ihre Rente aufzubessern. So eine Beerdigung geht ins Geld. Womöglich handelt es sich aber auch dabei nur um eine Show. Hannelore lechzt nach Aufmerksamkeit. Von mir wird sie die nicht bekommen, und wenn sie sich den kompletten Teller mit dem Aufschnitt in ihre Ärmel schiebt.

»Du hast recht«, erwidert Margot. »Wir nehmen das Essen viel zu wichtig. Es gibt Länder, da sind die Menschen froh, ein Schälchen Reis für den Tag zu haben. Oje, diese Genügsamkeit ist mir nicht gegeben.« Margot macht eine betroffene Miene und fährt andächtig über den Blumenzellstoff auf ihrem Schoß.

Mit Genügsamkeit hat das wohl kaum zu tun, denke ich und nippe an meinem Sprudelwasser.

»Zu viel Reis ist nicht gut. Er entzieht dem Körper Flüssigkeit«, weiß Gerhard. Er hat schon beim ersten Blick auf die Suppe damit begonnen, sich vorsorglich den Magen zu reiben. Auch sonst sieht er ziemlich leidend aus. Ich glaube, wenn er nur etwas mehr Mumm hätte, würde er aufstehen und fortlaufen. Aber was würde das nützen? In einem Seniorenheim kann man nicht einmal vor dem Essen flüchten. Irgendeiner trägt ihm seine Portion todsicher bis ans Bett nach. Ich an Gerhards Stelle würde mir etwas Diätisches bestellen, aber selbst das geht er nicht an. Lieber jammert er weiter.

»Oje, oje, jetzt geht es schon los. Nun gibt es kein Entrinnen mehr.« Er legt das Kinn auf die Brust, schließt die Augen und faltet die Hände, als müsste er das Unheil wegbeten.

Man könnte wirklich meinen, etwas Entsetzliches stünde ihm bevor. Stattdessen kommt nur Linsensuppe. Und Selma. Glücklicherweise. Sie lächelt. Etwas anderes habe ich von ihr auch nicht erwartet.

»Mahlzeit, die Herrschaften«, flötet sie in die Runde und stellt schwungvoll den ersten Teller vor Gerhard ab. »Ich habe dir nur extra magere Blutwurststückchen aufgetan«, erklärt sie liebevoll. Als Gerhard sich nicht rührt, streichelt sie ihm sanft über die Schulter, hält inne und schaut ihn mit todernstem Blick an. »In der aktuellen Apotheken-Umschau steht ein Artikel über Plattfüße. Den solltest du einmal lesen. Sehr interessant.«

Gerhard hebt die Lider und nickt unsicher, um im gleichen Moment einen Blick unter den Tisch zu wagen. Die Idee mit den Plattfüßen scheint ihm noch nicht gekommen zu sein, aber immerhin lenkt das seine Aufmerksamkeit und unser Tischgespräch von dem eher unappetitlichen Verdauungstrakt ab.

Der nächste Teller kommt angeflogen. »Hannelörchen, schickes Schwarz heute, neu?«, fragt Selma und zupft am Stoff von Hannelores Strickjacke.

»In meinem Alter trägt man nur noch auf. Alles andere ist so kurz vor dem Ableben Verschwendung«, antwortet Hannelore so lebensfroh wie immer und ohne die Augen von ihrem Essen zu lassen.

»Supi, umso mehr Knete kannst du mir vererben«, jubiliert Selma und zwinkert mir dabei keck zu. Mich freut das. An Margots angespannter Körperhaltung hingegen kann ich sehen, dass Selmas Benehmen ihr mal wieder gegen den Strich geht. Selma sieht in ihr nicht die feine Dame, die sie hier gern wäre. Und ich mag Selma. Das sind für meine Frau gleich zwei Gründe, sie unsympathisch zu finden.

»Und auch eine Suppe für dich, Margot«, fährt unsere Küchenfee fort und balanciert den nächsten Teller heran. »Der ungarische Meister der Fertiggerichte hat nur für dich auf den Zusatz von Zucker verzichtet. Ich hoffe, du weißt das zu schätzen.« Mit Margots Suppe landet auch ein kleines Schälchen mit Zucker auf dem Tisch, nur zur Sicherheit. Margot, deren Zuckerdiät kein Geheimnis ist, nimmt das als Provokation, was es ohne Frage auch ist, und würdigt Selma keines weiteren Blickes.

»Ich danke dir, meine Liebe«, sage ich, noch bevor meine Portion aufgetragen wird.

»Das habe ich in über vierzig Jahren nicht einmal dann gehört, wenn ich ihm den schönsten Braten serviert habe«, beschwert sich Margot, ohne von ihren Linsen aufzusehen, und setzt etwas leiser, aber leider für mich und sicherlich auch alle anderen am Tisch noch hörbar hinzu: »Aber bei dieser Person überschlägt er sich. Bei *der* genügt es, wenn sie die Teller tragen kann. Dabei sieht sie aus wie ein Pferd, das in einen Farbkasten gefallen ist.«

»Sie ist nun mal jung«, krächzt Hannelore bösartig. »Wie ich es dir immer sage, Männer sind verschwendete Lebenszeit, alle nur verschwendete Lebenszeit.« Sie ist heute wieder besonders gut drauf. »Er wird es dir niemals danken. Niemals!«

Ich finde es nicht sehr höflich, über einen Anwesenden in der dritten Person zu sprechen, doch neuerdings ist das bei den beiden gang und gäbe.

»Ich habe dir eine Extrascheibe Blutwurst reingetan. Die isst du doch so gern«, flüstert Selma mir zu. »Guten Appetit, Helmut, und lass dich nicht ärgern.« Sie knufft mich in den Oberarm. Ich bin nicht der Typ, der fremden Frauen einen Klaps auf den Hintern gibt, und danke es ihr mit einem Nicken und ein paar herzlichen Worten. Nebenbei schäme ich mich für Margot. Die hingegen ist kurz vorm Platzen.

»He, Helmut, kann ich deine Wurst haben?«, meldet sich Rolf Jürgen vom Nachbartisch. Die teuren Hörgeräte, die in seinen Ohren stecken, kommen gegen seine über neunzig Lenze ganz hervorragend an. Die moderne Technik macht so einiges möglich. Ansonsten scheinen bei Rolf Jürgen die Grenzen aber so langsam erreicht zu sein. Er sieht aus wie ein zu groß geratener Schuljunge mit spärlichem Haar und falschen Zähnen. Sein Kopf wackelt in einem fort und er kann sich ohne seine beiden Gehhilfen kaum auf den dünnen Beinen halten. Trotz allem ist er glücklich verheiratet, wie er immer wieder betont. Ich glaube ihm das unbesehen. Diese Verbindung ist so innig, dass seine knapp dreißig Jahre jüngere Frau ihn hier einquartiert hat, um sich in der realen Welt ein schönes Leben zu machen. Dabei wird sie nicht müde, dem armen Kerl weiszumachen, dass sie ihn irgendwann wieder abholen wird. Davon gehe ich auch aus, aber an diesem Tag wird Rolf Jürgen getragen werden, und zwar mit den Füßen voran.

»Ich brauche Tinte auf den Füller, meine Uschi ist unersättlich«, kreischt er unter schmierigem Gelächter. Damit zeigt er uns allen, dass sein Kurzzeitgedächtnis heute wieder einmal nicht bis zum Einsetzen seines Gebisses gekommen ist.

»Funktioniert das mit Blutwurst?«, will Gerhard wissen und betrachtet kritisch den Löffel in seiner Hand. »Das wäre mir neu. Das darin enthaltene Cholesterin verstopft die Adern eher, als dass es sie frei macht.« Vorsichtig nimmt er mit seinem Löffel ein Stückchen Kartoffel auf, pustet so intensiv, dass das Teil demnächst über den Tisch fliegen wird, und schiebt es sich schließlich, und vermutlich mittlerweile erkaltet, in den Mund.

»Eine anständige Wurst braucht der Mann«, vermeldet Rolf Jürgen voller Begeisterung. »Wenn Uschi mich heute Nachmittag holt, bin ich bestens vorbereitet.« Er legt den Kopf leicht in den Nacken, was das Rinnsal der fettigen Suppe, die ihm aus dem Mund über das Kinn läuft, für alle noch einmal schön sichtbar macht. »Hoffentlich hat sie sich ebenfalls anständig gestärkt.« Er reibt sich die Hände. »Nicht, dass sie schlappmacht.«

»Wie ekelhaft für so einen alten Kerl«, raunt Margot neben mir.

»Ich brauche meine Wurst selbst«, sage ich laut und werfe Margot dabei einen scheelen Seitenblick zu. Sie versteht diesen subtilen Hinweis, das weiß ich, denn sie schweigt und hängt mit ihrem Kinn nun fast in der Brühe.

»Oh Margotchen, was du für ein Glück hast!«, säuselt Rolf Jürgens Tischnachbarin Jutta. »So einen Mann wie Helmut wünscht man sich.« Sie schüttelt ihren voluminösen Körper voller Begeisterung.

Ich für meinen Teil will Jutta nicht geschenkt haben, aber wie heißt es so schön: Konkurrenz belebt das Geschäft. Und so nicke ich Jutta herzlich zu und wünsche ihr einen guten Appetit. Margot zerdrückt derweil die Linsen mit ihrem Löffel.

»Meine Uschi hat auch ein verdammtes Glück«, behauptet Rolf Jürgen mit vollem Mund. »Und sie weiß das.« Er klopft sich bestätigend auf die Schulter. »Deswegen bereitet sie zu Hause alles für meine Rückkehr vor, vor allem das Schlafzimmer.« Er jauchzt und klingt dabei jetzt schon, als pfiffe er aus dem letzten Loch.

»Natürlich, Herzchen«, säuselt Jutta und kneift ihren Tischnachbarn in die eingefallene Wange. Diese Geste, die man normalerweise heutzutage nicht mal mehr einem Kind zumutet, gehört zu Juttas Markenzeichen. Sie kneift jeden hier im Haus – außer mich. Wie alt Jutta ist, lässt sich schlecht schätzen. Bei ihrem Gewicht ist das leichter. Da würde ich locker auf das Doppelte von Rolf Jürgens tippen. Dafür ist sie aber auch nur halb so groß. Damit sie nicht übersehen wird, trägt Jutta vorwiegend großblumige bunte Motive auf wallenden Gewändern über hautengen rosa oder mintgrünen Leggings und hat ihre rot gefärbten Haare zu einem Turm nach oben gebunden. Margot sagt, in Leggings sieht eine Frau von vorn immer gut aus und von hinten ist es egal. Für Jutta scheint diese Faustformel nicht zu gelten, zumindest schließe ich das aus den Lästereien der Frauen. Mich interessiert das nicht.

Jutta jedenfalls ist hier so etwas wie das Heimorakel, zumindest sieht sie sich gern in dieser eher geheimnisvollen Rolle. Ich glaube, sie hat ihr ganzes Leben niemals richtig gearbeitet und ihre Zeit nur damit totgeschlagen, dass sie anderen Leuten ihre erfundenen Wahrsagereien und Lebensweisheiten aufdrängt. Wie das bei ihren diversen Ehemännern angekommen ist, liegt wohl auf der Hand. Jutta ist drei Mal geschieden, und das sind nur diejenigen, von denen mir Margot erzählt hat. Dass sie dabei allerdings äußerst clever vorgegangen sein muss, lässt sich nicht leugnen. Wie sonst könnte sie sich den Schuppen hier leisten? Aber auch das sind nur die Gerüchte, die Margot mir erzählt, wenn Hannelore anderweitig beschäftigt ist.

»Habt ihr schon von dem neusten Projekt unseres süßen Lennox gehört?«, plappert Jutta, der es mühelos gelingt, jedes Tischgespräch im Speiseraum zu dominieren. Das ist bei uns ohnehin nicht sonderlich schwer, denn Margot flüstert nur mit Hannelore, während Gerhard mit seinem Essen kämpft, egal, ob es Linsen gibt oder etwas anderes. Meist stört mich Juttas aufdringliche Art total, heute finde ich es gar nicht so übel, dass sie so redselig ist. Wenn Margot ohne erkennbaren Grund dumm mit mir tut, plaudere ich eben mit Jutta. Die tut mir irgendwie auch leid, denn sie teilt sich, seit wir hier sind, einen Tisch allein mit Rolf Jürgen und alles, was dem Greis beim Essen in den Sinn kommt, hat mit einer kopulierenden Uschi zu tun. Da braucht man Zerstreuung, keine Frage.

»Was treibt ihn denn um, unseren Herrn Bergmann?«, frage ich, auch wenn ich zugeben muss, dass mich der Wasserstand an irgendeinem x-beliebigen deutschen Hafen mehr interessieren würde. Lennox Bergmann, der junge Assistent unserer Heimleitung, ist niemand, an den ich meine Lebenszeit verschwenden möchte. Da ich mit meinem Aufenthalt hier jedoch ohnehin nichts anderes tue, kann ich mir auch den neuesten Heimtratsch anhören. Ich weiß, dass vor allem die Frauen bei uns total vernarrt in diesen Burschen sind – oberflächlich und durchschaubar unsere Damen, ich sag's ja.

»Der niedliche Lennox bringt ordentlich Schwung in uns lahme Enten«, jubiliert Jutta. Sie gestikuliert dabei wie wild und schreckt vor lauter Begeisterung auch nicht davor zurück, mit weit offenem Mund zu sprechen. »Wir werden das erste hochmoderne Seniorenheim.« Sie beugt sich nach vorn, wobei ihre ausladende Oberweite den Suppenteller nahezu vollständig unter sich begräbt. »Digitalisierung heißt das Zauberwort.«

Rolf Jürgen interessiert sich weniger für das Zauberwort als für Juttas Ausschnitt. Gerade als er versucht, mit seiner zittrigen rechten Hand hineinzulangen, lehnt sie sich wieder zurück und fährt ungerührt fort. Der arme Kerl greift ins Leere.

»Wir bekommen alle Armbänder, solche Fitnessdinger, ihr wisst schon«, erklärt Jutta. »Die zählen unsere Schritte und messen den Blutdruck. Im Notfall können die wohl auch nach Hilfe rufen.« Jutta wirbelt ihre Blümchenserviette durch die Luft und kichert begeistert. »Angeblich soll man uns damit auch orten können. Das ist alles so aufregend.«

Gegen Letzteres hätte ich normalerweise schon rein datenschutzrechtlich etwas einzuwenden. Aber da mein Radius seit Neuestem erheblich begrenzt und einer äußerst transparenten Gruppendynamik unterworfen ist, lohnt das nicht.

Erstaunlicherweise können sich nun auch Margot und Hannelore voneinander lösen und gewähren Außenstehenden die Ehre ihrer Aufmerksamkeit. Ich meine Jutta, nicht mich.

»Davon habe ich auch schon gehört«, antwortet Margot und klingt so begeistert wie bei ihren allabendlichen Streichkäseorgien. »Ich bin gespannt, auf wie viele Kilometer ich am Tag komme.« Sie reibt sich die Hände. »Da kann man hervorragend sehen, wie fit man noch ist.«

Rolf Jürgen stimmt ihr zu, aber ich glaube, was er aufzeichnen möchte, kann der Tracker nicht erfassen. Ich hoffe es zumindest. Außerdem war mir nicht klar, dass die Entfernung zwischen unserem Appartement im ersten Stock und dem Fußpflegezimmer im Souterrain in Kilometern gemessen werden kann.

»Ich habe mir eins in Blau bestellt.« Margot schäumt

förmlich über. »Das passt am besten zu meinen Augen.« Sie lässt die Wimpern klimpern.

»Meines wird schwarz und ich habe darauf bestanden, den Notknopf ausschalten zu können«, erklärt Hannelore.

Gerhard nickt und scheint sich ebenfalls darüber zu freuen. »Hier wird ordentlich was in uns investiert«, stellt er anerkennend fest. »Da kann man nicht meckern.«

»Lennox sagt, die Maschine kann sogar die fruchtbaren Tage bei einer Frau anzeigen«, vermeldet Rolf Jürgen. »Das ist mal ein echtes Ding, was?« Er schlägt mit der flachen Hand auf die Tischplatte. »Wenn es piept, weißt du, dass du nicht rankannst.« Er frohlockt wie ein kleiner Junge, der eine neue elektrische Eisenbahn bekommen wird.

Die Frauen schauen sich nur betreten an. Die Menopause kommt ohne Piepgeräusche aus. Ich verstehe. Was ich allerdings nicht begreife, ist, wieso alle hier von dieser Schnapsidee unseres aufstrebenden Heimleiters in spe zu wissen scheinen. Alle außer mir. Ich schaue Margot fragend an, aber die weicht meinem Blick aus.

»Und was soll diese Form der totalen Überwachung bringen?«, frage ich in die euphorische Runde hinein.

Margot zischt irgendetwas Niederträchtiges und versetzt mir unter dem Tisch einen Tritt.

Rolf Jürgen reagiert zuerst. »Du kannst lauter kleine Abenteuer haben, ohne die Spätfolgen einkalkulieren zu müssen«, erklärt er und ich komme mir dabei vor, als schaute ich einen der Aufklärungsfilme von Oswald Kolle.

»Unsere Sicherheit natürlich«, kreischt Jutta, als hätte ich sie zutiefst beleidigt.

»Unser ungestörtes Ende«, keift Hannelore.

»Und unsere Fitness«, weiß Margot.

Wie die beiden letzten Punkte zusammengehen, habe ich nicht zu beurteilen.

Gerhards mitleidiger Blick in meine Richtung ist kaum auszuhalten. »Das bisschen Plastik kann euch allen einmal das Leben retten«, sagt er. »Stell dir vor, ich breche auf dem Klo zusammen und niemand weiß, wo ich bin …« Seine Augen werden immer größer und er scheint darauf zu warten, dass ich ihm beipflichte. Ich bin ein höflicher Mensch und tue das, obwohl ich mich frage, wie Gerhard in seinem achtzehn Quadratmeter großen Appartement inklusive Badezimmer verloren gehen kann. Gerhard scheint mein Einlenken noch nicht zu genügen. Er wird kreidebleich und stiert nur noch apathisch ins Leere. Ich wollte ihn nicht aufregen, und wenn er sich mit einem solchen Armband wohler fühlt, kann er es gern tragen. Ich sage ihm das und füge noch irgendetwas Beschwichtigendes hinzu, aber er reagiert nicht mehr auf mich. Stattdessen legt er den Kopf in den Nacken, reißt den Mund weit auf und röchelt.

Ich weiß, wie ein Mann aussieht, der kurz vorm Ersticken ist, aber noch ehe ich ihm helfen kann, eilt Selma herbei und versetzt ihm einen so heftigen Schlag auf den Rücken, dass er vom Stuhl rutscht und auf den Boden fällt. Nachdem nicht einmal der Aufprall etwas an seinem Zustand zu ändern scheint und Gerhard mittlerweile leicht bläulich wirkt, springt sie auf ihn, reißt ihm das Hemd runter und beginnt, auf seinem Brustkorb herumzutrommeln. Gerhards Körper vibriert unter Selmas erstaunlich kräftigen Armen. Ich helfe ihr und versuche, ihn über seine Nase mit Sauerstoff zu versorgen. Was die anderen machen, kriege ich nicht mit. Nur Margot ist nicht zu überhören. Sie schreit, aber das tut sie immer, wenn sie sich nicht zu helfen weiß. Selma und ich jedenfalls kämpfen verzweifelt um das Leben von Gerhard.

»Das gibt richtig Ärger«, japst sie irgendwann mit knallrot leuchtenden Wangen. »Wieso kann er auch nicht wie ein normaler Mensch essen?«

Ich verstehe nicht, was sie meint, und unterbreche kurz meine Beatmung. Just in diesem Moment bekommt Gerhard einen Hustenanfall. Wenig später landet etwas Weiches in meinem Gesicht. Es handelt sich um ein Stückchen Kartoffel, das ihm vermutlich in der Luftröhre gesessen hat.

Selma hält nun ebenfalls inne und betrachtet unsicher den unter ihr liegenden Gerhard.

Der röchelt, und kaum, dass er die Augen aufgeschlagen hat, drückt er sie auch wieder zu. »Marie-Luise, oh nein«, haucht er kraftlos. »Ich dachte, es wäre endlich vorbei.«

Selma rührt sich nicht und mustert ihn weiter ungeniert. Irgendwann fängt sie an zu grinsen. »Selma ist immer noch mein werter Name«, sagt sie. »Trotzdem, ohne deine Unterschrift …«, sie hüpft mit flinken Bewegungen von ihm herunter, »… kann ich das leider nicht akzeptieren.«

Ich verstehe noch immer nicht. Selma scheint mir das anzusehen, denn sie deutet mit dem Zeigefinger auf Gerhards Brustbein. Ich beuge mich über ihn und verstehe, was sie meint. Auf Gerhards knittriger Haut prangt ein Schriftzug: »Bitte nicht wiederbeleben«, steht dort in übergroßer Zeitungschrift. Ich folge einem Reflex, benetze meinen Zeigefinger mit Speichel und schiebe ihn über das große B. Nichts tut sich. Gerhard trägt eine Tätowierung, und er ist verdammt sauer.

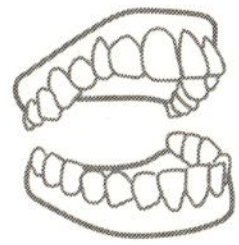

Seppel?« Schweigen. »Seppel, bist du da? Sprich mit uns, Seppel. Gib uns ein Zeichen.« Die Stimme von Jutta klingt etwas anders als sonst, irgendwie noch kratziger und gequälter. Damit will sie sicherlich geheimnisvoller wirken. Wie das mit der enormen Lautstärke, die sie draufhat, einhergeht, leuchtet mir nicht ein, aber womöglich praktiziert sie nur das, was die Jugend heutzutage »zielgruppengerechte Ansprache« nennt. Über die Hälfte der hier Anwesenden ist schwerhörig und Jutta will eben alle mitnehmen. Meine Ohren funktionieren noch tadellos, aber dafür bin ich der einzige Neuling in dieser Runde.

Eigentlich sitze ich nur hier, weil Margot gesagt hat, ich solle mich nicht immer so vereinzeln. Außerdem ist Gerhard nach dem kleinen Zwischenfall von vorhin noch immer etwas malade und ich bin quasi seine Vertretung. Das hat Margot nicht gesagt, das ist meine Interpretation des Ganzen, und womöglich hat mich auch ein kleines bisschen mein schlechtes Gewissen hergetrieben. Wenn ich meine Brille getragen hätte, wäre die Sache womöglich anders gelaufen. Aber wer kann denn auch ahnen, dass Gerhard den entscheidenden Punkt seiner Vorsorgevollmacht auf der Haut trägt? Jetzt ist es zu spät. Er ist stinksauer, weil ich seinen letzten Willen ignoriert habe.

Dafür scheint Margot mittlerweile wieder etwas zugänglicher. Sie liebt diese Mittwochnachmittage. Mit Kartenlegen, aus der Hand lesen, in die Glaskugel schauen. Eben all diese Dinge, die in drittklassigen Fernsehsendern laufen und die ein normaler Mensch als Nonsens abtut. Heute stand wohl eigentlich eine Gesprächsrunde mit dem Jenseits auf dem Plan. Gerhard hatte darum gebeten, mit seiner Stiefschwester Kontakt aufzunehmen, um seine Blutwerte mit den ihren zu vergleichen, doch nach der unschönen Geschichte beim Essen liegt Gerhard nun flach und Jutta musste umdisponieren. Wegen mir hätte der Quatsch ruhig ausfallen können, aber daran war nicht zu denken. Jutta muss sich angeblich einschwingen, und nachdem sie das heute schon den ganzen Tag getan hat, gibt es kein Zurück mehr.

Wir bewegen uns also ins Jenseits, wenngleich auch in den Hades der Haustiere. Jutta hat dahingehend keine Berührungsängste und ist ein Allroundtalent. Gemeinsam rufen wir nach verstorbenen Wellensittichen, Zwergkaninchen, Goldfischen und, und, und. Erstaunlicherweise interessiert sich Margot plötzlich brennend dafür, wie es unserem verstorbenen Kanarienvogel geht. Sie sagt, er hieß Pieper oder so. Ich weiß nicht mal mehr, dass er überhaupt einen Namen hatte. Nur an meine Aktion mit dem Unkrautvernichtungsmittel, daran erinnere ich mich genau. Der Käfig des Vogels stand dabei etwas ungünstig. Jedenfalls lag er hinterher tot auf dem Boden. Da war ich gegenüber Margot echt in der Bredouille. Sie war es, die damals auf ein Haustier bestanden hatte, als Ausgleich für meine familienunfreundlichen Arbeitszeiten. Der Vogel war also irgendwie ein Kompromiss. Für zwanzig Mark hat der Tierarzt dann Herzversagen attestiert. Seltsam, den Geldschein, den ich dem Kerl über den Tisch geschoben habe, sehe ich heute noch vor mir. Nach über dreißig Jahren, da soll mal einer sagen, im Alter lasse das Gedächtnis nach.

Margot jedenfalls sitzt nun neben mir, hält mich und ihre Freundin Hannelore an den Händen und ist guter Dinge, dass Pieper uns gleich Einblicke in das Leben nach seinem Tod geben wird. Ich hätte lieber meinen Krimi zu Ende gelesen, da kenne ich wenigstens das Ende noch nicht, oder meine Schachpartie mit Herbert fortgesetzt. Margot sagt, dass zwei Jahre kein Alter für einen Vogel sind, und da mag sie recht haben. Doch sie sind nichts gegen die drei Jahrzehnte, die Margot das einzige Tier, das jemals bei uns gelebt hat, vergessen hatte. Da kam Gerhards Unglück genau richtig. Seit einer halben Stunde braucht jeder hier bei uns ein Tier, also ein totes. Margot hatte Glück. Ihr ist Pieper wieder eingefallen. Seitdem kann sie sich vor Trauer um den Vogel überhaupt nicht beruhigen. Und ich weiß nicht, wo ich vor lauter Peinlichkeit hinschauen soll.

»Seppilein? Ich spüre, dass du bei uns bist«, intoniert Jutta aus ihrem tiefsten Inneren.

In dem vertrockneten Blumenstrauß, der auf der Anrichte steht, raschelt es.

Margot zuckt neben mir zusammen. Ihre Freundin Hannelore sicherlich auch. Die beiden machen einander immer alles nach.

»Seppilein mochte er immer besonders gern genannt werden«, schluchzt Ingeborg und drückt ein paar Tränen in ihr Taschentuch.

Das Orakel Jutta duldet kein Dazwischengequatsche und straft Ingeborg mit einem fiesen Blick. »Seppel, wie schön. Magst du uns berichten, wie es dir geht?«

»Dein Frauchen vermisst dich sehr«, jammert Ingeborg in einem unkontrollierten emotionalen Ausbruch.

»Ruhe!«, herrscht Jutta sie an. »Es kann nur ein Medium geben. Du vergraulst den Dackel am Ende noch.«

»Seppilein ist ein Zwergpudel«, wimmert Ingeborg nun vollkommen aufgelöst.

»Es gibt nur noch die Seele«, versetzt Jutta, ohne Luft zu holen. »Locken oder Glatthaar ist dabei unerheblich.«

Ich sehe in Margots Gesicht so etwas wie tiefes Verständnis.

Ingeborg verdrückt weitere Tränen.

Hannelore gähnt ungeniert.

Stille. Dann raschelt es wieder in den Blumen. Ich frage mich, wie Jutta das hinbekommt, und halte nach einem Draht oder einem Faden, der zwischen ihr und dem Schrank verläuft, Ausschau. Aber ich kann nichts erkennen. Dafür hat der Zwergpudel enormen Redebedarf.

»Seppi sagt, er kaut einen Büffelhautknochen«, fährt Jutta fort und ihre Stimme überschlägt sich fast. »Es ist so einer, den du ihm nie kaufen wolltest. Überdies kann er den ganzen Tag auf der Wiese herumtollen und niemand unterbricht ihn dabei, um ihn auf eine alte, stinkende Decke zu legen und seine Ohren mit zu lauter Volksmusik zu quälen.« Jutta zögert keinen Moment, um den finalen Schlag zu setzen. »Seppilein ist heilfroh, das alles hinter sich zu haben, und schaut nur noch nach vorn, in das schöne, helle Licht und auf die bunten Farben des Regenbogens.«

Betretenes Schweigen. Ingeborg hat keine Tränen mehr, sondern schaut fassungslos in die Runde. Der Zwergpudel musste sich mal anständig Luft machen. Dafür habe ich absolutes Verständnis.

»Hat er gesagt, dass er mich vermisst?«, fragt Ingeborg irgendwann tonlos.

Jutta schüttelt nur energisch den Kopf. Dabei sieht sie aus, als hätte sie der armen Ingeborg den wirklich heftigen Teil von Seppis Äußerungen verschwiegen. Meine Güte, wenn der Pudel schon so ein Hundeleben hatte, dann soll Ingeborg doch froh sein, dass wir ihren Mann nicht befragen.

Ingeborg kann sich damit offenkundig nicht zufriedengeben. »Und was ist mit Karlchen?«, will sie ganz aufgelöst wissen. »Konntest du auch mit meinem Goldhamster reden?«

Jutta verneint kategorisch. »Jeder nur ein Tier. Alle wollen drankommen.« Sie legt ihre Hände flach ausgestreckt vor sich auf die Tischplatte und lässt ihren Blick in Zeitlupe von einem zum anderen schweifen. Schließlich bleibt sie an Margot hängen. »Mit wem möchtest du reden?«, fragt sie und klingt, als wollte sie Margot den Satan austreiben. Mir wäre das recht, aber ich befürchte, daran würde selbst die taffe Jutta scheitern.

»Ich?« Margot reißt die Augen weit auf und legt sich eine Hand auf das Herz. Mit der anderen hält sie Hannelores Unterarm fest umklammert. Na klar, was denn auch sonst?

»Jeder am Tisch sollte ein Haustier gehabt haben«, bemerkt Jutta ein wenig ungehalten. Sie fühlt sich in ihrer Ehre als Seherin gekränkt, verständlicherweise.

»Äh, ich … na ja …«, stammelt Margot. Dann schaut sie zu mir herüber. »Wir …«

Nichts mit wir, denke ich. Du wolltest diesen blöden Vogel. Ich tue so, als ginge mich das alles nichts an. Irgendwie ist das ja auch so. Ich bin nur Gerhards Vertretung, der Platzhalter quasi.

»Ich weiß nicht mehr, ob…« Margot versucht, sich herauszureden, aber darin war sie noch nie gut. Ich frage mich allerdings, woher ihre plötzliche Zurückhaltung rührt. Bis gerade eben gab es nichts Wichtigeres als den ollen Vogel, ihren Liebling. Ich schaue sie prüfend von der Seite an. Auf ihrer Stirn stehen Schweißperlen. Margot Katuschek hat die Hosen voll, ohne Zweifel. Je länger ich sie beobachte, umso unsicherer wird sie. Natürlich! Sie befürchtet, dass Pieper oder wie das Vieh auch immer hieß, auch nachtritt. Die Wahrheit ist ein scharfes Schwert. Was, wenn ihm das Vogelfutter nicht geschmeckt hat? Womöglich ist er auch nicht den Gifttod gestorben, sondern durch Margots Verschulden? Dann hätte ich die letzten drei Jahrzehnte vollkommen umsonst an dieser Bürde getragen. Nur gut, dass mir das alles bis heute entfallen war.

»Du hattest doch einen Wellensittich«, ermuntert Hannelore ihre Freundin. »Der war dir doch so wichtig.«

Jutta schaut mich fragend an. Ich schließe die Augen.

»Ich hatte einen Rammler«, plärrt Rolf Jürgen in die verstummte Runde. »Das muss so um das Jahr 1943, 1944 gewesen sein.«

Einen Rammler, was auch sonst, denke ich, und es ärgert mich, dass der Kelch an Margot vorübergegangen zu sein scheint. Wenn ich den Vogel damals nicht in der Restmülltonne entsorgt hätte, würde ich ihn jetzt glatt in die Pathologie zur Untersuchung bringen. Irgendwie werde ich das Gefühl nicht los, dass Margot sein Ableben verschuldet hat und ich mir die zwanzig Mark hätte sparen können.

»Adolf war sein Name«, ergänzt Rolf Jürgen. »Ein Deutscher Riese.«

Ich hatte vergessen zu erwähnen, dass Rolf Jürgen neben

seinen stetigen sexuellen Ausschweifungen (rein theoretischer Art natürlich) auch noch diverse Defizite in seiner politischen Haltung aufweist.

»Jutta, hol den Karnickelbock mal ran und frag ihn, woran er gestorben ist«, fordert Rolf Jürgen.

Jutta scheint froh, Margots Totalausfall überbrücken zu können. Sie schließt die Augen und ruft nach Adolf. Ich gebe zu, die Situation hat etwas Absurdes, aber wir sind in einem Seniorenheim, da überrascht mich nicht mehr viel.

Es dauert ein Weilchen, dann meldet sich der Deutsche Riese über das Medium Jutta zu Wort.

»Er hatte einen vereiterten Zehennagel, hinten rechts«, erklärt Jutta in tiefster Betroffenheit.

Ich bin unsicher, ob sie sich nur einen Scherz erlaubt, und schaue in die Runde. Die langen Gesichter sprechen dagegen. Wir bemitleiden also das Hinterlaufproblem eines Karnickels, das seit rund achtzig Jahren tot ist.

Margots Selbstbewusstsein ist zurück und ich kriege das in Form eines vorwurfsvollen Blickes zu spüren. Der soll mich sicherlich an meine Kritik bezüglich ihrer exzessiven Fußpflege erinnern.

Rolf Jürgen ist verdutzt. »Ziemlich komisch geschmeckt hat er schon irgendwie«, sagt er und schmatzt dazu unappetitlich.

Alle überhören das, wobei sicher die Hälfte der Anwesenden auch keine andere Wahl hat. Nicht jeder hat so ein modernes Hörgerät wie Rolf Jürgen.

Auf Juttas Gesicht zeigen sich ein paar Falten mehr als sonst. Sie fühlt sich vermutlich auf den Arm genommen. Ich kann das nachvollziehen. Mir geht es ähnlich, aber wer hat denn die Leute mit diesem Unfug provoziert?

Jutta jedenfalls scheint völlig aus dem Konzept geraten, erhebt sich und sagt: »Ich unterbreche unsere Séance für ein paar Minuten.« Ihre Hände zittern und es sieht für einen kurzen Moment so aus, als könnte sie sich nur schwerlich auf den Beinen halten. »Ich muss mir die Nase pudern. Bitte entschuldigt mich.« Sie steuert auf ihre Schlafzimmertür zu, dreht kurz vorher jedoch ab und verlässt ihr Appartement in Richtung Flur.

Ich nutze die Chance und beäuge den Trockenblumenstrauß. Er bleibt an seinem Platz. Es kann also keine Verbindung zwischen ihm und ihr gegeben haben. Ohne auf die anderen zu achten, gleite ich von meinem Stuhl unter den Tisch und untersuche die Platte. Irgendwie muss sie diesen Zauber doch bewerkstelligen.

»Helmut, was machst du da?« Margots Dauerwellenkopf taucht umgehend ebenfalls unter dem Tisch auf.

»Mein Schnürsenkel ist offen«, lüge ich.

»Du trägst Slipper, Herr Katuschek«, faucht sie und verschwindet wieder.

Ich sage es ja, ich mache jede ihrer Moden mit. Dabei waren meine alten Schnürschuhe viel bequemer als diese Treter. Aber Margot hat sich angeblich für mein Schuhwerk geschämt und das nur, weil wir im Heim zu vornehmen Leuten mutiert sind. Jedenfalls spielt das unter Juttas Tisch nun gerade keine Rolle. Ich suche irgendetwas, das auf eine Manipulation des Blumenbouquets hindeutet, aber ich kann nichts entdecken.

Stattdessen werde ich Zeuge, wie Rolf Jürgen das Knie von Ingeborg befummelt. Nach allem, was ich weiß, muss Ingeborgs Mann ein stattlicher Kerl von fast zwei Metern und einem entsprechendem Körperumfang gewesen sein.

Ich bin gespannt, wie Rolf Jürgen seine Klamotten stehen. Aber womöglich ist alles besser als eine Uschi, die einen hier versauern lässt.

»Helmut!« Juttas gellender Schrei kommt zu früh. Leider bin ich noch nicht ganz unter dem Tisch hervorgekrabbelt und stoße mir vor lauter Schreck fürchterlich den Kopf daran. Der Aufprall und meine schmerzenden Gelenke setzen mich kurz außer Gefecht, außerdem hatte ich die zügige Rückkehr unseres selbst ernannten Orakels nicht erwartet.

»Helmut!«, ruft Jutta noch einmal, diesmal ruhiger, aber in einem etwas beängstigenden Ton. Ich will ihr gerade die Sache mit meinem Schnürsenkel aufdrücken, da greift sie nach meinem Arm, zieht mich auf den Flur und schließt die Tür hinter uns. Ich bin vermutlich disqualifiziert, da ich mit meinen Schnüffeleien ihre Autorität untergraben habe. Aber warum muss sie mir das unter vier Augen sagen? Ich hoffe nur, dass dies nicht Teil des Programms ist. Nachher braucht sie womöglich die Nähe eines Mannes… Puh! Woher soll ich auch wissen, was ein Medium benötigt, um in Fahrt zu kommen? Ich schaue ein wenig gehemmt zur Tür und frage mich, wo Margot bleibt. Aber was habe ich erwartet, wenn man Frau Katuschek braucht, ist sie nicht da.

Jutta steht nun so dicht vor mir, dass der Stoff ihrer Bluse, der über ihren Brüsten spannt, an meinem Hemd Kratzgeräusche verursacht. Sie öffnet langsam ihre dicken dunkelrot bemalten Lippen, und als ich gerade meine Arme hochreißen und damit mein Gesicht schützen will, steht unerwartet die Pflegerin Monika Löwe neben uns. Sie heult, aber das ist bei ihr nichts Ungewöhnliches. Sie heult so oft, dass es einem schon fast nicht mehr auffällt. Anfangs habe ich eine Allergie vermutet, auf alte Leute, da das Phänomen nicht nur im Frühling auftritt, und wir der einzige durchgängige Kontakt sind. Mittlerweile denke ich aber, sie ist einfach nur ein zutiefst melancholischer Mensch. Ob unser Siechtum da das Richtige für sie ist, wage ich zu bezweifeln, zumal sie noch locker dreißig Jahre bis zur Rente hat. Trotzdem ist sie mir nicht unsympathisch. Vor allem im jetzigen Augenblick nicht. Ich hätte niemals gedacht, dass ich einmal für die mangelnde Privatsphäre in einem Seniorenheim dankbar sein werde.

»Haben Sie es ihm schon gesagt, Frau Jutta?«, fragt Monika mit zittriger Stimme und mit einem vor die Augen und die Nase gedrückten Taschentuch, was ihre Stimme erheblich dämpft.

Was gesagt?, durchzuckt es mich. Es ist kein Geheimnis, dass Frauen in einer gewissen Alterskohorte, nämlich meiner, deutlich in der Überzahl sind und allein deswegen in Versäumnisstress geraten können. Vor allem in einem Seniorenheim, wo diese Tatsache ganz offensichtlich wird. Das wiederum führt bei den Damen zu einem ungeahnten Erfindungsreichtum, der, wie man hier gerade sieht, vor nichts haltmacht. Dass aber selbst unsere Aufsichtspersonen, die für unsere Gesundheit verantwortlich sind, an dermaßen perfiden Kuppelspielchen beteiligt sein könnten, hätte ich niemals für möglich gehalten. Was für ein Sündenpfuhl. Und wo bleibt nun eigentlich Margot?

»Ich habe erst versucht, mit ihrer Seele Kontakt aufzunehmen. Helmut sollte mir dabei helfen. Er stand ihr am nächsten«, erklärt Jutta. Sie denkt dabei nicht einmal daran, wieder einen Mindestabstand herbeizuführen. Da Margot sich nicht blicken lässt, übernehme ich das und weiche einen Schritt zurück.

Sie lässt das nicht durchgehen. »Nur durch unsere Nähe kann ich mit Selma sprechen«, sagt Jutta und schiebt mir wieder ihre riesige Oberweite entgegen.

Ich will ihr vorschlagen, dass sie einfach in die Küche gehen soll, wenn sie Redebedarf mit Selma hat. Monika Löwe, unsere Oberpflegerin, ist aber schneller.

»Jemand muss die Polizei alarmieren«, sagt sie. »Es ist bestimmt besser, wenn das Herr Katuschek macht. Er hat Beziehungen.« Sie schaut mich für ihre Verhältnisse erstaunlich entschlossen an, wobei dicke Tränen über ihre Wangen kullern. Ich bin sicher, dass die Notrufnummer funktioniert, auch ohne dass man seine Beziehungen spielen lässt. Zu meiner Zeit jedenfalls war das noch so. Aber ich bin a. D. und die Zeiten ändern sich schneller, als man es hier in dieser Außenstelle der Gesellschaft mitbekommt.

»Du hast recht, Kindchen«, antwortet Jutta und erwägt doch tatsächlich, mich anstelle von Monika in die Wange zu kneifen. Glücklicherweise bemerkt sie ihren Irrtum und hält rechtzeitig inne.

»Was ist hier los?«, frage ich mürrisch. Ich konnte es noch nie leiden, wenn Frauen um den heißen Brei herumreden. Außerdem kommt mir das alles hier noch immer ziemlich merkwürdig vor.

»Du musst jetzt stark sein«, entgegnet Jutta und scheint dabei förmlich in mich hineinkriechen zu wollen.

»Selma ist vielleicht tot«, flüstert Monika Löwe gepresst. »Also womöglich, eventuell, ein bisschen.«

Frauen mit der Entschlossenheit von Margot sind anstrengend, aber solche wie Monika Löwe, die sogar bei der Frage, ob der Himmel blau oder rosa ist, wankelmütig werden, machen mich wahnsinnig. Noch dazu, wenn sie den überwiegenden Teil des Tages heulen.

»Wie vielleicht?«, frage ich und bereue es im gleichen Moment. Wenn das wieder so eine blödsinnige Nachmittagsbeschäftigung für alte Menschen ist, sollen die mich kennenlernen. Mir steht der Sinn garantiert nicht nach einem Krimidinner mit Seniorenteller inklusive Seppi aus dem Jenseits oder so etwas. Und dabei meinen sie wohl, sie hätten mit einem Ex-Polizisten das große Los gezogen und wollen sehen, ob ich es noch draufhabe. »Ich muss zu meinem Schachbrett«, murmle ich und winde mich aus Juttas Fängen. Ich versuche es zumindest.

»Wie lebt es sich mit einem bis zum Anschlag im Kopf steckenden Fleischspieß?«, will Jutta wissen, und das klingt ganz und gar nicht nach einem saumseligen Nachmittag mit Eierlikör und Plätzchen.

»Womöglich nicht gut, würde ich annehmen, aber so genau weiß ich das auch nicht«, antwortet Monika Löwe und nestelt in ihrer Schürzentasche nach irgendetwas, das sie dort nicht zu finden scheint. Ich tippe auf ein frisches Taschentuch. Sie ist wirklich liebenswürdig, aber der Sinn für rhetorische Fragen geht ihr vollkommen ab.

»Wo?«, frage ich.

»In der Nase«, schluchzt Monika Löwe.

»In der Küche«, sagt Jutta.

Die vier vom Mittagessen übrig gebliebenen Blutwurstscheiben haben schon angetrocknete Ränder und Margot würde sagen, das wäre im Kühlschrank nicht passiert. Neuerdings fände sie so etwas womöglich superb. Aber wie komme ich jetzt ausgerechnet darauf? Das muss an meiner Bestürzung liegen. Margot würde es auf mein Nervenkostüm schieben, angeblich ist das im Alter nicht mehr so strapazierfähig. Ich halte das für Quatsch. Immerhin ist Selma nicht die erste Leiche, die ich sehe. Genauer gesagt ist sie die fünfundzwanzigste, wenn man meine tote Mutter nicht mitrechnet, aber die ist auf natürliche Weise gestorben und ich habe sie in diesem Zustand auch nicht länger als zwei Sekunden angesehen. Und das auch nur, weil Margot darauf bestanden hat, dass der Bestatter den Sarg noch einmal öffnet. Sie wollte ganz sichergehen, dass sich ihre verhasste Schwiegermutter auch tatsächlich darin befindet. Ich bin mir sicher, dass meine Mutter es mit Margot genauso gehalten hätte. Die beiden nehmen sich von ihrem Wesen her nicht viel. Aber ich komme schon wieder völlig vom Thema ab.

Selma ist nun also meine Silberne. Die arme Selma. So hatte ich mir meine Jubiläumsleiche nicht vorgestellt. Eigentlich habe ich mir die überhaupt nicht vorgestellt. Mein Freund Herbert Grusche hat damals darauf spekuliert, dass wir angesichts dieses Ereignisses ordentlich einen draufmachen würden. Dabei habe ich niemals mit jemandem über meine Arbeit gesprochen, geschweige denn irgendwann einen Ermittlungserfolg gefeiert. Nicht einmal mit Margot. Nur diese Zahl hatte ich zufällig erwähnt. Das muss kurz vor meiner Pensionierung gewesen sein. Jedenfalls hat Margot das überall in unserer Straße herumposaunt. Sicherlich dachte sie, ich kriege beim Vollmachen des Viertelhunderts eine anständige Prämie oder eine Auszeichnung von der Regierung. Das ist natürlich Quatsch, aber Margot prahlt nun mal gern. Ich fand die vierundzwanzig Mordfälle, mit denen ich es zu tun hatte, einfach nur deprimierend. Mord ist immer grauenvoll, egal, ob man ihn zählt oder nicht.

Und nun hat es Selma erwischt. Dass ich das Opfer kenne, ist in meiner gesamten Dienstzeit nicht vorgekommen, und es fühlt sich nicht gut an, ob mit oder ohne a. D. hinter dem Kriminalhauptkommissar. Kurzum, auf die fünfundzwanzig hätte ich locker verzichten können. Auf Selma nicht, aber für Rührseligkeit ist es definitiv der falsche Zeitpunkt – und unangemessen ist es auch. Immerhin habe ich meinen Lebensabend, wenn auch einen kasernierten, noch vor mir, Selma hingegen bringt es maximal noch auf eine ausgiebige Begegnung mit dem Pathologen und eine anständige Beerdigung. Das arme Mädchen! Sie liegt lang gestreckt halb schräg unter dem Tisch auf dem Küchenfußboden, und aus ihren beiden Nasenlöchern ragt der Griff einer Fleischgabel. Bei den wenigen Zentimetern, die von den Zinken noch zu sehen sind, müsste sich der Rest verdammt tief in ihrem Gehirn befinden. Das hat anständig geknackt, denke ich. Dann fällt mir wieder ein, dass Selma irgendwie meine einzige Freundin in diesem Altenverlies war, und ich schäme mich ein wenig für meine geschäftsmäßige Sichtweise.

»Vielleicht war es auch ein Unfall«, höre ich Monika Löwe hinter mir sagen. »Sie wollte die Reste des Mittagessens spülen, ist auf irgendetwas ausgerutscht und in die Fleischgabel gefallen. Man sagt doch öfter, dass die schlimmsten Unglücke bei der Hausarbeit passieren. Ich kenne so etwas. Ich bin auch schon beim Fensterputzen von der Leiter gefallen.« Sie weint leise vor sich hin.

»Das Universum sendet andere Signale«, erklärt Jutta voller Überzeugung. Sie ist auch noch da, natürlich. Dann murmelt sie irgendetwas, was sich wie eine Beschwörungsformel anhört.

»Was sagt es denn?«, fragt die Löwe mit brüchiger Stimme.

»Das ist das Werk des Teufels«, raunt Jutta.

Diese Information scheint bei der braven Löwin alle Dämme zum Brechen zu bringen. Es dauert eine Weile, bis sie wieder reden kann. »Wenn das so ist, muss ich sofort Frau Mehltau Bescheid geben«, schnieft sie tränenerstickt und trottet diensteifrig davon.

»Gegen Lucifer ist sogar unsere Heimleiterin machtlos«, bemerkt Jutta abgeklärt.

Ich stehe noch immer regungslos und betrachte unsere einstige Küchenhilfe. Irgendwie wirkt sie jetzt noch dürrer als vor zwei Stunden. An einer gesünderen Gesichtsfarbe kann dies nicht gelegen haben, die hatte sie noch nie. Selmas Haut ist so weiß wie immer, abgesehen natürlich von den bunten bis zu ihrem Kinn reichenden Bildchen. Ausgerechnet jetzt fange ich an, ihre Körperbemalung zu mögen. Immerhin war sie ein kleines Farbtüpfelchen in diesem Einerlei aus Grau und Rentnerbeige. Blöd ist nur, dass man wegen dieser ganzen Tattoos sonst kaum etwas auf ihrer Haut erkennen kann. Ich spekuliere auf blaue Flecke oder sonstige Kampfspuren, denn dass sich eine taffe junge Frau wie Selma Scherschmidt wehrlos das Gehirn durchstechen lässt, halte ich für eine äußerst gewagte These. Ich würde mich gern zu Selma hinunterbücken und sie genauer in Augenschein nehmen, aber mein Gefühl sagt mir, das ich das lieber lassen sollte. Ich bin a. D. und damit ein Unbefugter.

»Willst du sie nicht mal genauer untersuchen«, fordert mich Jutta ungeduldig auf. »Das machen Polizisten normalerweise doch so. Ich könnte meinen Fotoapparat holen und alles dokumentieren oder auch etwas aufschreiben.«

»Ich bin nicht mehr bei der Truppe«, antworte ich kurz. Dabei fällt mir ein blutverschmiertes Haarbüschel direkt neben Selma auf. Der Farbe nach würde ich es ihr zuordnen, aber Genaueres können nur die Kriminaltechniker herausbekommen. So wild, wie Selmas Frisur aussieht, würde ich darauf tippen, dass der Täter sie überrascht, an den Haaren gepackt und ihr dann die Gabel in den Kopf gebohrt hat. Dafür braucht es neben einem anständigen Überraschungsmoment auch einiges an Kraft. Dass man daran sofort stirbt, wage ich allerdings zu bezweifeln, aber ich bin kein Arzt. Außerdem fehlen mir hier die Erfahrungswerte, fleischgabeltechnisch.

Ich inspiziere ausgiebig die Fundstelle. Auf dem Tisch türmt sich das für die Spülmaschine vorsortierte benutzte Geschirr. Selma war äußerst gewissenhaft, und so steht alles griffbereit. Ich frage mich nur, wieso die Sachen gute zwei Stunden nach dem Essen noch nicht gespült sind. Auch die trockene Wurst passt nicht zu ihr. Normalerweise sieht es in dieser Küche spätestens gegen ein Uhr wie auf der Ausstellungsfläche eines Möbelhauses aus. Man darf nicht vergessen, dass wir um halb zwölf schon abgefüttert werden, was wiederum zeitlich gut mit dem Abendessen um Punkt siebzehn Uhr harmoniert. Damit haben wir zu den Acht-Uhr-Nachrichten durchverdaut und sind bettfertig. Ich für meinen Teil bekomme dann noch einmal Hunger, den ich mit Salzgebäck und Süßigkeiten stille, vorausgesetzt, Margot ist nicht im Zimmer, aber da die meistens mit Hannelore auf deren Großbildfernseher das TV-Abendprogramm durchschaltet, besteht dahingehend wenig Gefahr.

Selma jedenfalls ist üblicherweise maximal bis vierzehn Uhr mit dem Aufschneiden des Kuchens und dem Füllen der Thermos-Kaffeekannen beschäftigt. Wenn sie das alles im Gemeinschaftsraum – also der Keimzelle der Langeweile – angerichtet hat, hat sie Pause bis sechzehn Uhr, damit sie dann pünktlich zum Abendbrot unseren Schmierkäse portioniert hat. Heute allerdings hat sie es nicht einmal bis zum Beseitigen der Suppenteller gebracht, was nur bedeuten kann, dass sie vorher eines qualvollen Todes gestorben sein muss.

Wenn ich bedenke, dass ich zu diesem Zeitpunkt mit Herbert im Park, also ganz in der Nähe, war und Margot mich danach gezwungen hat, mir ein frisches Hemd überzuziehen, um, wie sie es ausgedrückt hat, »fein genug für die Séance zu sein«, packt mich die Wut. An den Tagen, an denen ich meine Zeit nicht mit der postmortalen Kommunikation mit einem Zwergpudel verschwenden muss, also eigentlich immer, besuche ich Selma hin und wieder in der Küche, um ein wenig zu plaudern und mir ein von ihr stibitztes Nachmittagsbierchen im Park zu gönnen. Mein Schachspiel und Herbert Grusche sind dann auch meistens dabei. Selma hat das nicht so eng gesehen. Sie war absolut tolerant. Jetzt ist sie tot. Und ich konnte sie nicht beschützen.

Jemand öffnet hinter mir die Küchentür. »Herr Rolf Jürgen, ich bitte Sie«, sagt Carmen Mehltau, »natürlich gibt es Kuchen, aber wir müssen uns heute ausnahmsweise alle ein wenig gedulden. Das schaffen Sie, da bin ich mir ganz sicher.«

Rolf Jürgen steht vor der Küche und besteht auf die Einhaltung der zeitlichen Abläufe. Dabei geht es ihm offenkundig nicht um die Hausregeln, sondern um seine Stärkung und den Einfluss des Blutzuckerspiegels auf seine Libido. Da mir sämtliche Auswirkungen der Ernährung auf seine Geschlechtslust bereits hinlänglich bekannt sind, schalte ich auf Durchzug. Außerdem habe ich gerade dringlichere Probleme.

»Also, mein lieber Herr Rolf Jürgen, ein paar Minütchen werden Sie doch bestimmt noch warten können.« Carmen Mehltau klingt wie eine Moderatorin beim Kinderfernsehen. Selma hat mir einmal erzählt, dass unsere Anstaltsleiterin eigentlich Kindergärtnerin werden wollte und bei uns nur über den zweiten Bildungsweg gelandet sei. Das glaube ich sofort. Diese überliebenswürdige, verständnisvolle Kindertantenart kann ich gerade noch ertragen, auch den Krankenschwesternplural, aber die Anrede in Verbindung mit dem Vornamen finde ich schrecklich. Ich bin Helmut oder Herr Katuschek. Dazwischen gibt es nichts.

Rolf Jürgens Sanduhr läuft schon ziemlich dem Ende entgegen, und somit scheint ihm nicht einzuleuchten, wieso er auf irgendetwas warten oder sogar verzichten sollte. Jedes Stück trockener Rührkuchen könnte das letzte sein. Er droht mit einer Beschwerde und zieht von dannen. Endlich schließt sich die Küchentür und Frau Mehltau sieht sich nach ein paar Schritten mit dem nächsten Problem konfrontiert. »Ach du liebes bisschen! Herr Helmut, was haben wir denn hier gemacht?«

Herr Helmut versucht, seinen Puls herunterzuregeln. Schließlich besteht Margot auf ein gutes Verhältnis zur Geschäftsführung, da man nie wissen kann, wann man diesen Kanal einmal braucht.

»Sie sollten die Polizei benachrichtigen. Dringend«,

sage ich, und das ist alles, was ich zu einer guten Beziehung beitragen kann. »Ich halte es auch für ratsam, wenn Sie niemanden hier hereinlassen und selbst auch nichts anfassen.«

»Das kommt mir jetzt aber ziemlich ungelegen«, entgegnet die Mehltau sichtlich überfordert. »Die legen mir doch den Betrieb für ein paar Stunden lahm. Dabei warten unsere lieben Gäste auf ihren Kaffee. Ich kann mir Tumulte in unserer Einrichtung nicht leisten«, sie fährt sich ein wenig ratlos durch ihre fransigen kurzen Haare, wobei ihr Tränen in die Augen treten. Ich persönlich mag Frauen mit Kurzhaarschnitt nicht sonderlich. Da fehlt mir die Weiblichkeit. Margot sagt, eine solche Frisur sei praktisch. Deswegen habe ich ihre schönen langen Locken seit Jahrzehnten nicht mehr gesehen.

Es hämmert erneut von außen gegen die Küchentür. Rolf Jürgen hat Ausdauer, das muss man schon sagen.

Die Mehltau dreht sich erschrocken um. »Sehen Sie, es geht schon los. Wenn das übergreift, haben wir verloren.« Sie wirft Pflegerin Löwe einen ängstlichen Blick zu. »Beim Essen verstehen unsere Senioren keinen Spaß.«

Sie befürchtet also, dass Chaos ausbricht, wenn wir nicht pünktlich unser Kaffeekränzchen abhalten dürfen. Interessant. Es mag schon nichtigere Anlässe für Revolutionen gegeben haben. Besonders unter Senioren!

»Oje, oje«, zetert die Mehltau weiter, und jetzt scheint die Tatsache, dass wir einen toten Menschen vor unseren Füßen liegen haben, so langsam anzukommen. »Unsere arme Selma. Wie konnte so etwas nur passieren? Sie war doch immer so gründlich und so ein feiner Mensch. Wenn ich mir vorstelle, dass sie hier...« Sie schluckt hörbar.

»Während ich quasi direkt nebenan telefoniert habe. Womöglich hätte ich sogar etwas hören können.« Sie seufzt.

Für den Weg von der Küche bis zum Verwaltungsbereich braucht Rolf Jürgen zehn Minuten, selbst wenn er seinen Rollator dabeihat. Ein lang gezogener Flur und mindestens fünf Türen liegen zwischen der armen Selma und dem Schreibtisch der Heimleitung. Wenn Frau Mehltau irgendetwas gehört haben sollte, dann müsste sie auch die Gabe haben, durch Wände hindurchsehen zu können.

»Nein. Mit so etwas hätte niemals jemand gerechnet«, jammert sie weiter.

»Man liest ja von solchen Dingen in der Zeitung …«, wirft die Pflegerin Löwe ein, »… aber in einer Residenz wie der unsrigen!« Ihre Oberlippe fängt an zu zittern. Sie drückt die Augen zusammen, als könnte sie damit die Tränen aufhalten. Es klappt nicht. Zwei schwere Schluchzer später sagt sie: »Zwischen den ganzen Omis und Opis.«

Wie bitte? So langsam geht mir das zu weit. Jutta hingegen macht einen spitzen Mund, der sie noch arroganter als gewöhnlich aussehen lässt. Sie scheint sich an der infantilen Beschreibung nicht im Geringsten zu stören. Stattdessen sagt sie abgeklärt: »Der Tod lauert überall.«

Vor allem in einer Verwahranstalt mit dem Markenzeichen Ü60, denke ich. Dennoch hat es Selma getroffen, was eindeutig eine Abweichung vom ungeschriebenen Seniorenheimgesetz ist.

»Das ist zweifelsohne Mord«, sage ich, um keinen Raum für weitere Spekulationen zu lassen. »Dafür braucht es die Kripo.«

»Sind wir uns da sicher?«, will die Mehltau wissen. Ich für meinen Teil frage mich, wie man einer Frau mit einer dermaßen ausgeprägten Naivität die geschäftsmäßige Obhut von alten Leuten überlassen kann. So, wie sie das angeht, sind wir alle permanent in Lebensgefahr.

»Helmut war bei der Kriminalpolizei«, bemerkt Jutta und klingt, als wäre das etwas Außergewöhnliches, auf das sie besonders stolz ist.

Irgendwie freut mich das, denn das ist mehr Anerkennung, als Margot mir in unseren gesamten Ehejahren hat zuteilwerden lassen. Aber ausgerechnet Jutta? Respekt! Das hätte ich ihr nicht zugetraut.

»Ich weiß, ich weiß«, beschwichtigt die Mehltau. »Das ist sehr schön. Sehr, sehr schön.« Unsicher schaut sie von einem zum anderen. »Aber der Kaffee … Und einen Neuankömmling darf ich auch gleich noch willkommen heißen.« Sie atmet schwer. »Wie soll ich das alles nur hinbekommen …«

»Ich kann das mit dem Kaffee doch erledigen«, sagt Monika Löwe eilig und schickt sich an, zum Gefrierschrank zu eilen. Was ich immer geahnt habe, wird damit traurige Gewissheit. Die frische Konditorware, die man uns im Werbeprospekt aufgetischt hat, ist nichts als aufgetautes Fertigbackwerk. Das hat Konsequenzen. Das Ansinnen der Löwin auch. Deswegen ersticke ich es umgehend im Keim.

»Die Küche ist ein potenzieller Tatort. Entsprechend wird hier nichts angerührt«, sage ich und klinge dabei zu meiner großen Freude wie der Mann, der ich in den guten alten Zeiten war.

»So und nicht anders«, kommentiert Jutta entschieden. »Helmut weiß schließlich, wovon er redet. Immerhin ist Selma sein fünfundzwanzigstes Mordopfer.«

Irgendwann verknote ich Margot für ihre unbändige Tratscherei die Zunge!

Bei Frau Mehltau macht das sichtlich Eindruck, aber womöglich wäre ihr Gesichtsausdruck auch nicht anders, wenn ich beim Sackhüpfen gewonnen oder eine Sandburg gebaut hätte. Die Unterschiede zwischen Kleinkindern und alten Menschen sind für die meisten eher graduell.

»Fünfundzwanzig«, sagt sie ehrfürchtig. »Herr Helmut, das ist beachtlich. Dann würde es Ihnen sicherlich nichts ausmachen, wenn Sie mir bei dieser Angelegenheit ein wenig zur Seite stehen, ganz diskret selbstverständlich.« Sie hebt abwehrend die Hände. »Nicht, dass wir uns falsch verstehen. Ich bitte Sie um nichts Ungesetzliches. Ganz und gar nicht. Ich möchte nur jemanden in meiner Nähe wissen, der die Lage richtig einzuschätzen weiß und der mir hier und da mal einen kleinen Hinweis geben kann. Ich bin in solchen Dingen ein unbeschriebenes Blatt und möchte mir keine Fehler erlauben. In absoluter Zurückhaltung, Herr Helmut, in absoluter Zurückhaltung.« Ein verschwörerischer Blick trifft Jutta.

Diese führt daraufhin die Hand zum Mund und deutet dessen Verschließen an.

Frau Mehltau scheint das zu genügen und sie redet weiter. »Abgesehen davon sprechen Sie die Sprache der Polizisten, was für unsere arme Selma nur gut sein kann.« Ein paar Tränen kullern über ihre Wangen, worauf Monika Löwe sich ebenfalls nicht mehr zurückhalten kann und erneut ihr Taschentuch zückt.

Jutta atmet genervt aus. Ich bin nicht oft mit ihr einer Meinung, aber in diesem Fall hat sie recht. Bei allem Verständnis für diese Situation, aber wenn wir hier alle die Nerven verlieren, können wir gleich einpacken.

Ohne weiter auf die Frauen zu achten, inspiziere ich die Küche. Irgendeiner muss es ja tun. Der Raum hat nur zwei Ausgänge, einen hinaus auf den Flur, über den wir gerade gekommen sind, und eine Hintertür, die in den Park führt. Es kostet mich nicht viel Mühe zu sehen, dass beide Sicherheitsriegel an der Tür nach draußen zugeschoben sind.

Es klopft erneut, und noch ehe jemand reagieren kann, streckt Peter Bause, unser unsympathischer Auszubildender für Altenpflege, den Kopf herein. Der Junge ist mit seinen Mitte zwanzig etwas zu alt für einen Azubi im zweiten Lehrjahr, aber wir sind nach allem, was ich weiß, sein dritter oder vierter Versuch, einen Beruf zu finden, der ihn erfüllt. Nun ja, was das angeht, sehe ich schwarz. Obwohl Margot darauf schwört, dass er sich noch in der Eingewöhnungsphase befindet. Dann geht es ihm wohl wie mir und ich sollte nicht so streng sein. Jedenfalls verdeckt wie immer seine frisch geföhnte Locke ein Auge, aber dafür betont er das andere mit einem dunklen Lidstrich. Diese aus meiner Sicht für einen Mann recht ungewöhnliche Aufmachung hat mich die ersten Wochen annehmen lassen, wir hätten eine Auszubildende mit dauerhaft entzündeten Stimmbändern. Ich habe sogar gegen Rolf Jürgen gewettet. Der alte Zausel hat gewonnen. Da nützt es auch nichts, dass Bause als Mädchen sogar ganz passabel aussehen würde. Ich habe lange darüber nachgedacht, ob man ihm das sagen sollte. Margot hat mir dahingehend aber den Mund verboten. Denn Peter Bause trägt ihr wöchentlich frische Handtücher direkt bis in die Sauna, und sie möchte nicht zu denjenigen gehören, die sie sich selbst abholen müssen. Gegen dieses Argument bin ich machtlos.

»Chefin, da ist eine ziemlich durchgeknallte Oma am Start, die scheint ihren halben Hausstand dabeizuhaben und … Scheiße, ist das cool!« Peter Bause hat Selma gesehen, zumindest würde ich sein Zyklopen-Starren so deuten. Wenn das so weitergeht, läuft das ganze Heim hier auf und wir können die Spurenlage vergessen.

»Peterlein, ich komme sofort«, antwortet Frau Mehltau gewohnt verständnisvoll, aber ohne auf das Bedürfnis unseres Azubis einzugehen. »Würden Sie bitte rüber in die Bäckerei gehen und Kaffee und Buttercremetorte für alle holen. Wir möchten doch nicht, dass sich jemand vernachlässigt fühlt oder gar traurig ist. Ein fröhliches Gemeinwesen ist wichtig.«

Selma ist tot. Und hier tobt ein fröhliches Gemeinwesen, nur damit die latent aggressiven Alten nicht durchdrehen.

»Für alle?«, fragt Bause ungläubig. »Echte Torte? Aber wir legen nicht zusammen oder so etwas?« Er verdreht sein sichtbares Auge.

Carmen Mehltau wiederholt die Bestellung. »Ich erkläre Ihnen die Hintergründe nachher genauer. Nur so viel: Es ist sehr, sehr wichtig, dass wir jetzt alle zusammenhalten.« Sie streckt beide Arme nach vorn, ballt ihre Hände zu Fäusten und lässt sie entschlossen auf und nieder wippen. Sie wirkt wie eine Mutter, die ihren Halbwüchsigen beim Fußballspiel anfeuert. »Sie dürfen sich natürlich auch ein Stück aussuchen, von Ihrer Lieblingssorte.«

»Hauptsache, ich muss nichts bezahlen«, kommentiert Bause und dreht kopfschüttelnd ab, wobei seine Haare keinen Millimeter weichen. »Und hoffentlich greife ich auch tatsächlich etwas ab. Wenn es um Nahrungsmittel geht, kennen unsere Alten kein Erbarmen.«

Kompetenzüberschreitung scheint der Jugend heutzutage im Blut zu liegen. Beleidigungen auch. Erstaunlich, dieses Selbstbewusstsein. Da kann man froh sein, dass er überhaupt noch irgendwelchen Anweisungen folgt. Dass Selmas Tod uns womöglich das erste anständige Stück Torte beschert, halte ich für Ironie des Schicksals. Dass ich unserer Heimleitung in der Angelegenheit zur Seite stehen soll, ist nahezu unfassbar. Ich interpretiere das so, dass das Fachwissen und die Erfahrung des Kriminalhauptkommissars a. D. Helmut Katuschek bei einer Mordermittlung gefragt sind. Dass ich, um wieder gebraucht zu werden, erst ins Seniorenheim gehen muss, hätte ich niemals für möglich gehalten.

Ich sitze seit etwa einer halben Stunde im Foyer und warte. Zeit genug, um die Umzugskartons, die vor dem Fahrstuhl stehen, zu zählen. Diesen Tick habe ich zeitgleich mit unserer Umsiedlung in die Residenz entwickelt. Ich zähle die Dinge in meiner Umgebung. Margot sagt, dass sei eine zwanghafte Störung, die mit meinem Autoritätsverlust einhergehe. Angeblich würde ich das auf diese Weise verarbeiten. Wenn sie wirklich recht hat, hätte ich bereits auf dem Standesamt damit anfangen müssen. Ich vermute eher, dass mein Unterbewusstsein alles daransetzt, mein Gehirn fit zu halten. In dieser Umgebung kann man damit nicht früh genug anfangen!

Es sind vierundsechzig. Die Kartons, meine ich. Und von der Polizei ist weit und breit nichts zu sehen. Ich frage mich, ob wir damals auch so lange zu einem Einsatz gebraucht haben. Wenn ja, ist das nicht in Ordnung und ich entschuldige mich im Geiste bei all jenen, deren Geduld wir überstrapaziert haben. Aber womöglich haben die bei der Leitstelle auch keinen Grund für besondere Eile gesehen.

Ich meine, ein Anruf mit dem Hinweis auf eine Leiche in einer Seniorenresidenz taugt nicht wirklich dazu, Hektik zu verbreiten. Das klingt schon eher nach ziemlich viel schwarzem Humor.

Ich für meinen Teil habe jedenfalls, bevor ich hier Stellung bezogen habe, mein altes Notizheft aus dem Schuhkarton, in den Margot meine spärlichen Erinnerungen verstaut hat, herausgekramt, und angefangen, meine Gedanken zu verschriftlichen. In dem letzten Büchlein, das ich in dem Jahr vor meinem Ruhestand begonnen habe, sind noch zwanzig Seiten frei, und da ich davon ausgehe, dass mir die Abwechslung eines Verbrechens während meiner Zeit hier im Greisen-Sing-Sing nicht noch einmal vergönnt ist, kann ich verschwenderisch Notizen machen.

Während ich also meine Beobachtungen zur Fundsituation zusammenschreibe, öffnet sich die automatische Glastür und unser Azubi schiebt mit grenzenloser Lustlosigkeit einen Servierwagen herein. Die Tortenschachteln, die daraufliegen, sehen äußerst vielversprechend aus. Doch obwohl der Kaffee, den er ebenfalls mitgebracht hat, hervorragend duftet, bezweifele ich, dass diese sinnfreien To-go-Becher, die heutzutage von aller Welt herumgetragen werden, bei meinen Mitinsassen auf Begeisterung stoßen. Margot jedenfalls wird diese Teile nicht einmal anfassen, geschweige denn daraus trinken. Sie schwört auf echtes Porzellan, da alles andere den Geschmack der Bohnen verdirbt. Sollte der Bursche das Getränk also nicht schleunigst umfüllen, hagelt es Beschwerden.

Ich könnte ihn vorwarnen, aber da ich den Kerl nicht ausstehen kann, überlasse ich ihn seinem Schicksal. Abgesehen davon würde er meinen Rat ohnehin nicht annehmen, denn der Azubi für Altenpflege, den man uns hier verpasst hat, hat eine ausgeprägte Aversion gegen seine Zielgruppe. Noch dazu setzt er Altsein mit grenzenloser Idiotie gleich. Wer weiß, ob er – immerhin ist er mittlerweile im zweiten Lehrjahr – überhaupt schon mitgeschnitten hat, dass er sich nicht in einer Nervenheilanstalt befindet. Denkbar wäre allerdings auch, dass dieses Verhalten von einem erheblichen charakterlichen Defizit herrührt. Dass Peter Bause, oder Peterlein, wie er von den Frauen hier genannt wird, psychopathische Züge aufweist, merke ich auch ohne dass ich in den letzten Jahren irgendwelche einschlägigen Weiterbildungen besucht hätte.

Der Junge schleicht direkt an mir vorbei (anders kann man sein Tempo nicht beschreiben), und übersieht mich trotzdem gnadenlos, was meine Diagnose untermauert.

Ich wackle ein wenig auf meinem Sessel hin und her und hege die leise Hoffnung, dass Bause wenigstens auf Bewegungsreize reagiert, aber ich bin zu optimistisch. Die Torte zieht an mir vorbei, und selbst wenn er mich bemerkt hat, scheint ihm nicht der Sinn danach zu stehen, mir meine Portion gleich hier zu übergeben. Dabei bin ich, was Kunststofftrinkgefäße angeht, vermutlich der pflegeleichteste Kandidat, bezüglich der Geschmacksrichtung der Buttercreme auch. Ich nehme es, wie es kommt. Ich liebe Buttercreme, aber seit ich mit Margot verheiratet bin, gibt es die entweder nur im Sommerurlaub in den Alpen oder gar nicht. Margot hat es sich zur Lebensaufgabe gemacht, auf meine Figur zu achten, und wie sie nun mal ist, zieht sie das entschieden durch. Ich für meinen Teil bezweifle, dass ein nahezu ein Meter und neunzig großer Mann mit hundertsiebzig Pfund zu viel Fett angesetzt hat, aber Margot wird schon wissen, was sie tut. Erstaunlich ist es aber trotzdem, wenn ich mir überlege, um wie viele Zentimeter Margots Bauchspeck gewachsen ist, seit sie sich hier jeden Abend den Streichkäse reinschaufelt. Aber der eigenen Frau zu offenbaren, dass sie sich auf dem besten Weg befindet, figurtechnisch zu zerfließen, ist nichts, was einem Mann zum friedvollen Leben gereicht.

Peter Bauses schlurfende Laufgeräusche verhallen langsam zwischen den üppigen Palmen, die den Eingangsbereich zieren, und ich verabschiede mich gedanklich von der ersten Buttercreme der letzten Dekade. Man kann eben nicht alles haben. Immerhin bleibt mir ein Mordfall. Ich kritzle weiter die für eine erste Analyse notwendigen Beobachtungen in mein Buch. Arbeitszeit, Arbeitsplatz und Fleischgabel. Daraus schließe ich, dass Selma kein zufälliges Opfer eines Wahnsinnigen gewesen sein kann, was den Täterkreis einengt, zumindest auf all jene, die sie kannten und wussten, wo Selma üblicherweise zu finden war.

Dass hier jeder x-beliebige Passant – zumindest tagsüber – nach Belieben in unsere Residenz marschieren und zweifelsohne auch die Küche erreichen und sich eine Fleischgabel greifen kann, macht es hingegen nicht leichter. Ich gebe es zu, für mich war dieser uneingeschränkte Zugang ein wichtiges Kriterium. Denn wer will schon so stark von der Außenwelt abgeschirmt sein, dass vermeintlicher Besuch nur mit einer Erklärung oder, schlimmer noch, dem Vorzeigen des Personalausweises vorgelassen wird? Von festen Besuchszeiten wollen wir da gar nicht erst reden. Kein normaler Rentner will in einer geschlossenen Anstalt sitzen, während der Pförtner seine Sozialkontakte nach eigenem Ermessen filtert. So etwas kennt man doch.

Die Gastfreundschaft eines Hauses steht und fällt mit der menschlichen Barriere im Eingangsbereich.

Mein Freund Herbert, Gott hab ihn selig, saß einige Zeit ehrenamtlich an der Kasse unseres Stadtmuseums. Während dieser Zeit verzeichnete die Sammlung die niedrigste Besucherzahl ihrer gesamten Geschichte, und das alles nur, weil Herbert der Meinung war, die Leute müssten sich ihren Einlass verdienen. Er hasste es, wenn die Räume für so niedere Zwecke wie das Aufwärmen an kalten Wintertagen oder zur Verkürzung der Wartezeit auf den Bus missbraucht wurden. Entsprechend stellte er den vermeintlichen Besuchern drei Wissensfragen zur Stadtgeschichte, und wenn sie diese nicht beantworten konnten, mussten sie draußen bleiben. Nun ja, Herbert war nicht lange dabei, denn eine kulturelle Einrichtung ist meist etwas klamm und demzufolge auf die Eintrittsgelder angewiesen.

Ich jedenfalls bin froh, dass wir ungefilterte Kontakte zur Außenwelt haben dürfen, rein theoretisch zumindest. Denn seit wir hier wohnen müssen, hat sich noch niemand unserer alten Bekannten blicken lassen. Nicht einmal unser Neffe Markus war da. Margot meint, dass die anderen unseren gehobenen Lebensstil nicht ertragen können und deswegen fernbleiben. Ich vermute, Margot hat ihnen schlichtweg unsere neue Adresse nicht mitgeteilt. Mir soll es recht sein. Ich wüsste auch nicht, wo ich etwaige Gäste an unserem Vierertisch platzieren sollte, wo doch Hannelore und Gerhard bis zu ihrem Tod fest gebucht sind.

Obwohl ich in Gedanken versunken bin, bemerke ich, dass sich um mich herum die Lichtverhältnisse ändern und sich ein Schatten über mich legt. Ich schaue auf und sehe Jutta dicht vor mir stehen. In ihrer Hand hält sie ein kleines

Tablett mit einem Pappbecher Kaffee und einem anständigen Stück Torte. Sie lächelt auf eine Weise verschwörerisch, die mich für gewöhnlich unangenehm berührt hätte, aber angesichts ihrer Mitbringsel lächle ich zurück.

»Ich dachte, das hast du dir verdient. Fett beruhigt die Nerven und gibt Kraft. Beides wirst du in den nächsten Tagen dringend brauchen«, sagt sie und lässt sich, ohne dass ich sie dazu aufgefordert hätte, auf dem Nachbarsessel nieder. Geheimniskrämerisch bedeckt sie ihren Mund mit der flachen Hand und neigt den Kopf zu mir.

»Es liegen schwierige Zeiten vor uns, lieber Helmut, und gefährliche«, haucht sie. Im nächsten Moment schlägt ihr Tonfall um. »Weißt du, Helmut«, redet sie weiter, »so ein lebloser Körper hat schon etwas Magisches. Man sieht förmlich, wie sich die Energie verflüchtigt und nichts als Materie zurückbleibt. Man muss das alles natürlich frei von Emotionen betrachten, aber wenn einem das gelingt, ist es eine spannende Erfahrung.« Sie legt das rechte Bein über das linke, worauf sich ein ziemlich gewagter Schlitz in ihrem Rock zeigt und den Blick auf ihre runden Schenkel freigibt. Dabei schaut sie mich durchdringend an.

»Aha«, sage ich, und das ist alles, was ich mit vollem Mund herausbekomme. Die Torte übertrifft meine Erinnerung an unseren letzten Alpenurlaub um Längen. Abgesehen davon kann ich mit dem esoterischen Zeugs nichts anfangen, und mit Juttas Schenkeln ebenfalls nicht. Aber ich war noch nie der fleischige Typ.

»Es freut mich, dass es dir schmeckt«, sagt Jutta. »An dir ist ohnehin zu wenig dran. Männer müssen ordentlich was bieten, eine Angriffsfläche, die man gern anlangt, wenn du verstehst.« Sie hebt die rechte Hand und macht eine Geste, die ich nicht recht deuten kann. Aber ich will auch nichts verstehen. Ich will Torte.

»Selma befindet sich schon in der Zwischenwelt.« Jutta hat das Thema gewechselt und ich bin ein wenig erleichtert darüber. »Sie verwehrt aber jeglichen Kontakt. Noch.« Jutta senkt den Kopf. Dann schnellt ihr Oberkörper nach vorn und sie legt ihre Hand auf mein Knie. »Ich habe mir überlegt, dass ich deine Assistentin sein könnte, zumal ich ja bereits in alles Wesentliche eingeweiht bin«, flüstert sie. »Ich kann zuhören, wobei meine Diskretion dabei Ehrensache ist. Überdies verfüge ich über hervorragende Kontakte ins Jenseits.«

Sie kommt noch näher, aber mein Rücken presst sich schon so fest in die Sessellehne, dass kein Spielraum mehr bleibt, um ihr zu entkommen.

»Selma wird sich nicht ewig sperren. Sie wird uns erzählen, wer sie umgebracht hat. Du könnest eine Rekordermittlungszeit hinlegen und deinen ehemaligen Kollegen zeigen, dass du noch lange nicht zum alten Eisen gehörst. Im besten Fall berichtet die Zeitung darüber. Die Werbung könnte auch bewirken, dass sie dich öfter holen bei schwierigen Fällen.« Sie redet nun wie eine alte vertraute Freundin. »Leute wie Hannelore und Gerhard mögen ja recht nett sein, aber Menschen wie wir brauchen Herausforderungen, damit wir nicht verkümmern…«

Die Hand, mit der sie gerade noch undurchsichtig gestikuliert hat, ist nun zur Faust geballt. Die andere liegt noch immer auf meinem Bein, und mittlerweile ist Jutta mir so nah, dass ich das Gefühl habe, die Luft wird dünn.

»Herr Katuschek!«

Margots unerwartetes Auftauchen lässt mich so sehr zusammenfahren, dass der Teller in meiner Hand Schlagseite bekommt und die übrig gebliebene Hälfte meines schönen Tortenstücks auf meiner Hose landet. Hatte ich erwähnt, dass ich Margot zuliebe beige Chinohosen zu meinen braunen Slippern trage? Nein. Na ja.

Während ich meine Frau also noch vollkommen entgeistert anstarre, schnappt sich Jutta meine Serviette vom Tisch und versucht, das Malheur durch kräftiges Tupfen und Reiben meines Schoßes zu beseitigen.

»Herr Katuschek!« Margots Stimme klingt so schrill, dass ich Sorge habe, ihre Stimmbänder könnten reißen.

»Ja, was ist denn?«, entgegne ich, was so ungefähr das Blödeste ist, was einem Mann in einer scheinbar kompromittierenden Situation herausrutschen kann.

»Das will ich von dir wissen!«, faucht Margot.

»Ich auch«, ergänzt ihre Freundin Hannelore.

Ein flüchtiger Blick auf die seltsamen Sandalen an ihren Füßen sagt mir, dass die beiden direkt von der Fußpflege kommen. Dieses knappe Schuhwerk tragen sie immer, wenn es neuen Nagellack gegeben hat und sie etwas Besseres vorhaben, als im Kosmetikraum auf dessen Trocknung zu warten. Ich könnte mit ihr gleichziehen und mich darüber aufregen, dass ich die letzte Stunde keinen Schimmer hatte, wo sie abgeblieben ist, aber da ihre Füße diese Frage beantworten und bei Weitem nicht die Qualität einer mir auf der Pelle sitzenden Jutta haben, schweige ich.

»Wir haben ein wenig geplaudert, ein Kaffeekränzchen, wenn du so willst«, erklärt Jutta, und man kann ihr die Genugtuung darüber deutlich ansehen. »Helmut isst nun mal gern Torte, und da habe ich ihm ein Stück gebracht, bevor Rolf Jürgen wieder alles abbekommt.«

»Ach, Torte«, keift Margot. Die zudringliche Jutta und die fette Konditorware rangieren jetzt auf einem Niveau. »Seit wann gibt es hier so etwas?«

Ich schließe daraus, dass sich Selmas unfreiwilliger Tod noch nicht herumgesprochen hat. Das ist gut so. Weniger erfreulich hingegen ist Margots Verkennung der Lage.

»Manchmal muss man sich eben etwas gönnen«, erklärt Jutta mit Vehemenz. »Nicht wahr, Helmut!« Und als ob ich nicht schon weit genug am Abgrund stünde, bedenkt mich Jutta mit einem Augenaufschlag, der sich gewaschen hat, wobei ihre Hand noch immer auf meinem Oberschenkel liegt und sie tatsächlich nicht davor zurückschreckt, mich nun langsam zu streicheln.

Ich schwanke zwischen Schweißausbruch und Schüttelfrost. Nicht, weil ich für diese Dinge empfänglich bin, sondern wegen Margots starrem Blick.

»Komm, Hannelore, ich habe genug gesehen«, faucht Margot und wackelt auf ihren neuen bunten Zehen davon. Hannelore hingegen verharrt noch kurz. Ihr Gesichtsausdruck ist so abschätzig und unhöflich wie immer, aber ihre Geste übertrifft alles. Sie streckt den Arm aus und zeigt mir den Mittelfinger. Dann zieht sie weiter.

»Nun wieder zu unserem gemeinsamen Fall«, hebt Jutta an, als wäre nichts gewesen. »Was soll ich als Nächstes für dich erledigen?«

»Ich brauche einen Schnaps«, antworte ich mit dünner Stimme, wobei mir nicht bewusst ist, dass ich meinen Gedanken laut artikuliert habe.

»Meine leichteste Übung«, verkündet Jutta und eilt davon, als gälte es, die Welt zu retten.

Da sitze ich nun. Allein, mit einem von feiner Schoko-

Buttercreme überzogenen Schoß und einem fetten Ehekrach. Und als ob das nicht alles schon blöd genug wäre, öffnet sich die Tür in die Freiheit und zwei Kriminalbeamte treten ein. Woher ich das weiß? Das ist nicht schwer zu erkennen, vor allem, wenn einer der beiden mein langjähriger Mitarbeiter war und ich ihm mehr als einmal sehr unmissverständlich nahegelegt habe, den Beruf zu wechseln.

»Na, Opa, willst du uns mal verraten, wo wir hier die Heimleitung finden?«, fragt mich der jüngere von beiden mit einem überheblichen Grinsen und mustert fast schon unverschämt lange meine beschmierten Hosen. Ich gebe zu, die dunklen Flecken unterhalb meiner Hüften können auf Außenstehende leicht irritierend wirken. Aber Himmel, ich bin ein alter Mann, zumindest würden das zwei Drittel der Gesellschaft behaupten, und schon allein deshalb erwarte ich Respekt. Wen, verdammt noch mal, gehen meine Hosen etwas an? Außer natürlich meine Frau, aber die wird bis zum Ende ihrer Tage kein Wort mehr mit mir wechseln. Es ist einfach unverschämt, dass sich die Jugend heutzutage für etwas Besseres hält. Ein Mangel an Lebensjahren rechtfertigt keine Arroganz, Bürschchen. Und so jemand darf zur Polizei. Der Kerl sieht aus, als wäre er erst nach meinem Ausscheiden aus dem Dienst geboren. Jedenfalls habe ich ihn niemals zuvor gesehen und er hat keine Ahnung, wie froh er darüber sein kann.

Ich erhebe mich, weil ich weiß, dass meine Größe von jeher Eindruck bei meinem Gegenüber gemacht hat. Dass dies von der Schokocreme konterkariert wird, hätte ich mir jedoch denken können. Die Erheiterung dieses unverfrorenen Menschen steigert sich jedenfalls noch, vor allem, nachdem ein dicker Klumpen Creme von mir abfällt und auf dem Boden landet.

Er feixt und raunt, an seinen Kollegen gewandt: »Mit dem Opi gibt das nichts. Das siehst du doch. Lass uns selbst suchen.« Er schickt sich an abzudrehen, unterbricht jedoch seine Bewegung, als sein Kollege ihm nicht folgt.

Meine Ohren funktionieren noch immer hervorragend, aber ich bin alt genug, um nicht über jedes Stöckchen zu springen, das man mir hinhält.

»Äh.« Lange Pause. »Guten Tag, Erster Kriminalhauptkommissar Katuschek«, sagt sein Kollege sichtlich eingeschüchtert, drückt sein Kreuz durch, streckt mir seine Hand entgegen und tritt dabei von einem Bein auf das andere, fast so wie Gerhard, wenn sich seine Prostata überraschend meldet.

»Weidmann«, entgegne ich kühl und erwidere seinen Gruß mit einem leichten Nicken. Ich bin sonst kein unhöflicher Mensch, auch wenn Margot häufig das Gegenteil behauptet, aber er kann ruhig merken, dass ich nicht plemplem bin, nur, weil ich Schoko-Buttercreme mag und im Foyer eines Seniorenheims sitze.

Dem anderen entgleiten die Gesichtszüge, aber seine Kinderstube reicht nicht dazu, sich bei mir zu entschuldigen.

»Äh, ich wusste nicht, dass Sie noch… dass Sie…«, stammelt Weidmann, wobei sein Hals bis hinauf zu den Ohren dunkelrot leuchtet. Ich mustere ihn. Äußerlich hat er sich nicht verändert, na ja vielleicht ein wenig mehr Bauch. Es kommt mir vor, als wäre ich gestern erst aus der Bürotür hinausgegangen. Ich hege die leise Hoffnung, dass er das auch von mir denken könnte, also bis auf den Bauch, aber er sagt nichts dergleichen. Früher hat mich das nie interessiert, ob ich mit fünfzig ausgesehen habe wie fünfundvierzig oder fünfundfünfzig. Aber seit ich hier drin bin, habe ich Sorge, dass der Verfall ansteckend sein könnte. »Also, dass Sie hier ... äh ... dass Sie hier sitzen«, stammelt Weidmann.

»Tue ich«, entgegne ich kurz. Trotz seiner mangelnden Auffassungsgabe hat er die knastähnlichen Zustände hier direkt erfasst. Ich schaue auf seinen Kollegen, aber nachdem der es noch immer nicht für notwendig hält, sich vorzustellen, beschließe ich, ihn schachmatt zu setzen. »Gut«, sage ich. »Sie sichern bitte den Haupteingang. Es ist möglich, dass der Täter noch im Haus ist. Weidmann, Sie folgen mir.« Ohne weiter auf irgendeinen der Männer zu achten, nehme ich mein Notizbuch und setze mich in Bewegung. Sie tuscheln kurz hinter meinem Rücken, aber dann höre ich hektische Atemgeräusche und schließe daraus, dass Weidmann mir folgt.

»Entschuldigen Sie das Verhalten meines Kollegen«, japst Weidmann. »Er hatte keine Ahnung, wer Sie sind. Er ist neu und noch in der Ausbildung, ein Quereinsteiger, wenn Sie so wollen. Eigentlich ist er Friseur, aber er macht sich gut. Wirklich. Überhaupt läuft es gut im Büro, seit Sie weg sind. Alle sind motiviert, wenig Fehlzeiten, und neue Möbel haben wir auch, ergonomische mit extra rückenfreundlichen Lehnen. Zwei Beförderungsrunden gab es auch seit Sie, also, na ja ... und einen neuen Kaffeeautomaten.«

Alles klar. Es läuft also gut bei der Kripo, seit ich nicht mehr dazugehöre. So etwas hört man doch gern. Sogar eine neue Kaffeemaschine haben die jetzt. Dann geht es ja voran, vor allem, wenn solche Leute wie Weidmann und sein Friseur noch dabei sein dürfen, während ich hier ... Was rege ich mich auf? Meine einzige Freundin Selma braucht mich. Und ich setze auf diesen Fall, um nicht ganz zu verblöden. Doch wenn ich den Mörder zügig dingfest machen will, muss ich Weidmann und Co. schleunigst loswerden. Wenn ein Polizist sich nicht höchstens zwei Minuten nach seinem Eintreffen an einem Leichenfundort nach der besagten erkundigt, läuft irgendetwas schief. Manche Dinge ändern sich leider nie. Und Weidmann bleibt Weidmann. Weiß der Teufel, warum Margot damals an diesem Kerl einen Narren gefressen hat. Ich vermute, sie hat in ihm den Ersatz für den Sohn gesehen, den wir nie hatten. Also bitte, ausgerechnet Weidmann. Aber Margot hatte noch nie eine besondere Menschenkenntnis. Wieso sonst sollte sie sich mit Hannelore abgeben?

»Das ist ja ein junges Mädchen«, ruft Weidmann entsetzt aus. Er steht nun direkt vor Selma und scheint seinen Augen nicht zu trauen. »Wir dachten ...« Er bläst die Wangen auf. Dass Weidmann denken kann, ist mir neu.

»Wenn wir das gewusst hätten, puh, na ja, aber irgendwann muss man auch mal etwas essen«, murmelt er bekümmert und scheint vergessen zu haben, dass ich noch immer neben ihm stehe.

Genau das meine ich. Die Gesellschaft hat für alte Leute per se nicht viel übrig. Aber wenn sie dann auch noch in einem Seniorenheim interniert sind, haben sie so viel Bedeutung wie ein auf dem Seitenstreifen der Autobahn liegen gebliebener einzelner Schuh.

Er schüttelt die Überraschung ab. »Gut, was denken Sie, Chef?«, fragt er und schaut mich von der Seite an.

Ich komme nicht dazu zu antworten, aber das ist womöglich auch besser so. Weidmann ist etwa fünfzig Jahre alt, und der steinige Weg des selbstständigen Denkens liegt noch vor ihm. Außerdem hat er noch immer Angst vor seinem vor acht Jahren pensionierten Vorgesetzten. Da fehlen selbst mir die Worte. Weidmanns Handy klingelt. Mit leuchtenden Augen betrachtet er das Display und hat dann tatsächlich nichts Eiligeres zu tun, als ranzugehen.

»Herzikäfer! Nein, nein, du störst überhaupt nicht«, flötet er.

Ich schaue auf Selma und die Fleischgabel in ihrer Nase. Vor etwas mehr als zwei Stunden hat sie mir noch eine extra Scheibe Blutwurst gegeben. So schnell kann es mit einem zu Ende gehen. Allerdings hätte ich eher auf Gerhard getippt. Da sieht man mal wieder, dass Wahrscheinlichkeiten überbewertet werden.

»Ich kann mitschreiben, natürlich«, ertönt die schrille Stimme meines ehemaligen Mitarbeiters. Weidmann zieht das rechte Schultergelenk nach oben und drückt damit das Telefon gegen sein Ohr. Dann kramt er in seinen Jackentaschen nach Zettel und Stift, drückt Ersteren gegen den Kühlschrank und wartet auf Anweisungen. Nachdem sich nichts zu tun scheint, wiederholt er diesen dämlichen Kosenamen mehrfach. »Nein, nein, lass dir nur Zeit, ich dränglе nicht. Wenn die Zutaten nicht richtig sind, wird das nichts mit unserem Kochabend. Das verstehe ich.«

Je länger ich hinsehe, umso blasser wirkt Selma. Auch Monika Löwe, die auf einem Stuhl neben der Tür sitzt, scheint zusehends an Farbe zu verlieren und an Tränenflüssigkeit. Sie tut mir leid. Erst dieser Schock und dann auch noch Weidmann, das hat niemand verdient.

»Lilafarbene Kartoffeln, festkochend«, wiederholt Weidmann eilig. »Nicht zu groß, verstanden. Magerjoghurt, Aprikosen-Eierlikör, Sülze, Knäckebrot…«

Herzikäfer scheint so schnell zu diktieren, dass Weidmann seine liebe Mühe hat mitzukommen. Mich wundert das nicht. Seine Fähigkeit, Protokolle zu schreiben, ist absolut mau. Nach allem, was nun noch folgt, frage ich mich, was das am Ende geben soll. Ich jedenfalls würde die Sachen nicht einmal einzeln essen.

»Meinst du die grünen Stangen?«, fragt Weidmann.

Mir platzt gleich der Kragen. Selma wird nicht besser auf dem Küchenfußboden. Ich räuspere mich.

»Spargel. Sellerie…?«, flüstert Weidmann und schaut mich scheel von der Seite an. »Ich kann nicht mehr reden… ach so, Eier, natürlich.«

Nachdem der letzte Wunsch aufgeschrieben ist, beendet er das Gespräch und verstaut hektisch seine gesamten Utensilien in seinen Hosentaschen, nicht ohne sich daraufhin ausgiebig die Hände daran trocken zu reiben. Wie zur Entschuldigung sagt er: »Ich habe eine neue Freundin. Wir kochen viel zusammen, wissen Sie.«

Weiß ich nicht, interessiert mich auch nicht. Früher hätte ich ihm das gesagt, aber jetzt bin ich im Ruhestand und das berechtigt dazu, ein unbeteiligtes Gesicht zu machen und sich seinen Teil zu denken. Mein Schweigen scheint Weidmann noch mehr zu ängstigen als meine Worte. Er betrachtet Selma, zückt erneut sein Mobiltelefon und den anderen Kram, fotografiert und macht sich auf der Rückseite seines Einkaufszettels ein paar Notizen. Dann entdeckt er Monika Löwe.

»Haben Sie die Tote gefunden?«, fragt er.

Ich merke, dass ich angesichts dieses wichtigen Punkts

erleichtert ausatme. Weidmann scheint das gehört zu haben, zumindest wirkt er nun etwas gelöster.

Monika Löwe nickt mehrmals hintereinander. »Ich bin in die Küche gekommen, um zu sehen, ob Selma Hilfe brauchen könnte.« Sie senkt den Kopf und ihre Wangen erröten leicht. »Na ja, ich hatte so Kaffeedurst. Das könnte auch ein wenig der Grund gewesen sein. Jedenfalls lag Selma auf dem Boden.« Während sie das sagt, schaut sie mich unverwandt an. »Die Gabel steckte schon in ihrer Nase.«

»Uhrzeit?«, fragt Weidmann nach.

Dieses Mal unterdrücke ich den Reflex, mich einzumischen. Wenn man Weidmann zu sehr verunsichert, gibt das nie was.

Die Löwin schaut auf die Uhr. »Kurz vor drei.«

Weidmann hält das fest.

»Also, so spät ist es jetzt«, wirft die Löwin eilig ein. »Bei Selma war es um zwei, genau um zwei. Da war ich nämlich bei Herrn Gerhard fertig. Er schwächelte nach seinem Erstickungsanfall ein bisschen und ich habe noch einmal nach ihm gesehen.« Sie nickt, als müsste sie sich das selbst bestätigen.

Weidmann streicht sein erstes Stichwort nach den Eiern und kritzelt die korrekte Uhrzeit darunter, zumindest hoffe ich das.

»Ich habe nichts angefasst und bin zu Herrn Katuschek gegangen, also Jutta hat mich hingebracht. Ich war ein wenig verwirrt... der Schock, wissen Sie«, ergänzt die Löwe noch eilig und klingt dabei, als wäre es ihr ein dringendes Bedürfnis, dies loszuwerden.

Weidmann lobt das ein wenig zu ausführlich. Dann lässt er sich Selmas Personalien geben. Ich höre nur mit halbem

Ohr zu, denn ich überschlage die Zeiten. Um zwei Uhr hat sie Selma gefunden, aber erst zwanzig nach zwei war sie bei mir. Ich frage mich, wieso die Löwin geschlagene zwanzig Minuten bis zu mir gebraucht hat. Selma muss also schon tot gewesen sein, als wir die Seelen von toten Dackeln kontaktiert haben und Jutta schließlich eine Pause brauchte, um mich kurz darauf mit der toten Selma zu konfrontieren. Sie muss ganz schön neben der Kappe gewesen sein. Und wieso wusste Jutta eigentlich eher Bescheid als ich? Ich muss die Löwe ziemlich missmutig anschauen, denn sie senkt den Kopf und bekommt glühende Ohren.

»Und hatte Fräulein Selma einen festen Freund?«, fragt Weidmann weiter.

»Hier im Heim?«, will die Löwe wissen und lässt mich dabei nicht aus den Augen.

Selbst Weidmann scheint über diese Frage verwundert. »Äh, was, ja, vielleicht«, stammelt er.

»Sie war mit Kai-Uwe zusammen«, erklärt die Löwe und scheint sich zu freuen, dass sie das weiß.

Seit mindestens zwei Wochen nicht mehr, denke ich. Selma hat ein Bier darauf spendiert, dass sie ihn los war.

»Wo finde ich den?«, fragt Weidmann.

»Meistens im Fernsehraum«, entgegnet die Löwe, als wäre es das Normalste der Welt.

Weidmann irritiert das noch mehr. Er betrachtet Selma eingehend und scheint zu überlegen, was er davon halten soll.

Derweil gibt die Löwe ein Psychogramm von meiner Freundin Selma zum Besten. Ungefragt, wohlgemerkt. Ich staune darüber, dass sie tatsächlich nahezu ungezwungen plaudern kann, auch wenn das den Inhalt des Gesagten nicht aussagekräftiger werden lässt. Es hört sich an, als würde sie die auswendig gelernten Eckdaten aus Selmas Personalakte herunterbeten. Guter Schulabschluss, fleißig, hilfsbereit, pünktlich, ordentlich. Und da ihr das nicht zu genügen scheint, fügt sich noch hinzu: »Unsere Selma war bei allen, Gästen wie Mitarbeitern, gleichermaßen beliebt.« Zumindest dahingehend habe ich nichts hinzuzufügen.

Ein Foyer hat für ein Seniorenheim ungefähr die Bedeutung eines Stehtischs für eine Tankstelle oder einer Küche für eine Büroetage. Hier geht man hin, wenn man gesehen werden will, an sozialen Defiziten leidet oder schlichtweg die Zeit überbrücken muss. Bei mir ist es eindeutig Letzteres. Ich sollte ein paar Stunden überbrücken, bevor ich Margot wieder unter die Augen trete. Nicht, dass ich mich nicht traue, in unser Appartement zu gehen. Ich halte es momentan nur nicht für sonderlich klug. Einundzwanzig Quadratmeter mit einer aufgebrachten Margot haben so viel Liebreiz wie ein mobiles Toilettenhäuschen bei vierzig Grad im Schatten.

Ich habe also, nachdem Weidmann und dessen Friseur endlich verschwunden sind, meinen Platz zwischen den Palmgewächsen erneut eingenommen. Die Umzugskartons sind auch noch vollzählig. Glücklicherweise ist weit und breit niemand zu sehen. Vermutlich dösen alle ihre Buttercremetorte weg. Meine ziert noch immer die Gegend um meinen Hosenstall, immerhin eingetrocknet und damit farblich ein wenig unauffälliger. Dafür rieselt der Kuchen in Einzelteilen an mir herunter, wenn ich mich etwas schneller bewege. Aber welcher Rentner hat es schon eilig?

Weidmann hat Monika Löwe seinen Fähigkeiten entsprechend befragt. Ich weiß nicht, was er daraus schlussfolgert, im Zweifel nichts, aber ich habe zwei Dinge mitgenommen: Erstens, Monika Löwe hat fast fünf Jahre durchaus eng mit Selma zusammengearbeitet und weiß dafür erstaunlich wenig über sie. Das mag heutzutage für Kollegen nicht ungewöhnlich sein. Ich jedenfalls war damals über Weidmann deutlich besser informiert, auch dank Margots eingebildeten Muttergefühlen, aber immerhin. Bei Monika Löwes ausgeprägter sozialer Ader wundert mich das jedoch schon ein bisschen. Noch dazu, da im Werbeprospekt unserer Residenz steht, dass wir hier alle wie eine große Familie zusammenleben, harmonisch und liebevoll. Da kann man schon erwarten, dass eine langjährige Kollegin mehr zu bieten hat als die Notizen aus dem Beurteilungsbogen. Ich weiß, dass diese Familiensache nur die Schönfärberei von ein paar Werbeprospekten ist, aber wenn ich das nächste Mal mit der Heimleitung um die Höhe der Nebenkosten feilsche, werde ich das anbringen. Das und die Sache mit dem gefrosteten Fertiggebäck. Die Löwe schien ja nicht einmal etwas von Selmas Trennung von diesem Sozialschmarotzer mitbekommen zu haben. Dabei hatte sich das sogar bis zu den ganzen Alten herumgesprochen, und das will etwas heißen. Ich schlussfolgere, dass die gute Selma, die zwar ansonsten ihr Herz auf der Zunge trug, sehr genau differenziert hat, wem sie vertrauen konnte und wem nicht.

Zweitens: Monika Löwe hat die Polizei angelogen. Sie hat mich nach dem Fund der Leiche nicht umgehend aufgesucht. Wenn sie das Tempo unseres unnützen Auszubildenden hätte, käme das ungefähr hin, aber Monika ist generell flink unterwegs. Das sollte erst recht bei einer toten Küchenhilfe der Fall gewesen sein. Dazu kommt, dass sie den Umweg verschwiegen hat. Ich frage mich nur, warum? Und was wollte sie von Jutta? Die hat die Sitzung ohne Erklärung unerwartet abgebrochen. Ich bin davon ausgegangen, dass sie dringend aufs Klo musste. In dem Alter weisen auch Frauen ein paar Schwächen in dem Bereich auf. Jedenfalls sollte es sich lohnen, sowohl mit der Löwe als auch mit Jutta noch einmal intensiver zu reden.

Ich lehne mich zurück und überlege. Dabei drückt sich irgendetwas unangenehm in meine Seiten. In meinem Alter stellen sich die Zipperlein so schnell ein wie die Wetterwechsel an der Eiger Nordwand. Aber dieses unangenehme Druckgefühl wird schnell schlimmer. Vorsichtig taste ich meinen rechten Oberschenkel ab. Nichts Ungewöhnliches. Andere Seite. Meine Beine scheinen in Ordnung, aber irgendetwas stimmt mit dem Sitzmöbel nicht. Ich greife in die Falte zwischen Armlehne und Sitzkissen und ziehe eine Miniaturspirituose hervor. Jutta hat doch tatsächlich mehr Überraschungen auf Lager, als ich ihr zugetraut hätte, und ist für Geheimoperationen tauglich. Alle Achtung!

Ohne darüber nachzudenken, was normale Menschen nachmittags gegen vier möglicherweise tun würden, stürze ich das Zeug hinunter. Ich bin nicht normal. Ich wohne auf den Wunsch meiner Frau in einem Altenkindergarten. Jutta jedenfalls scheint in jeder Hinsicht etwas üppiger unterwegs zu sein. Mir bringt das immerhin sechs Schnäpse ein, drei an jedem Oberschenkel. So viel habe ich seit meiner Silbernen Hochzeit nicht mehr getrunken. Damals hatte Margot es am Magen und musste sich noch vor dem Abendessen zurückziehen. Daraufhin haben es Herbert Grusche und ich mit den Frauen aus unserer Straße ordentlich krachen lassen. Helga von nebenan hat sogar auf dem Tisch getanzt, zwischen Margots Bleikristall. Rückblickend betrachtet würde ich sagen, das war die beste Feier meines Lebens, aber auch dies ist eine Erkenntnis, die ich meiner Frau gegenüber lieber für mich behalte.

Nichtsdestotrotz ist Jutta eine Wucht, so oder so. Dass ich deutlich mehr vertrage, konnte sie nicht ahnen. Früher zumindest war das so. Heute bin ich irgendwie schon ganz schön angeduselt. Zumindest angeduselt genug, um wütend auf Margot zu werden. Alkohol macht mutig, auch in meinem Alter. Als ich gerade zu dem Schluss komme, das von mir bezahlte Appartement aufzusuchen und Margot angesichts ihres unmöglichen Verhaltens zur Rede zu stellen, taucht eine Gestalt im Foyer auf. Ich bin mir nicht sicher, ob die kleine Frau im dunkelgrünen Overall und dem weißen Kittel, die zwischen den Umzugskartons verschwindet, eine alkoholbedingte Halluzination ist. Aber da ich nichts weiter vorhabe, beschließe ich, einfach sitzen zu bleiben und zu warten, ob sie noch mal auftaucht. Das tut sie wenige Minuten später in der Tat. Jetzt kann ich ihr sogar mitten ins Gesicht blicken. Sie ist es. Kein Zweifel. Doktor Olga Maria Böttcher, ihres Zeichens Rechtsmedizinerin und die Frau, mit der gemeinsam es mir gelungen ist, zwanzig Mörder ihrer gerechten Strafe zuzuführen. Was macht sie denn hier?

»Frau Doktor Böttcher«, rufe ich erfreut aus, während ich mich zackig erhebe. Eine Dame wie die Frau Doktor spricht man nicht im Sitzen an und in meinem Alter weiß man nun einmal, was sich gehört. »Das ist ja eine Überraschung.«

Sie hält in ihrer Bewegung inne und schaut zu mir herüber, wobei sich eine tiefe Zornesfalte auf ihre Stirn legt.

»Karl Heinz, wenn du meinst, du kannst dir ein schönes Leben machen, während ich das Institut allein einräume, hast du dich geschnitten«, faucht sie. »So weit kommt es noch!«

Sie verwechselt mich. Das kann passieren. Wir haben uns seit ihrem Ausscheiden aus der Klinik nicht mehr gesehen. Das muss gut und gern zehn Jahre her sein – oder sind es sogar noch mehr? Seit ich mich vom wahren Leben außerhalb dieser Mauern verabschiedet habe, habe ich das Zeitgefühl verloren. Jedenfalls war unsere letzte Zusammenkunft nicht erst gestern, und da sich die optischen Veränderungen in zunehmendem Alter gefühlt und womöglich auch real nahezu täglich überschlagen, kann ich ihr nicht verdenken, dass sie mich nicht gleich erkennt.

»Frau Doktor, Sie glauben nicht, wie ich mich freue, Sie wiederzutreffen«, sage ich und gehe langsam auf sie zu. Mein beflecktes Äußeres habe ich dabei komplett ausgeblendet. Die Böttcher interessiert sich nicht für so profane Dinge wie Buttercreme an vergreisten männlichen Leisten, das weiß ich. Außerdem hat sie schon weitaus Schlimmeres gesehen.

»Karl Heinz, nun ist es aber genug mit der Gammelei. Fass mit an, verdammt noch mal!«, befiehlt sie. »Und sieh zu, dass du nichts kaputtmachst.« Sie stemmt die Hände in ihre schmalen Hüften und lässt ihre Augen blitzen.

Ich stehe nun direkt vor ihr. Das ist meine alte Pathologin, keine Frage. Und Karl Heinz? So hieß ihr Mann, wenn ich mich richtig erinnere, aber der ist schon mindestens zehn Jahre tot. »Frau Doktor Böttcher?«

»Karl Heinz, gibt es ein Problem? Du bist doch sonst nicht so förmlich?«

»Einen schönen guten Tag«, sage ich zugegebenermaßen etwas unsicher. Ich habe Karl Heinz mehrfach in meinem Leben getroffen. Er hatte für seine kräftige Statur ein wenig zu kurze Beine, schütteres Haar und ein Doppelkinn von beträchtlichem Ausmaß. Selbst wenn ich jeden Tag Buttercremetorte haben dürfte, bekäme ich diese Proportionen nicht hin. Noch dazu mag ich etwas vertrocknet sein, aber nicht so extrem, dass ich um die dreißig Zentimeter geschrumpft wäre.

Pause.

Frau Doktor Böttcher dreht sich um, ohne mich weiter zu beachten, und kramt in einer der Kisten. Es dauert eine Weile, bis sie zwei kleine Gläser mit Präparaten und eine Akte herausbefördert. Als sie mir die Sachen in die Hand drückt, hält sie inne und schaut mich mit einem für ihre Verhältnisse freundlichen Blick an. »Karl Heinz, mir ist durchaus bewusst, dass du nicht für das normale Leben taugst, aber darauf kann ich heute keine Rücksicht nehmen«, sagt sie. »Ich bin etwas in Eile, du entschuldigst. Die neuen Institutsräume müssen bezogen werden.« Sie wuselt weiter vor sich hin und ich schaue ihr dabei zu.

»Wo befinden sich diese denn?«, will ich wissen.

»Im ersten Obergeschoss, nicht optimal, wegen der Kühlzellen, aber dafür auf der Sonnenseite«, erklärt sie, ohne mich anzusehen.

Das ist das Wohngeschoss. In Nummer vier sitzt Margot und schmollt, jede Wette. Wir sind also ab heute Nachbarn, das Rechtsmedizinische Institut, äh, die Frau Doktor und ich. Sie erkennt mich nicht. Aber das macht nichts, solange sie noch weiß, was eine Leiche ist.

»Frau Doktor, ich hätte da ein Anliegen.«

Ich habe gehofft, dass der Umzug an den Stadtrand gut für das Geschäft ist«, sagt die Frau Doktor beim Anblick meiner toten Freundin Selma. »Die erste Kundin gleich am ersten Tag, das hätte jedoch nicht einmal ich mir träumen lassen.« Sie schaut mich über den dunkelgrünen Kunststoffrahmen ihrer Brille an. »Aber bei den Mietpreisen, die die hier nehmen, muss man sich ranhalten, dass man nicht arm wird.«

Wem sagt sie das. Ich gebe zu, so, wie wir hier stehen, erfasst mich ein wenig die Rührung. Die Frau Doktor sieht aus wie immer mit ihrer weißen Gummischürze und den Kunststoffhandschuhen. Die hellblauen Einweg-Schuhüberzieher, die sie auf mein Bitten trägt, entstellen sie ganz und gar nicht, also jedenfalls nicht der, den sie über ihren Kopf gezogen hat. Die an ihren Füßen kann ich nicht sehen, da ihre Tasche davorsteht. Ich habe mich ebenso ausstaffiert und fühle mich ehrlich gesagt etwas unwohl, da mir der Gummizug immer wieder über die Stirn in die Augen rutscht. Aber es nützt nichts. Die Ausstattung unserer hauseigenen Reinigungskraft hat nichts anderes hergegeben und die Frau Doktor hat bei Weitem noch nicht alles ausgepackt. Immerhin bewegen wir uns an einem vermeintlichen Tatort, da möchte man nur ungern irgendwelche Spuren hinterlassen.

»Siehst du, Karl Heinz, so schnell bin ich wieder gefragt.« Sie bugsiert ihre ziemlich schwer aussehende Arzttasche auf die Anrichte neben sich, richtet die Halsschlaufe ihrer Schürze und macht ein entschlossenes Gesicht. »Es ist eben erst Schluss, wenn das Licht ausgeht.« Sie klopft mir mit ihrer kleinen schrumpeligen Hand auf die Schulter. »Die Böttcher bleibt im Geschäft. Halleluja!«

Ich nicke und freue mich für sie. Und für mich, denn das erinnert mich an die guten alten Zeiten. Ansonsten ist die Frau Doktor für mein Gefühl etwas neben der Kappe. Seltsam war sie schon immer irgendwie, aber ich glaube, das hier ist etwas anderes. Macht nichts. Das kann jedem passieren. Die beste Variante ist, wenn man davon nichts mitbekommt. Im letzten Lebensdrittel sollte man für alles dankbar sein, auch für die Kleinigkeiten. Und für die Frau Doktor mime ich gern den Karl Heinz. Sie war seinerzeit eine Koryphäe auf ihrem Gebiet. Und sie hilft mir, Selmas Mörder zu schnappen, und zwar lange vor Weidmann nebst Kollegen, aber die sollten ohnehin keine Hürde sein. Schließlich haben die Burschen es bis jetzt nicht geschafft, die Kriminaltechniker hierherzuschicken. Ich tippe darauf, dass Weidmann vor lauter Einkaufslistenabstimmung vergessen hat, den Jungs Bescheid zu sagen. Die zuverlässige Abarbeitung aller erforderlichen Schritte war noch nie seine Stärke.

Normal jedenfalls ist das nicht, dass Selma hier noch immer herumliegt, als handelte es sich um einen vergessenen Regenschirm. So eine Schlamperei hat es zu meiner Zeit nicht gegeben. Aber was beschwere ich mich. So können Frau Doktor Böttcher und ich das tun, was wir unser halbes Leben getan haben. Dass wir uns dafür erst in einem

Seniorenheim wiedertreffen mussten, ist ja nur einem Teil von uns bewusst. So betrachtet, hat sie es gar nicht schlecht getroffen. Und wenn es Ärger wegen der beschädigten Türversiegelung gibt, kann ich immer noch alles auf sie schieben. Sie kann sich garantiert nicht erinnern und wenn, spielt es auch keine Rolle, über die Straffähigkeit scheint sie lange hinaus.

»Na, dann wollen wir mal«, jubiliert Doktor Böttcher und klatscht in die Hände. »Rauf mit dem Mädchen auf den Seziertisch.«

Sie meint den Zubereitungstisch unserer Gastroküche, aber Edelstahl bleibt Edelstahl und Kleinlichkeit ist hier fehl am Platze. Ich stelle den Teller mit der mittlerweile dunklen Blutwurst in die Spüle und schiebe das benutzte Geschirr beiseite. Dann legen wir Selma dazwischen.

Bevor sie anfängt, schaut sie sich noch einmal interessiert um. »Eine ordentliche Ausstattung hat der Laden hier. Das muss ich schon sagen. Dass die Kühlzellen auch hier unten sind, hätte man mir doch sagen können. Ich bin ja keine alte Frau, die das nicht begreift. Aber wieso die mir dann nicht gleich ein Büro direkt neben dem Obduktionsraum gegeben haben, erschließt sich mir nicht. Dafür schicken sie mich in den ersten Stock.« Sie schüttelt ungläubig den Kopf. »Wenn Sie mich fragen, können die jungen Leute heutzutage einfach nicht mehr praktisch denken.«

Ich bin gespannt, was die Frau Doktor erst sagen wird, wenn sie unseren Auszubildenden kennengelernt hat. Gleichmütig betrachte ich die Regale mit den Töpfen und Pfannen, den Herd und die Geschirrschränke und nicke zustimmend. Dann schaue ich wieder auf Selma. Ich vermisse ihr Lachen.

»Ganz schöne Kieferfehlstellung, die Kleine«, kommentiert die Doktorin. »Das wäre gut korrigierbar gewesen.«

Selmas Zähne waren nicht schön. Da hat sie schon recht. Aber da diese angeblich der Grund waren, warum sie bei uns im Heim angefangen hat, habe ich mich daran nie wirklich gestört. Selma wollte eigentlich auf einem schicken Kreuzfahrtschiff aus Kiwis kleine Körbchen schneiden und Ananasschiffe schnitzen, aber ihr Aussehen hat das angeblich nicht zugelassen. Ich persönlich glaube nicht, dass Küchenhilfen nach ihren optischen Merkmalen ausgesucht werden, aber Selma mochte diese Geschichte und so mochte ich sie auch.

Die Frau Doktor streicht Selma über den Arm mit dem lilafarbenen Oktopus. »Na, dann erzähl mir mal deine Geschichte, Kleines.« Sie fängt an, Selma auszuziehen.

Ich wende mich ab und zähle die Fliesen an der Wand, ziehe die Wurzel aus ihrer Gesamtsumme, addiere mein Lebensalter, lege mir ein paar vermeintlich gute Argumente für Margot zurecht, wünsche Hannelore die Pest an den Hals … und bekomme schließlich vor lauter ungewohnter Aufregung einen üblen Schluckauf. Meine Güte, wie schnell man aus der Übung kommt, hätte ich niemals für möglich gehalten. Ich muss mich dem geistigen Verfall entgegenstellen. Der Mord kommt mir, wenn man so will, ganz gelegen. Die arme Selma … Da ich einmal gelesen habe, dass Bewegung gegen die Schluckserei helfen soll, gehe ich nach nebenan in das Personalzimmer und halte nach Selmas persönlichen Sachen Ausschau. Ihr Schrank ist offen, aber bis auf ihre Jacke ist er leer. Aber wo ist der Rucksack geblieben, in dem sie mir hin und wieder mal eine Flasche Bier eingeschmuggelt hat?

»Herr Katuschek, wenn Sie dann so weit wären«, höre ich irgendwann die Stimme von Frau Doktor Böttcher. »Sie dürfen sich auch gern wieder zu mir begeben. Ich habe die Blöße unseres Opfers verdeckt. Die Würde der Verstorbenen ist nichts, mit dem man achtlos umgehen darf, aber das wissen Sie ja.«

Überrascht, dass sie sich erinnert, wer ich wirklich bin, folge ich ihrer Bitte, und ganz automatisch muss ich vor Freude über das Wiedersehen mit meiner Lieblingspathologin lächeln. Ihr ergeht es nicht anders. Sie lächelt und herzt mich, soweit das bei einer Frau ihres Charakters möglich ist: Kurzum, sie schüttelt meine Hand und nickt dazu energisch.

»Sie sehen so frisch aus wie eh und je«, sagt sie. »Und ich hatte Angst, man verkümmert in einer solchen Einrichtung.«

Ich mache dicke Backen und winke ab. »Ach nee.« Ich bin ja quasi noch in der Probezeit. Es bleibt abzuwarten, wie ich nach einem Jahr aussehe.

»Ich konnte es gar nicht glauben, als mir vor einigen Wochen jemand erzählt hat, dass Sie in ein Altenheim gezogen sein sollen.« Sie prustet ungeniert los. »Ein Mann wie Sie gehört in das Beraterteam des Innenministeriums, ach, was sage ich, des Bundeskanzleramtes oder zumindest in einen Liegestuhl auf den Malediven.« Sie klopft mir mit der flachen Hand auf die Brust. »Sie müssen mir nichts erklären. Ich kenne Ihre werte Frau Gemahlin.«

»Mhm.«

Dann wedelt sie sich ein wenig von der von mir ausgestoßenen Atemluft zu. »Haben Sie etwa mit dem Trinken angefangen?«, fragt sie mit hochgezogener Augenbraue.

Ich schlucke sämtliche Erwägungen einer Rechtfertigung hinunter. Mit den Jahren habe ich gelernt, bei Frauen grundsätzlich darauf zu verzichten. Es bringt schlichtweg nichts, im Gegenteil, jegliche Erklärung reitet einen noch mehr rein. Stattdessen sage ich: »Nur heimlich.«

»Recht so!«, bestätigt die Frau Doktor. »Bei dem Drachen, den Sie geheiratet haben, verlängert das Ihr Leben.« Sie lacht herzlich.

Ich steige darauf ein. Witze über Margot in deren Abwesenheit finde ich prima. Wenn man von Selma absieht, ist das der beste Nachmittag, seitdem ein a. D. an meinem Namen klebt.

»Aber Sie sind noch immer im Geschäft, freut mich«, erklärt sie. »Das lässt mich ja hoffen.«

»Auf eine gute Nachbarschaft …«, antworte ich zögerlich. Ich kenne mich mit diesen neumodischen Kopfkrankheiten nicht aus und weiß nicht, wie zuverlässig ihre aktuelle Klarheit ist. Aber das musste mal gesagt werden.

Sie lacht so quietschend wie immer. »Das war die bescheuerte Idee meines Sohnes, die schlechteste, gleich nach der Sache mit seiner Hochzeit.« Sie winkt ab.

Das ist auch schon wieder über zwanzig Jahre her, denke ich. Margot und ich waren eingeladen. Aber Margot hat es nicht gefallen und wir mussten eher gehen.

»Jedenfalls meint der Junge, dass in meinem Kopf irgendetwas nicht stimmt und ich unter ständiger Beobachtung besser aufgehoben wäre«, erklärt sie empört. »Dabei ticke ich noch ziemlich geradeaus«, sie tippt sich mit dem Zeigefinger an den Kopf, »also mehr als die Frau an seiner Seite. Oder haben Sie mich schon einmal mit gelben Hosen und roten Schuhen gesehen?« Sie lacht erneut und mit einem

Mal habe ich das Gefühl, unser Dienstverhältnis hätte niemals geendet.

Ich kenne die Frau Doktor nur in grünen Overalls und natürlich in ihren Kitteln. »So oder so, ich freue mich, dass Sie da sind«, sage ich fast schon ein wenig feierlich.

»Das Gesäusel heben wir uns für später auf«, entgegnet sie in ihrer typisch ruppigen Art. »Nun zu den Fakten: Der Tod ist zwischen zwölf und vierzehn Uhr eingetreten. Die Todesursache ist ein stumpfer Schlag auf den Hinterkopf…« Sie sieht mein verdutztes Gesicht und hält kurz inne. »Sie hätten sie hochheben müssen, um das zu sehen, und wie ich Sie kenne, würden Sie sich niemals in das Aufgabengebiet anderer Kollegen einmischen.« Sie lächelt mit einer Mischung aus Anerkennung und Dankbarkeit. Ich denke an Weidmann und nicke. »Den Spuren auf der Kopfhaut nach zu urteilen, wurde der Schlag mit einem Fleischklopfer ausgeführt«, fährt sie fort. »Man sieht die Abdrücke der rauen Plattierfläche auf der Kopfhaut sehr gut.« Sie vergewissert sich meiner uneingeschränkten Aufmerksamkeit und redet dann weiter. »Die Fleischgabel allerdings kam erst zum Zug, als das Opfer schon auf dem Boden lag. Sie war für den reinen Tötungsakt nicht notwendig und hätte meines Erachtens auch nicht zwangsläufig zum Tod geführt, zumindest hätte es etwas länger gedauert, und das Mädchen wäre womöglich noch in der Lage gewesen, Hilfe zu holen. Dennoch scheint die Fleischgabel dem Täter ein Herzensanliegen gewesen zu sein.«

Ich stutze.

»Der Anblick ist nicht nur schauerlich, sondern birgt, wenn Sie mich fragen, auch ein gewisses Maß an Spott. Aus meiner Sicht sollte das Opfer verhöhnt werden. Ich gebe zu, das ist eine etwas ungewöhnliche Methode, aber denkbar. War die Kleine Vegetarierin?«

Ich kann nur nicken.

»Na ja, sehen Sie, Kollege«, frohlockt Frau Doktor Böttcher. »Das könnte schon mal ein Anhaltspunkt sein.«

Das erschließt sich mir zwar nicht so ganz, aber ich lasse die Frau Doktor weiterwerkeln und begebe mich in den Schubladen auf die Suche nach der Mordwaffe.

»Der Täter muss deutlich kleiner sein als unser Opfer«, höre ich die Frau Doktor sagen.

Selma war fast so groß wie ich. Die meisten Menschen sind also kleiner.

Etwas Metallisches wird abgelegt. »Ganz eindeutig. Die Beschaffenheit der Wunde lässt keinen Zweifel zu«, redet die Frau Doktor mit sich selbst. »Ich muss mir das notieren. Schnell, schnell. Bevor mir wieder die Lichter ausgehen«, murmelt sie.

»Ich möchte nicht, dass Sie in Stress geraten«, werfe ich fürsorglich ein.

»Aber Herr Katuschek, ich bitte Sie!«, entgegnet sie leicht vorwurfsvoll, um dann sofort umzuschwenken. »Soll ich sie aufmachen?«

Ich für meinen Teil habe gerade beschlossen, die Suche nach dem Fleischklopfer Weidmann nebst Kollegen zu überlassen. Als ich mich ihr zuwende, hat sie das Skalpell bereits in der Hand.

Ich hebe abwehrend die Hände. »Ich vermute, das könnte auffallen«, antworte ich. Einen Y-Schnitt würde sogar Weidmann bemerken. »Wir arbeiten inkognito, wenn Sie verstehen.«

»Ach so«, entgegnet sie sichtlich enttäuscht. Im nächsten Moment erhellen sich ihre Gesichtszüge jedoch wieder. »Wie damals, als ich noch keine Zulassung hatte, aber das Geld brauchte.« Sie kichert, so genau scheint sie sich zu erinnern. »Dann nehme ich wenigstens ein paar Proben, zur Sicherheit«, erklärt sie schließlich. »Aber aufmachen wäre schon zielführender, vor allem, was unsere Ergebnisse angeht. Sind Sie sicher, dass Sie es nicht riskieren möchten, lieber Katuschek? Wirklich nur das Sparprogramm?«

»Ganz sicher.« Ich frage mich, für wen sie anfangs gearbeitet hat. Pathologische Leistungen unter der Hand sind selbst mir nicht geläufig. Wie dem auch sei, es ist sicherlich verjährt und wenn nicht ... Ich schaue prüfend auf die Frau Doktor. Ich stimme eilig der Sparvariante zu, und während die Frau Doktor ihre Arbeit macht, denke ich darüber nach, was hier bei uns in der Residenz nicht stimmen könnte. Auf Anhieb fallen mir etliche Dinge ein, wie zum Beispiel die tiefgefrorenen Kuchen oder das seltsame Alkoholverbot, aber das hat allesamt nichts mit Selma zu tun. Irgendjemand muss sie so abgrundtief gehasst haben, insbesondere wegen des »Zusatzpräsents« mit der Fleischgabel. Ich zücke mein Notizheft und schreibe die Namen von Selmas mir bekannten Sozialkontakten auf, fein säuberlich getrennt nach Kollegen und Gästen der Residenz, bewerte deren Kontaktintensität und vergebe Sympathiepunkte, nach meiner Einschätzung, nicht nach Selmas. Die kann ich ja leider nicht mehr befragen.

»Was machen Sie da?«, fragt die Frau Doktor, während sie Selma die zweite Kanüle Blut abzapft.

Ich antworte ihr wahrheitsgemäß. »Wissen Sie, ich kenne niemanden, der Selma nicht mochte«, sage ich. »Aus Sicht derer, die wie Rolf Jürgen auf eine Extraportion spekulieren oder von Leuten wie Gerhard, die nur geschälte Pfirsiche vertragen, ist ein gutes Verhältnis zu einer Küchenhilfe irgendwie eine Frage des Überlebens. Sogar unserem blöden Azubi hat sie immer mal etwas zugesteckt.« Meistens waren das nur Zigaretten, aber immerhin. »Ein halbes Dutzend Mal bin ich schon die Liste der Bewohner durchgegangen, aber mir fällt niemand ein, der irgendetwas von Selmas Tod haben könnte. Ich meine, wir sind in einer Seniorenresidenz und reden über eine ermordete Küchenhilfe. Wie abwegig ist das denn?«

»Offenbar nicht abwegig genug«, erklärt die Frau Doktor souverän.

Auch wieder wahr.

»Gibt es hier nur Männer?«, will sie nun wissen. Bevor ich antworten kann, zeigt sie auf die Fleischgabel in Selmas Nase. »Fingerabdrücke?«

Ich nicke eilig. »Nein, natürlich nicht nur Männer«, entgegne ich dann. Ich kann nicht ausschließen, dass irgendwo auf der Welt schon jemand auf die Idee gekommen ist, eine Geschlechtertrennung in der Seniorenbetreuung vorzunehmen, aber in unserer Residenz ist das kein Thema. Ich habe bislang nie darüber nachgedacht, ob das ein annehmbares Modell für mich wäre, so ganz ohne Margot und die anderen Frauen. Jetzt habe ich aber auch keine Zeit dafür.

»Wieso bleiben Sie dann gedanklich nur an den Männern kleben?«, fragt die Frau Doktor.

Mir war das nicht bewusst. Aber noch bevor ich befürchten kann, tatsächlich eingerostet zu sein, fährt sie fort. »Nun, die Versorgungslage ist der eine Punkt, da gebe ich Ihnen recht. Ich für meinen Teil kann mir jedoch nicht vorstellen, dass die alten Knacker das einzige feste Fleisch, das ihnen hier präsentiert wird, aus dem Weg räumen. Selbst wenn sie um die Kleine hier gebuhlt haben, würden sie sich doch eher mit ihren Gehhilfen gegenseitig ein Bein stellen oder die Bremsen der Rollatoren manipulieren, als diesem einzigen schillernden Lichtblick in ihrem tristen Dasein etwas anzutun.« Sie hält inne. »Wobei ich nicht sage, dass Eifersucht kein gutes Motiv ist.«

»Die Frauen«, murmle ich. »Aber da gibt es keine, die ...« Mein Herz klopft schneller als üblich. »Außer ...« Frau Katuschek. Margot. Natürlich. Sie hat die arme Selma gehasst wie den Zuckerzusatz in ihrem Orangensaft. Der Grund dafür ist so simpel wie augenscheinlich: Eifersucht. Margot Katuschek konnte Selma vom ersten Tag nicht ausstehen und jeder hier weiß das. Damit habe ich ein Problem, ein gewaltiges.

»Herr Kollege?«

»Meine Frau ...«, hauche ich.

»Na sehen Sie, da haben wir doch schon unsere erste Verdächtige«, erklärt die Frau Doktor vergnügt. »Das ging ja schneller als erwartet. Sie sind noch immer in Hochform, wenn ich das so sagen darf. Kompliment!«

Ich würde meinen Zustand etwas anders beschreiben. So gut wie tot, glaube ich, trifft es hervorragend.

»Margot?«

Ich bin kein Mann, der vor einer verschlossenen Tür steht und säuselnd um Einlass bittet. Meine Autorität mag sich mit den Ehejahren zurückentwickelt haben, zumindest in unserem Binnenverhältnis, aber auf meine Würde poche ich, egal, was Margot denkt.

»Margot! Du könnest jetzt einmal die Tür aufmachen. Bitte.«

Ich weiß genau, dass sie da ist. Der Schlüssel steckt von innen. Außerdem ist heute Mittwoch. An diesem Tag verzichten Margot und Hannelore auf ihren gemeinsamen Abend und gehen früh schlafen, angeblich, weil die Nachmittage mit den Sitzungen bei Jutta so nervenaufreibend sind. Entsprechend zieht sie sich nach dem Abendessen sofort zurück. Ja, wir haben tatsächlich ein Abendbrot serviert bekommen. Wenn man das so nennen kann. Die anderen jedenfalls waren begeistert, ausreichend Salz und Geschmacksverstärker sowie eine weiche Konsistenz erfüllen für einige Leute schon alle Voraussetzungen für eine Delikatesse. Ich gehöre nicht dazu. Abgesehen davon empfinde ich es als eine Frechheit, uns Juniortüten aufzutischen, noch dazu, wenn man das Spielzeug drinlässt. Wer sind wir denn? Die Begründung, dass die Fast-Food-Kette keine Seniorenteller im Angebot hat, kann ich auch nicht gelten lassen.

Mir war jedenfalls gehörig der Appetit vergangen, nicht nur, weil Margot und Hannelore mit einem versteinerten Gesicht am Tisch erschienen sind und durch mich hindurchgesehen haben. Durch Jutta auch, aber die macht sich nichts daraus. Dafür hat Margot umso intensiver Frau Doktor Böttcher angestarrt. Ich glaube, sie dachte, einen Geist gesehen zu haben. Auch hier gilt das bekannte Muster: Ich mag sie, Margot findet sie doof. Die Frau Doktor hat sich daran jedoch noch nie gestört. Noch dazu schien sie beim Abendessen wieder etwas neben sich zu stehen. Jedenfalls habe ich vorher noch nie gesehen, dass sie ihren Kittel auf dem Rücken zuknöpft. Daher vermute ich, dass sie Margot ohnehin gerade zum ersten Mal in ihrem Leben gesehen hat. Ich denke, das ist auch besser so. Manche Begegnungen im Leben sollte man nicht vertiefen. Schade, dass man darauf meistens erst in den späten Jahren kommt. Zudem soll sich die Frau Doktor ja nicht gleich den ersten Abend bei uns im Greisendomizil verderben lassen. Da genügt es schon, dass sie am Tisch von Jutta und Rolf Jürgen gelandet ist. Rolf Jürgen war so drauf wie immer, wenn er ein weibliches Wesen, das er noch nicht kennt, präsentiert bekommt. Ich weiß nicht, wie lange sich die Böttcher derart plumpe Anmachen gefallen lässt. Früher jedenfalls kam es schon mal vor, dass sie einen übergriffigen Kollegen mit zwei Handgriffen zu Boden gestreckt hat. Ich glaube, das war auf einer Weihnachtsfeier oder bei einem Geburtstagsfrühstück. Jedenfalls konnte sie irgendeine dieser asiatischen Kampftechniken. Mittlerweile wird sie auch ruhiger geworden sein, aber man weiß es nicht.

Jutta jedenfalls hat hinter ihrer Juniortüte so viel Energie versprüht, dass mir mulmig geworden ist. Vor allem muss sie irgendwie den alten Beruf der Frau Doktor spitzgekriegt haben. Jedenfalls wähnt sie sich jetzt als eine der Hauptdarstellerinnen in irgendeiner Krimivorabendserie und ist entsprechend aus dem Häuschen. Überdies scheint sie das mit meiner Assistenz wirklich ernst zu nehmen und auf neue Anweisungen zu warten. Nur zu gern hätte ich das für eine Batterie Flachmänner genutzt. In Anwesenheit von Margot wäre das aber eine denkbar dumme Idee gewesen. Entsprechend habe ich nur schweigend an ein paar Pommes geknabbert und meine Meerjungfrauenfigur Rolf Jürgen geschenkt. So, wie ich ihn einschätze, hat er irgendeine Verwendung dafür.

Angesichts dieses außergewöhnlichen Spektakels der eingetüteten Schnellgerichte sind wenigstens niemandem die Polizisten aufgefallen, die, kurz nachdem Frau Doktor Böttcher und ich die Küche verlassen hatten, aufgetaucht sind. Das wäre damit auch erledigt. In ein paar Stunden sieht die Küche wieder aus, als wäre nie etwas passiert, und spätestens morgen früh laufen die Dinge hier im Haus wieder nach bewährtem Muster, ernährungstechnisch gesehen.

Eigentlich ist auch jetzt schon alles wie immer. Und genau das verstehe ich nicht. Bei uns im Seniorenknast spricht sich jede noch so kleine Abweichung vom Tagesablauf wie ein Lauffeuer herum. Gerhards Erstickungsanfall ist noch immer in aller Munde. Sogar seine Hartleibigkeit war allein drei Tage Thema. Und als die Dame aus Appartement sieben während der Leibesertüchtigung vom Gymnastikball gerutscht ist, musste man schon Sorge haben, das liefe in den Zwanzig-Uhr-Nachrichten, so ein Drama wurde daraus gemacht. Dass unsere Küchenhilfe Selma Scherschmidt, die alle hier kannten und nach meinem Dafürhalten auch mochten, ermordet in der Küche gelegen hat, kratzt hier scheinbar niemanden. Ich meine, das ist nichts, was die Alten außerhalb des TV tagtäglich geboten bekommen, nämlich Mord. Was den Tod angeht, so muss ich zugeben, dass in Gottes Wartezimmer – wie ich unsere Residenz liebevoll nenne – dahingehend durchaus Abstumpfungserscheinungen auftreten können. Aber Selma wurde umgebracht. Das sollte doch ein gewisses Maß an Aufruhr verursachen, also zumindest sofern das der individuelle Konsum von Blutdrucksenkern, Antidepressiva usw. zulässt.

Stattdessen wird eine Juniortüte serviert und das ist dann Aufregung genug, um einen Mord zu toppen: Ich bin geschockt. Die ausgelassene Stimmung meiner Mitbewohner kann man natürlich auch als Erleichterung der Verschonten interpretieren. Womöglich gibt es in einer Einrichtung wie dieser eine Art durchschnittliche Sterberate, heutzutage wird doch nahezu alles statistisch erfasst. Dass Selma heute den Punkt geholt hat, lässt sich auch so interpretieren, dass ein anderer noch bleiben kann. Ein Wunder, dass die nicht auch noch mit ihrem Pfefferminztee darauf angestoßen haben. Was um alles in der Welt stimmt denn hier verflixt noch mal nicht?

»Margot!«, sage ich mit Nachdruck. »Ich kann auch anders.« Kann ich nicht, aber einen Versuch war es wert. Margot kann ich nichts vormachen. Der Zugang zu dem Appartement, für das ich jeden Monat mit meiner sauer verdienten Pension löhne, bleibt mir verwehrt. Meine Frau treibt es gerade auf die Spitze, aber ich kann nichts dagegen tun. Anfänglich, also bei unserem Schnupperbesuch hier im Haus, hatte Margot die Idee, dass wir zwei nebeneinanderliegende Wohnungen anmieten könnten. Damit wären wir zwar bei Weitem nicht auf den flächenmäßigen Wohnkomfort unseres alten Eigenheimes gekommen, aber sie fand den Gedanken von zwei getrennten Schlafzimmern schick. Mich hat das nicht einmal mehr gewundert. Ich kann viel ertragen. Nach der ersten Kostenkalkulation musste ich diese Idee allerdings im Kein ersticken. Mittlerweile denke ich, ich hätte meine Lebensversicherung dafür opfern sollen. Jedenfalls könnte ich dann jetzt wenigstens meine Hose wechseln.

»Die dicke Jutta hat ganz bestimmt noch ein Bett für dich frei«, tönt Margots bebende Stimme hinter der verschlossenen Tür.

Die dicke Jutta. Ich werde niemals begreifen, wieso Frauen in einem Streit immer so unsachlich werden müssen. Was kann denn die dicke Jutta dafür, dass Margot die Situation mit der Torte fehlinterpretiert hat?

»Es ist auch mein Appartement«, entgegne ich in ruhigem Ton.

Ich höre Margots wütendes Geschnaufe. »Die Nummer vier, genau!«, kreischt sie. »Die du nur genommen hast, weil sie neben der drei liegt und dort deine andere Gespielin haust.«

Hatte ich erwähnt, dass Margot in Sachen Logik deutliche Schwächen hat?

»Die adrette Frau Doktor, pah! Hinter der warst du doch schon immer her. Aber dass du dir nicht zu schade bist, sie auch noch mit in *unsere* reizende Residenz zu holen! Deutlicher hättest du uns allen nicht zeigen können, dass du nur darauf wartest, dass ich abtrete, damit du frei für sie bist... Schäm dich, Herr Katuschek!«

Zwischen der Frau Doktor und Margot liegen fast zehn Jahre Altersunterschied und Margot ist kerngesund. Wie groß sind wohl die Chancen, dass die von ihr unterstellte Strategie aufgeht? Und was heißt überhaupt »uns allen«? Aber das zu fragen könnte gefährlich sein. Eigentlich müsste ich jetzt erwidern, dass der Zuzug der vermeintlichen Gespielin der einzig gangbare Weg war, denn ich darf unsere »reizende Residenz« ja nie verlassen, schon gar nicht ohne Margot. Aber das zu erwähnen würde mich vermutlich für immer aus unserem Appartement expedieren, also sage ich nichts.

Ich bleibe noch eine Weile stehen, um alle Vorwürfe abzuwarten, denn was das angeht, sollte ein Mann immer auf dem Laufenden sein. Allerdings geht mein schöner Plan nicht auf, denn Hannelore ist im Anmarsch. Die hat mir gerade noch gefehlt. Wenn Margots Freundin Einlass gewährt wird, dann sollen die beiden mich kennenlernen. Hannelore jedoch hat anderes im Sinn. Sie steuert auf den Getränkeautomaten zu, der bis vor wenigen Wochen noch direkt vor unserer Tür stand und auf Bitten Margots, die sich an den Nebengeräuschen gestört hat, in die hinterste Ecke des Flures verbannt wurde.

Gerade als ich schon frohlocken will, dass Hannelore mich einfach ignoriert, bleibt sie stehen, dreht sich zu mir um und streckt mir kommentarlos ihren Mittelfinger entgegen. Das Maß ihres Unmutes scheint auf dem Höhepunkt angekommen zu sein, denn was ich heute Mittag noch für einen emotionalen Ausrutscher gehalten habe, manifestiert sich offenbar zu einer ausgewachsenen Marotte. Ich überlege kurzzeitig, ob ich mich darüber bei Margot beklagen soll, verwerfe den Gedanken jedoch umgehend und beschließe, meinen Stolz zu bewahren und mich zurückzuziehen. Wie heißt es so schön? Der Klügere gibt nach. Und das soll Margot ruhig zu spüren bekommen. Ich warte, bis Hannelore den Automaten geräumt hat, und ziehe mir ein Wasser für die Nacht. Es ist nun kurz vor achtzehn Uhr und Helmut Katuschek ist auf dem Weg ins Foyer.

Die Chaiselongue bietet mehr Liegekomfort als die Gesundheitssessel, die Margot im Reformhaus für uns gekauft hat. Ich frage mich, wieso man ein so bequemes Möbel in einem Empfangsbereich aufstellt – da nutzt es doch keiner. Eigentlich spielt es aber auch keine Rolle, denn ich profitiere davon, genau wie von der gutmütigen Monika Löwe.

Unsere Pflegerin hat sich nämlich dazu breitschlagen lassen, meine neue Lagerstatt großzügig zu übersehen. Angeblich ist wohl das Campieren in diesem Teil des Hauses strengstens untersagt, aber nachdem ich ihr erläutert habe, dass ich die angenehme Atmosphäre und die Ruhe brauche, um mit Selmas Schicksal fertigzuwerden, hat sie mich gewähren lassen und mir sogar eine Decke und ein Kopfkissen spendiert. Ich könnte mir auch gut vorstellen, dass Frau Mehltau angesichts dieser Ausnahmesituation ihre Mitarbeiter angehalten hat, uns alles durchgehen zu lassen. Eine Horde aufgescheuchter, panischer Senioren nützt niemandem etwas.

Dabei war das mit der Ruhe Monika Löwe gegenüber nicht einmal geflunkert. Der Eingangsbereich der Residenz gleicht um diese Zeit dem Meditationsraum eines buddhistischen Tempels. Die Erklärung dafür ist ganz einfach. Rein will ohnehin niemand und die, die schon drin sind, gehören nicht zu denjenigen, die abends um die Häuser ziehen. Abgesehen davon weiß ich nicht einmal, ob Frau Mehltau das erlauben würde. Meine Güte, hat die ein Glück, dass niemand das Bedürfnis danach zu haben scheint.

Kurzum, es scheint eine angenehmere Nacht zu werden, als die, die ich normalerweise neben der blubbernden Margot verbracht hätte. Seit sie in die Jahre gekommen ist, macht meine Frau beim Schlafen Geräusche wie gärender Pflaumenwein in einem Glasballon. Ich habe sie mehrfach darauf angesprochen, aber sie streitet es natürlich vehement ab. Und ich liege wach und warte darauf, dass sie explodiert.

Das jedenfalls kann mir hier nicht passieren. Ich entspanne unter ein paar Palmenwedeln und denke über den Fall nach. Egal, wie ich es auch drehe und wende, Margot ist bislang die Einzige, der ich ein Motiv für einen Mord an meiner Freundin Selma unterstellen kann. Sie ist in einem fast schon krankhaften Maß eifersüchtig, war sie schon immer, aber das macht es ja nicht besser, und sie neigt zu unkontrollierten Affekthandlungen, auch in Form von Handgreiflichkeiten. Bislang hat sich das auf Gewalt gegen Dinge beschränkt und ich erinnere mich gut, wie sie einmal – ganz am Anfang unserer Ehe – meine Uniform durchgekocht hat, um mich für mein Zuspätkommen zu bestrafen. Dann war da noch die Sache mit meinem Lieblingsbierglas, das sie, nur, weil sie der Auffassung war, ich hätte genug, aus dem Fenster geschleudert hat. Das meines Freundes Herbert ist auch noch hinterhergeflogen. Dabei hatte sie dem überhaupt nichts zu sagen. Leider hat die arme Nachbarsfrau beide vor die Füße bekommen – das hätte auch anders ausgehen können.

Oder der Schwan. Genau, der Schwan. Das bemitleidenswerte Tier hatte sich beim Baden an Margots Unterwäsche vergriffen. Ich habe ohnehin nicht verstanden, wieso sie das Zeug einfach so am Seeufer hat liegen lassen. Jedenfalls wollte Margot ihre Klamotten nicht kampflos aufgeben, und nachdem ich mich geweigert hatte, das Tier zu erschießen, hat sie den Schwan am Hals gepackt und ihn einmal um die eigene Achse geschleudert. Er hat es ohne Blessuren überlebt, aber woher weiß ich, was wirklich mit unserem Vogel Pieper geschehen ist, als ich nicht zu Hause war. Ich meine, so ein Wellensittich kann sich schlecht wehren …

Ich liege auf dem Rücken, halte mein Notizbuch in meiner linken Hand und ziehe mit meinem Stift um Margots Namen einen dicken fetten Kreis. Man darf im Leben nun mal nichts ausschließen. Nicht einmal die eigene Ehefrau.

Wer sagt mir denn, dass sie nach dem Mittagessen nicht zu Selma in die Küche gegangen ist, um sie für ihre Aktion mit dem Schälchen Zucker zu maßregeln. Das ist profan, ich weiß, aber in Verbindung mit Margots unbändiger Eifersucht und Selmas losem Mundwerk kann da schnell mal ein Schlag auf den Hinterkopf daraus werden. Was das dann aber mit der Fleischgabel soll, leuchtet mir nicht ein. Margot hat genug Pfeffer, um einen Fleischklopfer zu schwingen, aber eine post mortem benutzte Fleischgabel traue ich ihr beim besten Willen nicht zu. Margot hat kein Problem mit Vegetariern. Und sie hinterlässt keine subtilen Botschaften. Subtil ist ohnehin nicht ihr Ding.

Abgesehen davon hätte sie sich nach allem, was die Frau Doktor herausgefunden hat, zu Selma hinunterbücken müssen, und damit ist Margot raus. Keine Bewegung zu viel, lautet die Devise.

Ich nippe an meinem Wasser und horche in mich hinein. Fühlt sich das nun gut oder schlecht an, dass meine logischen Überlegungen eher von Margot weg- als zu ihr hinführen? Ich muss zugeben, ich bin, was das angeht, ziemlich indifferent. Ein Kriminalhauptkommissar a. D. mit einer Mörderehefrau ist jetzt nicht gerade der große Wurf, aber aus lebenslänglich für Margot kann für mich im Nu ein Fahrschein in die Freiheit werden. Aber was gibt mir eigentlich die Gewissheit, dass Margot allein in der Küche gewesen ist. Ich meine, sie geht, seitdem wir hier sind, so gut wie keinen Schritt allein. Hannelore, ihr grauenhafter Schatten, ist ständig bei ihr. Und die ist ganz eindeutig in der Rolle von jemandem, der nichts zu verlieren hat. Diesem Monstrum würde ich auch eine sadistische Ader zutrauen. Spielchen mit der Fleischgabel aus Rache dafür, dass ich die extra Scheibe Blutwurst bekommen habe und sie leer ausgegangen ist. Wenn man das abzieht, was sie unter Garantie in ihrer Strickjacke herausgeschmuggelt hat. Aber das spielt bei raffgierigen Leuten keine Rolle, die kriegen niemals den Hals voll.

Meine Schlussfolgerungen sind eindeutig. Sie würde Margot schon aus boshafter Neugier auf einem Rachefeldzug begleiten. Zu ihren charakterlichen Defiziten passt die Fleischgabelsache ganz hervorragend. Und sie ist wendig wie ein junges Reh, was eine Bückbewegung zu einem Kinderspiel macht. Ich sollte mit Frau Doktor Böttcher gleich morgen früh meine Theorie erörtern. Je nachdem, in welchem Universum sie gerade unterwegs ist … Aber nach allem, was ich heute schon mitbekommen habe, hat sie noch so einige klare Momente, was mich aus tiefstem Herzen freut.

Sechs Schnäpse sind für eine untrainierte Leber nicht ohne. Pommes triefen vor Fett. Ein Mordfall ist aufregend. Und ich bin, wenn man allein die Lebensjahre betrachtet, ein alter Mann. Dass ich also während meiner Gedankenspiele ein wenig wegdusle, ist nichts, wofür ich mich schämen muss. Dass ich beim Aufwachen nicht gleich weiß, wo ich mich befinde, steht auf einem anderen Blatt. Aber meine Güte, wer schläft normalerweise im Dämmerlicht der Notbeleuchtung des Foyers eines Seniorenheims? Ich gebe zu, ich brauche kurz, um das zu realisieren. Dazu gehört auch, dass ich mich von oben nach unten abtaste, um zu prüfen, ob noch alles unter Strom ist. Das tue ich allerdings generell nach jedem Nickerchen. Der Schlaf ist ein heimtückischer Geselle. Und Helmut Katuschek hat gern alles unter Kontrolle, ein wenig zumindest.

Wie ich da so meine Zehen befummle, was ja schon, wenn man die natürliche Entfernung zu den Händen einkalkuliert, eine nicht unbeachtliche Herausforderung ist, sehe ich einen blauen Lichtkegel an der Flurwand. Kurz darauf ist er wieder verschwunden. Ich lasse also von meinen Füßen ab, reibe mir die Augen und warte. Der grüne Star soll sich ja durch etwaige Blitze im Sichtfeld ankündigen, und das sollte ich schon austesten.

Ich starre also auf die Stelle, an der ich das blaue Licht gerade gesehen habe. Es taucht wieder auf, flackert noch mehr als vorher, huscht über die Wand und verschwindet wieder, um in der nächsten Sekunde noch heller zu strahlen. Das ist keine Augenkrankheit. Das ist das TV-Gerät im Fernsehraum. Wenn ich die Zeit auf meiner Armbanduhr erkennen könnte, wäre das wirklich hilfreich. Margot hat mir vor ein paar Jahren mal ein Modell geschenkt, das einem per Knopfdruck die Zeit ansagt, aber das ist mir während der Umzugsvorbereitungen aus Versehen in den Müllsack geraten. Ich bin ein Mann, der die Welt lieber beobachtet, als beobachtet zu werden. Wie unauffällig ist dabei wohl eine sprechende Uhr? Meinem Gefühl nach sollte es schon weit nach Mitternacht sein. Laut Hausordnung ist das verboten, also nächtliche Orgien der Bewohner außerhalb des Zimmers. Ich richte mich langsam auf, denn ein Polizist ist trotz des a. D. immer im Dienst, und wackle hinüber, um nachzusehen. Vorsichtig luge ich um die Ecke. Das glaubt man nicht. Auf dem Sofa fläzt Kai-Uwe oder, wie er sich selbst gern wichtigtuerisch nennt, »Q«. Selmas Ex-Freund hockt doch tatsächlich nachts im Seniorenheim und guckt fern. Dazu kaut er Brot mit angetrockneten Blutwurstscheiben drauf. Aber was noch erschreckender ist: Selmas Rucksack steht neben ihm auf dem Beistelltisch, und nach allem, was da sonst noch so rumliegt, hat er ihn ordentlich durchgewühlt. Dass Kai-Uwe ein Blödmann ist, war mir immer klar. Aber dass er so ausgeprägte Defizite hat, darüber sollte ich einmal mit ihm reden.

Nächtliche Befragungen habe ich immer am liebsten gemacht. Wenn die meisten Kollegen nach Hause gegangen waren, das Telefon nicht mehr klingelte und der Trubel des Tages abgeebbt war, konnte ich einfach besser denken. Hier in unserer Residenz ist die Reizarmut gleichförmig und es gibt kaum Unterschiede zwischen Tag und Nacht. Na gut, vielleicht ein wenig. Immerhin gibt es nachts nichts zu essen. Das scheint für Kai-Uwe nicht das Thema zu sein. Er nimmt das, was wir übrig lassen. Ein erstaunliches Leben hat dieser junge Mann. Ich meine, er scheint seine komplette freie Zeit in einem Seniorenheim zu verbringen, und nach allem, was ich von Selma weiß, hat er ziemlich viel davon. Dabei tut er so, als wäre das hier ein Selbstbedienungsladen und seine Anwesenheit völlig normal. Zumindest kann ich mir nicht vorstellen, dass Frau Mehltau von ihm für die Benutzung der Toiletten und des Fernsehraums sowie für all das, was er aus der Küche mitgehen lässt, eine Gebühr verlangt. Ich kenne durch meinen Beruf so einige Fälle von Sozialschmarotzertum, aber dass jemand mit höchstens Anfang zwanzig in einem Seniorenheim mitwohnt, ist selbst mir neu.

»Guten Abend«, sage ich in angemessener Lautstärke. Ich halte nichts davon, jemanden zu erschrecken, nur, weil ich ihn nicht besonders schätze.

»Hi.« Kai-Uwe schaut kurz zu mir rüber. Mehr nicht.

»Darf ich fragen, was Sie hier machen?«, hake ich nach. Selma hat mir ihren Freund niemals vorgestellt. Irgendwann habe ich sie beiläufig gefragt, wer der Mensch ist, der nahezu täglich in unserem Heim herumlungert und dem ich keine Funktion zuordnen konnte. Ich meine, so jemand fällt einem irgendwann auf, also zumindest mir. Vor allem, da ich mich schon ein wenig in der Pflicht sehe aufzupassen, dass wir nicht durch irgendeine faule Enkeltrickmasche um unser Geld gebracht werden oder um sonst irgendetwas.

Kai-Uwe macht dahingehend allein optisch keinen besonders vertrauenswürdigen Eindruck. Er sieht immer usselig aus, wie jemand, der eine Allergie auf Wasser und Seife hat und bei dem Rasierklingen Angstzustände auszulösen. Auf Wechselkleidung trifft das sicherlich ebenfalls zu. Seine löchrige Jeans jedenfalls ist vermutlich an einigen Stellen schon angewachsen. Nun bin ich niemand, der die Menschen einzig nach ihrem Aussehen beurteilt, aber ich bin ein altmodischer Polizist und da hat man so seine Erfahrungen.

»Sieht man das nicht?«, brummt Kai-Uwe und schiebt sich das letzte Stück Blutwurst in den Mund.

Ich mag Unhöflichkeit nicht, vor allem nicht von Leuten, die sich auf ziemlich dünnem Eis bewegen. Ich mache einen Schritt hinüber zum Lichtschalter und verursache mit den an der Decke hängenden Neonröhren Unbehagen. Das funktioniert immer.

»Hey! Was soll denn das?«, echauffiert sich Kai-Uwe, wobei er sich die Hand schützend vor die Augen legt. »Mach die Funzel aus. Ich will den Film sehen.«

»Und ich will reden«, antworte ich, gehe zum Fernseher rüber und ziehe den Stecker. Ich hätte einkalkulieren sollen, dass ich nun in seinem direkten Sichtfeld stehe und das Neonlicht dabei wenig schmeichelhaft für mich ist, immerhin konnte ich mich nicht umziehen.

Nach allem, was ich weiß, ist Kai-Uwe kein besonders helles Köpfchen, aber das schnallt selbst der Blödeste. Er fängt auch sofort an zu japsen und kreischt: »Hast du eingeschissen, oder was?«

Ich verspüre kein Bedürfnis, ihm das »oder was« zu erklären. Stattdessen setze ich mich in den ihm gegenüberstehenden Sessel, schlage ein Bein über das andere und tue so, als ob nichts wäre. Souveränität ist nichts für Weicheier. Irgendwann jedenfalls ist sein Gelächter in ein verdruckstes Grunzen übergegangen, wobei er mich noch immer ansieht. Ich halte das für den richtigen Moment und lege los: »Ist das Selmas Rucksack da auf dem Tisch?«, frage ich.

Sein Blick wandert auf das besagte Objekt, als müsste er das selbst überprüfen. »Ja und?«

»Wie kommen Sie dazu, das Eigentum Ihrer Ex-Freundin an sich zu nehmen und zu durchsuchen?«, will ich wissen. Auf was der Kerl es abgesehen hat, ist nur allzu offensichtlich. Geldbörse, Haustürschlüssel und Mobiltelefon liegen neben ihm auf dem Sofa, wobei Erstere aufgeklappt ist, woraus ich schließe, dass er sich schon bedient hat.

»Hallo?! Was geht dich das an?«, blafft Kai-Uwe. »Und was heißt überhaupt Ex?« Er schnauft. »Ich warte hier auf meine Schnecke und du verziehst dich in dein Bettchen, Kumpel, aber hurtig. In deinem Alter quatscht man um diese Zeit keine fremden Leute mehr an. Da sabbert man brav seine Kissen voll. Alles klar?«

Ich werde sauer. Selma ist Küchenhilfe. Was sollte sie wohl um diese Zeit in einem Seniorenheim noch zu tun haben? Ich bin nicht blöd. Und ich sabbere nicht, zumindest noch nicht.

»Da kannst du lange warten, du Mistbock«, sage ich. Gut, gut, das war unsachlich, ich gebe es zu. Aber seine Anspielung auf mein Alter war es auch.

»Häh? Auf was denn?«, fragt Kai-Uwe sichtlich verunsichert. Das mit dem Mistbock scheint ihn nicht zu stören.

Ich lasse ein wenig Zeit vergehen und mustere Kai-Uwe so auffällig, dass selbst jemand wie er es mitbekommt.

»Was ist?«, schnauzt er mich an. »Hast du ein Problem oder was?«

»Ich nicht«, antworte ich großmütig.

Pause.

Kai-Uwe fängt an, sich zu winden. »Meine Fresse, unser Fernseher ist kaputt. Was ist denn schon dabei, dass ich dann hier abhänge?«

Ich neige den Kopf. Ich erinnere mich. Wenn er nicht hier den Fernsehraum bevölkert hat, hat er bei Selma gewohnt. »Selma besitzt keinen Fernseher«, sage ich ruhig. Selma hat das einmal am Rande erwähnt, während wir uns über Margots grenzenlosen TV-Konsum lustig gemacht haben.

Kai-Uwe hat nicht damit gerechnet. Das ist deutlich zu sehen. »Bist du ihr Opa oder so was?«, fragt er fast schon kleinlaut.

Rein rechnerisch könnte ich ihr Vater gewesen sein. Oder ihr Liebhaber, auch wenn ich nicht aus diesem Holz geschnitzt bin. Seltsamerweise scheinen das für ihn keine

Optionen zu sein. Das Alter ist eine Plage, ich sage es ja. Man wird ständig unterschätzt. Deswegen beschließe ich, auf diese erneute Beleidigung nicht zu reagieren.

Kai-Uwe scheint das noch mehr zu irritieren. »Oh Mann, wir haben uns verkracht und sie hat mir den Wohnungsschlüssel abgenommen«, gesteht er.

»Dann haben Sie sich einfach ihren geholt, wie praktisch«, antworte ich für meine Verhältnisse sehr schnippisch.

Er zuckt mit den Schultern. »Na ja.«

»Wieso sitzen Sie dann hier und nicht in Selmas Wohnung?«, frage ich.

Er reißt die Augen weit auf und bläht die Wangen. »Die macht mich alle, wenn die nach Hause kommt und mich da findet.«

»Wie sollte das gehen, wenn Sie ihren Schlüssel haben?«, will ich wissen. Statistisch gesehen habe ich noch fünf Jahre und neun Monate zu leben. Das sind noch neunundsechzig monatliche Pensionszahlungen. Ich bin guter Dinge, dass es noch genügend Menschen in diesem Land gibt, die diese erarbeiten, auch mit ihrem intellektuellen Einsatz. Kai-Uwe gehört definitiv nicht dazu

»Keine Ahnung«, gähnt er.

Darauf möchte ich wetten. Ich erhebe mich, auch weil mir gerade mein rechtes Bein einzuschlafen droht, und gehe zu ihm hinüber. Dann hole ich mein Taschentuch hervor, schütze damit meine Hand, nehme Selmas Rucksack und sortiere ihre Sachen wieder ein. Wenn ich alles an mich nehme, kann dieser Mensch hier wenigstens kein Schindluder damit treiben.

Kai-Uwe scheint sich an meinem Verhalten nicht zu stören. Während ich beschäftigt bin, knibbelt er neugierig mit seinen Fingern die braune Masse vom Stoff meines rechten Oberschenkels und riecht daran. »Krass!«, vermeldet er erfreut. »Das ist ja Schoki.«

»Was dachten Sie denn?«, entfährt es mir. Eines muss man dem Jungen lassen. Berührungsängste hat er nicht. Auch scheint seine Schwelle für Ekelreize ungewöhnlich hoch zu sein. Das sind immerhin zwei Eigenschaften, die ihn für ein Leben in unserer Residenz nahezu prädestinieren.

Er schluchzt herzzerreißend und ich frage mich, wie viele Tränen so ein junger Mensch haben kann. Ich gebe zu, dass ich bei jemandem wie ihm nicht mit so viel Drama gerechnet hätte. Womöglich hätte ich ihm Selmas Tod dann schonender beigebracht. Aber das ist nun vergossene Milch.

»Bitte beruhigen Sie sich, sonst müsste ich die Pflegerin Monika bitten, Ihnen etwas aus dem Medikamentenschrank zu geben«, sage ich und nehme einen anständigen Schluck von meinem Bier. Das Gebräu ist ein wenig zu warm, aber was will man erwarten, wenn die Flasche einen ganzen Tag in Selmas Rucksack gelegen hat. Dass ich mir die Flasche genommen habe, kann man womöglich als Unterschlagung von Beweismitteln auslegen. Weidmann käme auf eine so dämliche Idee, aber das muss mich nicht jucken, ich bin a. D. Das Bier war ohnehin für mich gedacht und ist damit mein letztes Mitbringsel von Selma. Entsprechend genieße ich es. »Nun gut, da hilft nur Monika und ein Griff in den Schrank«, schlussfolgere ich, nachdem Kai-Uwe sich noch immer nicht beruhigen kann.

»Da ist ohnehin nichts Gescheites drin«, schnieft er. »Das

Zeug, das richtig knallt, müssen die woanders aufbewahren, zumindest habe ich es noch nicht gefunden.«

Dann hätten wir das also auch geklärt. Ich sage es ja, der Junge hat kriminelles Potenzial. In meinem Beruf riecht man das förmlich und meine Nase funktioniert noch immer hervorragend.

»Selma ist doch kein Opfer«, schluchzt er. »Da gibt es ganz andere Leute, auf die die Bezeichnung viel eher zutrifft.«

Mir erschließt sich diese Logik nicht, also warte ich ab, was er noch so zu sagen hat.

»Wer macht denn so etwas?«, fragt er und schaut mich mit dem naiven Blick eines Kindes an. »Wurde sie ausgeraubt?«

Ich schaue ganz automatisch auf ihren Rucksack.

»Wieso, fehlt irgendetwas?«, frage ich.

Er versteht. »Nee.« Offenbar ohne darüber nachzudenken, streift er mit seiner Hand über seine rechte Hosentasche. Da hat er also Selmas Geld gebunkert. Er reißt den Kopf hoch. »Vielleicht hat sie einen Einbrecher auf frischer Tat ertappt? Die Alten hier drin haben alle einen Haufen Zaster, da kann es schon mal sein, dass jemand auftaucht, der etwas davon abstauben will. Und wenn derjenige auf Selma getroffen ist …« Er macht dicke Backen. »Die hätte das alles hier mit ihrem Leben verteidigt. Darauf kannst du einen lassen.«

»Möglich«, entgegne ich und frage mich, was das hier werden soll. »Kennen Sie jemanden, der Selma nicht leiden konnte? Hatte sie Feinde oder irgendwelche Probleme?«

»Selma?« Er macht einen spitzen Mund. »Wie kann man denn Selma nicht mögen? Nee, das kannst du vergessen. Wenn du mich fragst, hat man sie mit irgendjemandem verwechselt oder es war ein dummer Zufall.« Er hält kurz inne. »Aber meine Theorie mit dem Einbrecher ist auch nicht übel. Ich habe so etwas schon einmal im Fernseher gesehen.«

Schon allein die Sache mit der Fleischgabel widerspricht dieser Annahme fundamental, aber Kai-Uwe das zu erklären führt zu weit.

Pause.

»Aber wieso hat mir eigentlich keiner etwas von ihrem Tod gesagt?«, will er irgendwann noch wissen. »Da wohnt man hier gemeinsam unter einem Dach und keiner macht den Mund auf. Was soll ich denn davon halten?« Die Empörung steht ihm ins Gesicht geschrieben.

»Mhm.«

»Du kannst mich übrigens Q nennen«, fügt Kai-Uwe in einem sentimentalen Überschwang noch an. »Und wie darf ich zu dir sagen?«

Ich denke nicht daran, derartige Vertraulichkeiten mit einem potenziell Verdächtigen auszutauschen. Wer sagt mir denn, dass Kai-Uwe wirklich nichts von Selmas Tod gewusst hat und hier für den vermeintlich begriffsstutzigen alten Mann nicht nur eine Mitleidsshow abzieht. Außerdem möchte ich nicht, dass meine Ermittlertätigkeit zum Heimgespräch wird. Ich weiß genau, was dann alle sagen: Helmut Katuschek macht sich wichtig. Nein, nein, das brauche ich nicht.

»Wo waren Sie heute Mittag zwischen zwölf und zwei Uhr?«, frage ich, ohne auf sein Angebot einzugehen.

»Fuzo«, entgegnet er, wobei seine Tränen spontan versiegen und er mich fragend ansieht. »Können wir die Glotze wieder anstellen? Ich mag die Krimiserien, die jetzt kommen. Bei der einen ist sogar ein wahnsinniger Ermittler dabei. Normalerweise sitzt er in der Geschlossenen, aber immer, wenn er gerade draußen ist, löst er die kniffligsten Mordfälle.«

Da sieht man es mal wieder. Die Glotze verdummt die Leute, aber Margot will mir das partout nicht glauben. Dabei ist sie es, die hin und wieder mit Kai-Uwe plaudert. Das müsste ihr doch auffallen. Abgesehen davon bin ich mir nun ganz sicher: Der Kerl ist nicht ohne. Jedenfalls scheint ihn der Tod von Selma nicht so sehr mitzunehmen, wie er mir weiszumachen versucht.

»Was ist das? Fuzo?«, frage ich.

»Fußgängerzone«, entgegnet Kai-Uwe. »Ich habe dort ein kleines Business.«

Alles klar. Er bettelt.

»Aha.«

Kai-Uwe nickt wichtig. »Voll coole Sache. Ein Kumpel und ich machen Musik vor den Cafés. Er spielt Gitarre und ich singe. Deswegen auch der Künstlername.« Sein Blick klebt noch immer an mir. »Können wir jetzt den Fernseher?«

Ich hebe abwehrend die linke Hand. »Ich brauche den Namen und die Telefonnummer des Kumpels«, sage ich und klinge wie der Mann, der ich früher war.

Kai-Uwe kriegt große Augen. »Willst du uns buchen?«, fragt er. »Für dich spielen wir auch zum achtzigsten oder auf einer Goldenen Hochzeit, ist doch Ehrensache.« Dann hebt er leicht seinen Hintern, zieht einen Papierschnipsel aus der hinteren Hosentasche und reicht ihn mir stolz herüber. »Unsere Visitenkarte«, verkündet er. »Soll ich mal schnell was für dich singen? Nur so für einen ersten Eindruck. Damit du hinterher nicht enttäuscht bist.«

Ich kann darauf nichts sagen. Ich glaube, ich sollte froh sein, dass er sich nicht als musikalisches Rahmenprogramm für meine Beerdigung angeboten hat.

Weil ich nichts sage, zieht er eigene Rückschlüsse: »Ach so, du hast uns schon mal gehört …« Kai-Uwe grinst breit. »Klaro. Ich habe es geschnallt.«

Ohne weiter auf ihn zu reagieren, nehme ich ihm den Fresszettel ab. Rolf Jürgen schreibt den Frauen in der Residenz immer kleine Botschaften auf herausgerissene Zeitungsränder. Die Blätter sind meistens schon mehrere Tage alt und ich vermute, er stibitzt sie aus vom öffentlichen Klo im Erdgeschoss. Jedenfalls sehen die Fetzen besser aus als das, was ich gerade in meiner Hand halte.

»Oh Mann, Alter, gestern ging da voll die Post ab«, freut er sich. »Deswegen war ich auch erst gegen sieben hier. Fast acht Stunden durchweg volle Power, das war der härteste Arbeitstag, den ich je hatte. Ich bin jetzt noch ganz runter.« Er steht auf, steckt das Netzteil wieder ein und greift sich die Fernbedienung. »Ist doch o. k. für dich?«, fragt er.

Selbstverständlich. Auf das bisschen Stromkosten kommt es auch nicht mehr an. Vor allem, nachdem Kai-Uwe so einen harten Tag hatte. Ich schweige und nippe an meinem Bier. Wenn es stimmt, was er sagt, dann hat er das Drama um Selma komplett verpasst.

»Durchweg, sagen Sie?«, frage ich vorsichtshalber nach.

»Aber so was von«, bestätigt er. »War ich froh, meinen Hintern endlich wieder auf meine Couch hier drücken zu können.«

Er meint das tatsächlich ernst.

»Sie hätten auch nach Hause gehen können, um mehr Ruhe zu haben als hier«, sage ich.

»Mhm. Du kennst Selma nicht. Die hätte mich niemals mehr reingelassen«, antwortet er. »Und woanders kann ich nicht hin.«

Also doch getrennt, denke ich. Dabei ist es mir ein Rätsel, wie er annehmen kann, dass das hier eine Dauerlösung ist. Frau Mehltau ist womöglich etwas begriffsstutzig, aber sie kann rechnen.

»Sie haben keine eigene Bude? Oder ein Zimmer bei Ihren Eltern?«

Kai-Uwe schüttelt den Kopf. »Bei euch hier ist es auch ganz in Ordnung«, erklärt er überzeugt.

Ich weiß nicht, ob ich das als Kompliment auffassen soll. Womöglich nimmt man das hier lockerer, wenn man dafür nichts bezahlen muss.

»Und dass Selmas Rucksack noch in ihrem Spind war, hat Sie nicht stutzig gemacht? Immerhin hätte sie längst Dienstschluss haben müssen.«

Er hebt und senkt die Schultern. »Ich habe gedacht, sie hängt bei diesem Helmut ab. Den hat sie irgendwie angehimmelt, also wie einen Vater, wenn du verstehst. Auf dessen Wort hat sie echt was gegeben.«

Ich verstehe. Und ich befürchte, jetzt brauche ich Monika Löwe und die Beruhigungsmittel aus ihrem geheimen Apothekenschrank. Dringend.

Ich finde keine Ruhe. An dem Sofa liegt es nicht. Das ist wirklich gemütlich. Außerdem bin ich diese Art Notbetten gewohnt, denn dass Margot mich aus dem gemeinsamen Schlafzimmer schmeißt, ist schon öfter vorgekommen.

Allerdings gab es in unserem Häuschen mehr Ausweichmöglichkeiten, vor allem weniger öffentliche. Aber auch das ist nicht der Grund für meine Schlaflosigkeit. Die Sache mit Selma beschäftigt mich. Ein Mord in einer Seniorenresidenz fühlt sich sogar für mich seltsam an. Unbeteiligte könnten jetzt einwenden, dass sich solche Dinge überall ereignen können und ein Altendomizil dabei keine Ausnahme bildet, aber ich weiß es besser. Ich gehöre zu den Abgeschriebenen, physisch zumindest. Aus dieser Position heraus hat man eine andere Sicht auf die Dinge. Da, wo alte Menschen geballt aufeinanderhocken, ticken die Uhren einfach anders.

Mist! Mein Bein ist schon wieder eingeschlafen. Womöglich bin ich langsam nun doch zu alt, um aus dem Ehebett verdammt zu werden. Ich befürchte nur, Margot wird das nicht interessieren. Ich versuche, mich in eine andere Position zu bringen, ohne auf dem Boden zu landen, als hinter mir der Öffnungsmechanismus der Haupteingangstür zu summen beginnt. Dass hier, mitten in der Nacht, Besucher anrücken, kann wohl kaum sein, zumal die sich ja auch am helllichten Tag kaum blicken lassen. Außerdem ist die Hütte um die Zeit abgeschlossen. Frau Mehltau besteht auf unsere Sicherheit. Ich denke eher, sie hat Angst, beim morgendlichen Fahnenappell Abgänge verzeichnen zu müssen.

Die Tür arbeitet noch immer. Da wird doch nicht irgend so ein Verrückter einen Einbruch vorhaben? Was erhofft der sich, Zahngold, Hightechprothesen, getunte Rollatoren? Und Helmut Katuschek bildet hier quasi die menschliche Barriere auf dem Weg zu den Reichtümern. Alles nur, weil bei Margot die Sicherungen durchbrennen, wenn sie mich nur in der Nähe einer anderen Frau wähnt.

Die Glastür schiebt sich auf. Schritte. Da kommt jemand, tatsächlich. Jetzt hat er angehalten und …

Ich drücke mich in die Polster und blinzle vorsichtig über den Rand meiner Decke. Er streift seine Schuhe an der Fußmatte ab. Dass die Ganoven mittlerweile auf Sauberkeit achten, überrascht mich. Aber neuerdings sollen die Männer ja auch rasierte Waden haben. Er setzt sich wieder in Bewegung. Glücklicherweise ist er so damit beschäftigt, sich auf leisen Sohlen fortzubewegen, dass er nicht auf einen ausquartierten Rentner in der Sitzecke achtet. Ich gebe mir alle Mühe, irgendetwas zu erkennen. Dem schlaksigen Gang nach würde ich auf einen Mann tippen, einen ziemlich großen sogar, mit breiten Schultern. Auf wen von uns könnte denn diese Beschreibung passen? Eigentlich nur auf mich. Herr Katuschek, bitte. Der Kerl da ist jedoch nicht alt, niemand mit steifen Gelenken, Ischias oder Fersensporn kommt nur ansatzweise so leichtfüßig daher. Dennoch scheint er sich bei uns auszukennen. Nun ist er auf Höhe des Fernsehraums. Um Kai-Uwe ist mir nicht bange, der hat nach allem, was ich tagsüber mitbekomme, einen narkotischen Schlaf. Wenn er sich also ruhig verhält, wird er unbemerkt bleiben.

Allerdings steuert der Eindringling direkt auf die offene Tür zu, hält an und verschwindet im Fernsehzimmer. Ich bin auf alles gefasst, vor allem auf einen Schrei von Kai-Uwe. Gewohnheitsmäßig fasse ich nach meinem Holster, aber da sind nur Rippen. Außer Dienst, Herr Katuschek, außer Dienst. Ich fluche innerlich. Kai-Uwe bleibt still. Die Kissen. Natürlich. Er könnte Kai-Uwe eines davon ins Gesicht drücken. Das wäre dann ein leiser Tod. Aber wieso sollte jemand hier nachts reinmarschieren und den erstbesten Mietnomaden umbringen? Das ergibt doch genauso wenig Sinn wie Selmas Tod. Oder womöglich doch? Was, wenn wir es mit einem Psychopathen zu tun haben, der es auf das Personal eines Seniorenheims abgesehen hat? Ich weiß zwar nicht, ob man Kai-Uwe für eine examinierte Pflegekraft halten kann, aber als Animateur oder Hausmeistergehilfe geht er allemal durch. Und anstatt einen Mord zu vereiteln, liege ich hier mit eingeschlafenen Füßen und warte, was passiert.

Es dauert nicht lange und der Mann kommt wieder heraus. Zu meiner Verwunderung steuert er aber nicht eiligst den Ausgang an, sondern schleicht zu den Personalräumen. Der ist noch nicht fertig, durchzuckt es mich. Der Nachtdienst. Pflegerin Monika, die brave Löwin. Ich muss handeln. So schnell ich kann, richte ich mich auf. So leblos, wie meine Füße sich gerade anfühlen, kann ich unmöglich darauf stehen. Ich wackle ungeduldig damit hin und her, bewege meine Zehen, kreise mit meinen Knöcheln. Es dauert eine gefühlte Ewigkeit, bis ich wieder einsatzfähig bin. Gottlob bin ich nicht bei der Feuerwehr. Na, wer sagt es denn? Das Leben kommt zurück. Monika, ich bin schon fast bei Ihnen. Halten Sie durch, Mädchen. Ich schaue auf den Boden. Also wirklich! Meine Schuhe sind weg. In Socken? Meinetwegen auch das. Hauptsache, ich rutsche nicht auf dem Linoleum aus. In meinem Alter kann so ein Sturz üble Folgen haben und die gesamte nächtliche Operation wäre auch im Eimer. Vorsicht, Herr Katuschek, Vorsicht.

So schnell ich kann, schleiche ich rüber zu Kai-Uwe, mit dem Rücken zur Wand, gelernt ist schließlich gelernt. Vielleicht komme ich noch nicht zu spät. Außerdem muss ich mir irgendetwas zu meiner Verteidigung organisieren, falls es zu einer unerwünschten Begegnung kommt. Ein beherzter Satz – uhh, meine Bandscheibe droht, aus ihrer Verankerung zu hüpfen – und ich habe es geschafft. Ich stehe im Fernsehzimmer und atme meine Rückenschmerzen weg. Kai-Uwe liegt vollkommen entspannt auf der Couch. Er atmet friedlich und leise. Der Bursche hat tatsächlich einen beneidenswerten Schlaf. Ansonsten sieht alles noch aus wie vorhin. Ich umrunde den Beistelltisch, um ganz sicherzugehen. An dem Chaos, das der Junge um sich verbreitet hat, hat sich nichts geändert. Wo um alles in der Welt finde ich hier eine Art Waffe? In einem Seniorenheim gibt es nun einmal nur Kissen und TV-Fernbedienungen. Mehr traut man uns nicht mehr zu. Da haben wir es wieder.

Aber was ist das da? Das war vorhin noch nicht da. Auf der Fernbedienung klebt ein Zettel. Glücklicherweise hat der Absender ein Herz für alte Leute: Die Buchstaben sind groß genug, dass ich sie sogar ohne Brille lesen kann. »*Damit kommst du nicht durch. Dafür sorge ich!*«, steht da in ordentlicher Handschrift. Mehr nicht. Ob Kai-Uwe wohl weiß, von wem die Botschaft stammt? Ich würde davon ausgehen. Mein Puls kommt ein wenig zur Ruhe. Dass Monika Löwe von jemandem, der Zettel schreibt, kaltblütig ermordet wird, ist nicht anzunehmen. Dennoch schaue ich lieber noch einmal nach. Wenn sie mich erwischt, kann ich immer noch sagen, ich musste aufs Klo. Das glaubt mir jeder.

So weit kommt es jedoch nicht. Ich höre eine Tür klappen. Schritte nähern sich. Ich rühre mich nicht und rede mir ein, dass ich im Notfall Kai-Uwe wecken kann. Er ist jung und sollte über ausreichend Muskelmasse verfügen. Doch das erweist sich als unnötig, denn wer auch immer nachts in einer Seniorenresidenz herumschleicht und Zettel hinterlässt, hat wohl kein Interesse mehr daran, den Fernsehraum aufzusuchen. Er geht vorbei. Dass genau in diesem Moment irgendein Nachtschwärmer aus der freien Welt da draußen mit seinem Auto vorbeigefahren kommt, nennt man Glück. Dank des Lichtscheins, der für einen Sekundenbruchteil hereinfällt, kann ich das Profil des mysteriösen Einbrechers vortrefflich erkennen. Es ist Lennox Bergmann, der Assistent unserer Heimleitung. Dass auch die in der Verwaltung Nachtdienst haben, ist mir neu. Aber vor allem: Seit wann kommuniziert Bergmann mit Kai-Uwe und das auch noch mitten in der Nacht?

Dem Frühstück sieht man nicht an, dass Selma es nicht zubereitet hat. Mir schmeckt es trotzdem nicht. Daran ist mein Umfeld zweifelsohne nicht ganz unschuldig. Was Gerhard angeht, der ist nur noch leicht verschnupft mit mir, wobei er sich alle Mühe gibt, das nicht ganz so deutlich zu zeigen. Er ist nun mal ein Mann und damit gewohnt, das Unabänderliche nicht sinnloserweise zu diskutieren. Margot und ihre Freundin Hannelore hingegen fahren ein ganz anderes Programm.

»Fangen wir jetzt an, uns gehen zu lassen, Herr Katuschek«, blafft Margot spitzzüngig. Ihr Organ taugt dazu, die Hörgeräte der anderen zum Explodieren zu bringen.

»Bei dem Verschleiß an Frauen wird er keine Zeit mehr haben, auf sich zu achten«, wirft Hannelore nicht weniger boshaft ein. »Das zehrt ungemein.«

Margot lacht künstlich und kratzt ihren Streichkäse aus der Folie. Ich vermute, dabei handelt es sich um die für gestern Abend reservierte Portion, die nun wegmuss.

»Das spielt ja auch bei den Interessentinnen keine Rolle. Die nehmen alles.« Ihr böser Blick trifft die am Nachbartisch fröhlich plaudernden Frauen. Da jedoch weder Jutta noch die Frau Doktor auf ihre Anspielung reagieren, versucht sie nachzulegen und schiebt mir unkommentiert einen Zettel über die Tischdecke.

Eilig, auch damit niemandem meine unbefleckten Finger auffallen, greife ich nach dem Papier. Womöglich hat Lennox Bergmann mir letzte Nacht auch eine Botschaft geschickt. Keineswegs. In den schnörkeligen Buchstaben, die mir fast mein gesamtes Berufsleben vertraut sind, lese ich: »Sexualkontakte finden! B.«

»Wenn das mal kein Angebot ist, was da gestern Nacht unter *meiner* Appartementtür durchgeschoben wurde«, giftet Margot.

»Ich möchte zu gern wissen, was der da noch finden will.« Hannelore hat so gar nichts von einer feinen Frau. Ihr ekelhaftes Lachen auch nicht, vor allem, wenn man dabei die Banane sieht, die sie gerade kaut. Und wieso zeigt Margot ihr eigentlich meine Post?

Ich halte kurz inne. Dann entschließe ich mich zu der wohl mutigsten Tat meiner Ehe. Ich nehme meine Tasse Kaffee und meinen Teller mit dem belegten Brötchen und setze mich an den Nachbartisch.

»Helmut!« Margot ist mit einem Male kalkweiß. »Helmut! Du kommst sofort zurück!« Ihre Stimme klingt gepresst. Dafür scheint sie nicht mehr daran interessiert zu sein, dass sogar die Leute auf der Straße unser Ehegeplänkel mitbekommen.

Ich lasse mir von Jutta Kaffee nachschenken und genieße meine Freiheit.

Nebenan scheppert das Geschirr, denn Margot touchiert beim Aufstehen den Tisch. Ich vermute, sie ist mit ihrem Bauchspeck daran hängen geblieben. Da ich nicht hinsehe, kann ich das aber nicht überprüfen. Es spielt auch keine Rolle, denn sie prescht wutentbrannt aus dem Speiseraum. Erstaunlicherweise schließt sich Hannelore ihr nicht an. Bei einem voll gedeckten Frühstückstisch versagt ihre Loyalität, vor allem, da sie nun ungehinderten Zugriff auf den kompletten Streichkäse hat. Tja, in der Not erkennt man die wahren Freunde.

»Die Sache ist schon mal klar, Herr Katuschek«, hebt Frau Doktor Böttcher an.

Ich schaue kurz auf Jutta und Rolf Jürgen und warte, in welcher Verfassung die Doktorin am heutigen Morgen ist.

»Ich habe mit Jutta die Angelegenheit bereits ein wenig erörtert«, redet sie weiter. »Wir sind auf dem Abstellgleis, das ist ja wohl mal Fakt.« Sie hält mir ihr mit Erdbeermarmelade beschmiertes Messer entgegen. Ich frage mich, wieso es an meinem Tisch heute nur Sauerkirschmarmelade gab. Die hasse ich. Dafür liebt Margot sie. Kaum ist Selma nicht mehr da, läuft hier alles aus dem Ruder. »Oder haben Sie schon mal jemanden gesehen, der aus so einem Alten-Ghetto lebend wieder herausgekommen ist?«, fragt die Frau Doktor in der ihr eigenen schonungslosen Offenheit.

Jutta nickt eifrig.

Ich für meinen Teil habe die Hoffnung auf die eigene Bude noch nicht aufgegeben.

»Kurzum, wir haben nichts zu verlieren, rein gar nichts«, konstatiert die Frau Doktor und klingt, als ob sie eine Revolution anzetteln wollte. Dass sie dabei mit dem Schaft ihres Messers wiederholt auf die Tischplatte schlägt, macht es nicht besser. Das wiederum ruft die Pflegerin Löwe auf den Plan, die ihr, ohne ein Wort zu sagen und mit sanften Bewegungen, das Messer aus der Hand nimmt und es durch eine Plastikausgabe ersetzt. Die Frau, die ihr Leben lang mit größter Sorgfalt und Professionalität ein Skalpell geführt hat, ist jetzt bestecktechnisch in der Kleinkinderabteilung angekommen. Die Frau Doktor scheint das nicht anzuheben, aber ich bin kurz vorm Explodieren.

»Das mag sein ...«, sage ich. Dabei verstehe ich noch immer nicht, worauf meine alte Lieblingskollegin hinauswill, und schaue unsicher zu Rolf Jürgen. Der klopft mit seinem Löffel mehrfach ungestüm auf die Schale seines Eis und lächelt dabei schmierig. Ich bin darauf eingestellt, dass Monika Löwes flinke Finger ihm ebenfalls den Löffel entreißen, aber nichts passiert. Rolf Jürgen scheint als ungefährlich eingestuft zu sein.

»Eine solche Position ist insofern komfortabel, als wir uns keinerlei Konventionen mehr unterwerfen müssen«, fährt die Doktorin fort.

»Rolf Jürgen, du hast da was«, flötet Jutta und streichelt ihm erst über das eine und dann über das andere Ohr.

Rolf Jürgen quittiert das mit einem lüsternen Auflachen, wobei ihm vor lauter Seniorenheimfrühstückserotik vollkommen entgeht, dass sie ihm beide Hörgeräte abgenommen hat und diese nun flugs zwischen ihren dicken Brüsten verschwinden lässt. Niemand wird die Teile jemals wiedersehen.

»So, nun sind wir unter uns«, kommentiert Jutta die Situation.

Rolf Jürgen kriegt sich angesichts der ungewohnten Berührung überhaupt nicht mehr ein.

So langsam ahne ich, was hier läuft. Jutta und die Frau Doktor spielen über Bande, wenn es um die Aufklärung unseres Mordfalls geht. Ich weiß nicht, wie ich das finden soll. Ich war in meinem gesamten Berufsleben kein Teamspieler. Deshalb ist möglicherweise auch aus Weidmann nichts geworden. Ob es gut ist, im Alter seine Prinzipien über Bord zu werfen, weiß ich nicht. So entschlossen, wie die beiden Frauen mich ansehen, habe ich dahingehend wohl aber kaum eine Wahl.

»Herr Katuschek, wir dürfen tun, was wir wollen«, redet die Doktorin weiter. »Deswegen habe ich Jutta gebeten, uns behilflich zu sein. Ihre Kontakte zu den Bewohnern sind ausgezeichnet.«

»Und unterschätzt bitte nicht den Wert meines siebten Sinns in dieser Angelegenheit«, wirft Jutta wichtigtuerisch ein.

»Jutta könnte uns auch mit ihrem siebten Sinn beistehen«, redet die Frau Doktor nahtlos weiter, als hätte es die Ergänzung seitens Jutta niemals gegeben. Dann wiegelt sie mit beiden Händen ab, noch bevor ich darauf reagieren kann. »Wir beide wissen, dass ich durch und durch eine Naturwissenschaftlerin bin. Das ist nun mal Fakt! Ich glaube nicht an diesen Hokuspokus. Aber ich kann mir vorstellen, dass es einen Heidenspaß machen kann, und wenn Jutta sich als Medium besser fühlt, was sie zweifelsohne tut … Die Zufriedenheit des Einzelnen ist wichtig.«

Jutta verzieht den Mund, wagt aber nicht, der Frau Doktor ins Wort zu fallen.

»Und Sie, mein lieber Katuschek, sind ein Wolf, ein einsamer. Und Sie sind der beste Mann, den man sich unter den Kriminalisten vorstellen kann.«

Ich merke, wie meine Ohrenspitzen leicht zu glühen anfangen.

»Kurzum, lassen Sie uns den Sack zumachen! Und dabei ist uns jedes Mittel recht, Hauptsache, wir zeigen den Grünschnäbeln, die uns auf das Abstellgleis geschoben haben, was eine Harke ist. Meinem Sohn kann diese Lektion auch nicht schaden.« Sie haut mir mit der flachen Hand auf die Schulter. »Ich freue mich auf unsere gemeinsame Arbeit.« Sie lacht zufrieden.

Jutta greift unter dem Tisch nach ihrer Handtasche, zieht drei kleine Fläschchen Prosecco hervor und reicht jedem von uns eine. Rolf Jürgens Audioempfang mag zwar auf null sein, aber Alkohol wittert er sogar durch die geschlossene Flasche. Freudestrahlend schaut er Jutta an. Die tätschelt ihm den Arm, während sie ihr Saftglas leert und den Sekt einfüllt. Wir stoßen an. Rolf Jürgen geht leer aus. Das scheint ihn nicht zu stören, solange Jutta ihre Hand nicht wegzieht.

»Ich habe Ihnen eine Botschaft zukommen lassen«, sagt die Frau Doktor. »Ich hoffe, die hat Sie erreicht. Ich schreibe mittlerweile lieber alles auf. Man weiß ja nie, wann einen der Verstand verlässt. Ich jedenfalls will vorbereitet sein.«

»Sie haben Spermaspuren bei Selma gefunden«, schlussfolgere ich aus dem Gelesenen.

Sie bestätigt das. »Die können nur wenige Tage alt sein. Es muss also einen Mann geben.«

»Sie schließen eine Vergewaltigung aus?«, frage ich zögerlich nach. Das ist in diesem Fall eine Standardfrage, aber dass Selma dies widerfahren sein könnte, möchte ich mir nicht vorstellen. Ich klinge wie ein labiler alter Mann, ich weiß. Mittlerweile befürchte ich, dass ich das auch bin. Daran ist nur dieses Heim schuld. Und Margot natürlich.

Die Frau Doktor schüttelt energisch den Kopf. »Es deutet nichts darauf hin.« Sie schaut mich fragend an. »Junge Menschen haben Sex, Herr Katuschek. Schon vergessen?« Ihre Mundwinkel zucken leicht.

Tatsache, daran kann ich mich kaum mehr erinnern.

»Und ich wünsche jedem, dass er die Jugend auch dahingehend in vollen Zügen auskostet«, fügt die Frau Doktor noch an. »Alles, was danach kommt, ist weniger erquicklich.«

Wem sagt sie das.

»Aber mit Kai-Uwe?«, fragt Jutta naserümpfend. »Der Junge hat so ein schlechtes Karma, dass ich mir nicht vorstellen kann, dass er ein gu…« Sie spricht es glücklicherweise nicht aus. »Die arme Selma.« Sie wedelt sich mit ihrem hässlichen Schal Luft zu und macht ein gequältes Gesicht.

Ich mache mir über derlei Dinge grundsätzlich niemals Gedanken. Stattdessen berichte ich von meiner Begegnung mit Kai-Uwe am gestrigen Abend. Da ich mir auf die Sache mit Lennox Bergmann keinen Reim machen kann, verschweige ich das zunächst. Außerdem behagt mir das mit Jutta irgendwie nicht. Ein Mord ist nichts für selbst ernannte Hobby-Detektivinnen, nicht einmal, wenn sie von sich behaupten, das zweite Gesicht zu haben.

»Die beiden waren getrennt, aber das muss ja nichts heißen«, sage ich. »Von einem anderen weiß ich nichts.«

Sollte es jemanden geben, finde ich es schade, dass Selma mir nichts davon erzählt hat. Aber womöglich ist sie einfach nur nicht mehr dazu gekommen. Meine Güte, Herr Katuschek, es geht dich auch nichts an, was Selma in ihrer Freizeit getrieben hat.

»Wir brauchen etwas DNA von dem Burschen«, konstatiert die Frau Doktor. »Eifersucht, Sie wissen, Herr Katuschek.«

»Das übernehme ich«, flötet Jutta und scheint davon ehrlich begeistert. Zumindest würde ich ihre fast schon hüpfenden Bewegungen auf ihrem Stuhl so deuten.

Juttas impulsive Schwingungen rufen Rolf Jürgen auf den Plan. »Uuh, Mäuschen«, säuselt er zu laut. »Du hast ja ein Temperament. Dann könnten wir doch mal …«

»Ich könnte das gleich für alle Männer hier abarbeiten«, redet Jutta schleunigst weiter, ohne Rolf Jürgen zu beachten. »Das wäre ein Ritt«, ergänzt sie, und der Gedanke scheint sie noch mehr zu beflügeln.

Die Doktorin schaut sich demonstrativ um und lacht auf. »Ihren Optimismus möchte ich haben.«

Rolf Jürgen hebt und senkt fröhlich seine Schultern. Ihm scheint ein Korb nichts auszumachen.

»Jutta, bitte«, sage ich und spüre eine leichte Kränkung darüber, was Selma an Männerbekanntschaften zugetraut wird.

Jutta zieht einen Flunsch. »Aber Peterlein? Peterlein ist nicht unrealistisch«, erklärt sie mit Vehemenz. »Die beiden haben ungefähr ein Alter und wir alle wissen, dass die jungen Menschen die Sexualität heutzutage lockerer nehmen, als dies damals bei uns möglich war. Meine Güte, wenn ich nur an diese beklemmenden Konventionen denke, die uns die Blütezeit unseres Lebens verdorben haben.«

Jutta macht nicht den Eindruck, als hätte es bei ihr irgendwelche Begrenzungen gegeben. Und Selma war kein Mädchen, das sich mit einem androgynen Zyklopen eingelassen hätte.

Juttas Gedanken an die Vergangenheit scheinen in Vergessenheit geraten. Sie überlegt, zumindest würde ich die Furche zwischen ihren Augen so deuten. »Peterlein ist jedoch eine etwas härtere Nuss. Er merkt im Gegensatz zu Kai-Uwe sofort, wenn ihm jemand an die Haare geht.« Pause. »Na ja, ich kriege das trotzdem irgendwie hin.« Sie lächelt und lehnt sich zufrieden zurück, um gleich darauf noch einmal nachzulegen. »Und Janko Varga, unser Koch. Mit dem hat Selma jeden Tag zusammengearbeitet, da kann so etwas schon einmal passieren. Unter Kollegen. Ihr wisst schon.« Sie zwinkert der Frau Doktor und mir zu.

Ich hatte auch etliche Kolleginnen, aber an so etwas kann ich mich nicht erinnern.

»Ach herrje, Janko hat eine Glatze«, wirft Jutta aufgekratzt ein. Dabei schaut sie ratlos auf die Frau Doktor.

»Schön ein Wattestäbchen in den Mund schieben und fertig«, sagt die Frau Doktor Böttcher beiläufig.

»Ah.« Jutta scheint das nicht zu überzeugen.

»Ich weiß nicht«, gebe ich ungehalten zu bedenken. »Selma war doch kein männerverschlingendes Ungetüm.« Einer muss es einfach mal aussprechen. »Dann fehlt jetzt nur noch Lennox Bergmann. Dann habt ihr das Quartett voll.«

Jutta schüttelt ungestüm den Kopf. »Niemals. Schau dir unseren Lenni doch nur einmal an«, sagt sie zuckersüß. »Das hat er nicht nötig, also wirklich. Der braucht nur mit dem Finger zu schnipsen und hat an jeder Hand fünf Models.«

Nun ist es aber mal gut. So spricht niemand über meine Freundin Selma.

»Das Mädchen wird doch auch noch Kontakte außerhalb dieses Domizils gehabt haben«, wirft die Frau Doktor zweiflerisch ein.

Jutta und ich verneinen das. Gleichzeitig.

Augenscheinlich will sie uns das nicht glauben.

»Sie hatte überhaupt keine Zeit dazu«, erklärt Jutta. »Sie war ja immer hier. Sogar nach Feierabend. Da hat sie öfters mit Helmut im Park gesessen.« Jutta zupft sich ein paar Krümel aus dem Dekolleté. »Ziemlich oft haben sie gemeinsam im Park gesessen und bei schlechtem Wetter in der Küche.«

Der Blick der Frau Doktor, der mich nun trifft, dauert mir etwas zu lange an.

Aber was soll ich sagen? Das ist die Wahrheit. Selma und ich haben oft Zeit miteinander verbracht. Und ich hatte dabei niemals den Eindruck, dass sie dies aus Mitleid oder Pflichtgefühl getan hat. Sie war gern hier und das alles schien ihr ausgesprochen wichtig. Ich denke, wir waren so etwas wie eine Familie für sie.

»Ich habe noch etwas gefunden«, sagt die Frau Doktor schließlich und nickt dabei zufrieden.

Jutta klatscht vor Freude in die Hände. Es ist schon erstaunlich, wie sehr sie auf ein Abenteuer aus zu sein scheint.

»Die Fleischgabel war voll von Fingerabdrücken«, berichtet sie. »Die von Selma und noch von jemand anderem.« Sie schaut mich mit durchdringendem Blick an.

Ich ahne, was sie denkt. Aber wie komme ich unbemerkt an die Fingerabdrücke von Margot, vor allem mitten im Krieg?

Ich staune, wie viel Sympathie mir in meiner misslichen Lage entgegengebracht wird. Vor allem sind es die Frauen des Heims, die meinen, sich auf meine Seite schlagen zu müssen. Bei uns gilt das Windhundprinzip: Der Schnellste gewinnt und ich bin ja vorübergehend wieder auf dem freien Markt. Mich erschüttert das nicht. Aber ich frage mich, was dahingehend wohl bei Margot los ist. Ich denke, nicht viel. Denn Männer sind hier absolute Mangelware und genau deshalb müssen sie nicht jede nehmen. Jedenfalls hat mir Ingeborg mit einer Hose und einem Poloshirt ihres Mannes anständig aus der Klemme geholfen. Ich muss sagen, sein Geschmack war nicht mal schlecht. Jedenfalls gefällt mir die dunkelrote Farbe des Oberteils, die ich bei Margot niemals genehmigt bekommen hätte. Dass es etwas zu lang ist, darüber kann ich hinwegsehen, vor allem, weil dadurch meine Unterhose recht vollständig verdeckt ist. Was die Hosen angeht, na ja, die sind noch in Arbeit. Die Länge zumindest passt und um alles andere kümmert sich gerade Gertrud aus Appartement zwölf. Die hat eine Nähmaschine und kann damit dafür sorgen, dass ich die Hose auch oben behalte. Meine eigenen Klamotten befinden sich dank Getruds Zimmernachbarin Auguste schon in der hauseigenen Waschmaschine.

Ich sitze also nun, untenrum noch unbekleidet, dafür aber frisch geduscht und rasiert, bei Frau Doktor Böttcher im Institut, also im Appartement, und warte darauf, dass ich wieder unter Menschen gehen kann. Selmas Rucksack habe ich bei mir, denn ich möchte gern, dass die Frau Doktor sich die Dinge einmal genauer anschaut. Sie hat eine der schönsten Wohnungen im Heim angemietet, deutlich geräumiger als die von Margot und mir. Aber den Platz braucht sie auch, allein schon für ihr Minilabor und die gesamte Technik, von den Büchern einmal ganz abgesehen. Ansonsten scheint sie nicht viel zu benötigen, zumindest hat sie keinen Fernseher oder ein Heimkino wie Rolf Jürgen. Das Schönste an ihrem Domizil ist jedoch der weitläufige Balkon mit Aussicht auf das pralle Leben. Dort am Geländer steht nun ein lebensgroßes Skelettmodell, dem sie als Schutz vor Wind und Wetter sinnvollerweise eine von ihren weißen Gummischürzen übergezogen hat. Ich könnte mir vorstellen, dass dieser Anblick auf die Passanten ein wenig befremdlich wirkt. Unten ein großes Messingschild mit dem Hinweis auf die Altenbleibe und direkt darüber der kahle Schädel mit dem Latex-Vorbinder. Die Frau Doktor hatte schon immer ein Faible für hintersinnige Protestaktionen, das muss man ihr lassen.

»Karl Heinz, bitte pass auf, dass du den Studenten nicht im Weg bist«, kommandiert sie.

Jetzt bin ich also wieder Karl Heinz. Mir soll es recht sein. Nach allem, was ich mitbekommen habe, haben die Frau Doktor und ihr Mann eine gute Ehe geführt. Die Studenten, das bezieht sich allein auf unseren nutzlosen Auszubildenden Bause. Der hilft beim Auspacken und im Gegensatz zu sonst scheint ihn diese Arbeit wirklich zu erfreuen. Jedenfalls betrachtet er jedes Modell beziehungsweise die Präparate, die er der Frau Doktor reichen muss, mit großem Interesse. Vermutlich geht ihm gerade zum ersten Mal in seinem Leben auf, welch Wunderwerk der Natur der menschliche Körper ist. Ich kann nur hoffen, dass ihm diese Erkenntnis ein wenig mehr Achtung vor den alten Körpern, die hier tagtäglich versuchen, sich aufrecht zu halten, beibringt.

»Alter Falter, wie lange haben Sie denn dafür gebraucht, die ganzen Teile einzukochen?«, fragt er begeistert. »Das müssen doch etliche Leichen gewesen sein.« Er hält inne und schaut die Frau Doktor mit seinem einen Auge an. »Die waren doch tot, oder?«

Frau Doktor befindet sich vermutlich gerade mal wieder in ihrer eigenen Welt und reagiert nicht.

Also nutze ich die Gelegenheit und frage: »Sagen Sie mal, Peter, wie gut kannten Sie Selma eigentlich?«

Er reißt das Auge weit auf und starrt mich voller Entsetzen an. Dabei habe ich Sorge, dass das Glas mit der Lunge jederzeit aus seinen Händen gleiten könnte.

»Selma ist doch nicht hier dabei, oder?«, fragt er mit bebender Stimme, um im gleichen Augenblick die Lippen fest zusammenzupressen und uns erschrocken anzustarren.

Ich gebe zu, ich gerate in Versuchung, ihm genau das zu bestätigen. Aber mein Anstand behält die Oberhand. »Nein, natürlich nicht«, sage ich in allväterlicher Gelassenheit.

Er atmet tief aus.

»Das waren alles mal Mitarbeiter von mir«, sagt die Frau Doktor und klingt dabei, als wäre sie mit sich allein. »Viel ist ja aus den meisten nicht geworden.«

Peter Bause scheint das noch mehr zu beunruhigen.

»Wenn sie mit ihren Leuten nicht zufrieden war … zack«, ich bedeute ihm mit der flachen, um meinen Hals gelegten Hand, was ich meine. »Da kennt sie nichts und danach wird eingekocht.«

»Aha«, entgegnet er sichtbar konsterniert, sein einäugiger Blick geht zur nächstgelegenen Fluchtmöglichkeit – der Tür.

»Wenn überall Strenge und Disziplin walten würden, wäre unser Land erfolgreicher«, wirft die Frau Doktor noch ein. Sie hält eines der Gläser gegen das Licht. »Na ja, Louis, da siehst du, was Kettenrauchen einbringt«, sagt sie an den Lungenflügel gewandt.

Peter Bause hat Mühe, den Mund zuzubekommen.

»Wie stand es nun mit Ihnen und Selma?«, hake ich noch einmal nach. Bevor der Junge uns gleich vor Angst kreischend verlässt, muss ich an meine Informationen kommen.

»Alles easy«, erklärt er zögerlich und mit noch immer starrem Blick auf die Reste von Louis. Sein Kehlkopf bewegt sich mehrfach hintereinander auf und ab, so angestrengt scheint er zu schlucken.

»Lehrjunge Bause«, rede ich ihn forsch an.

Endlich ist er bei der Sache und erklärt: »Wir haben das Ding hier zusammen gut gewuppt, also wenn man bedenkt, dass wir hier die Einzigen sind, deren Verfallsdatum nicht kurz bevorsteht beziehungsweise abgelaufen ist.«

Ich muss darauf nicht reagieren. Was weiß man in seinem Alter denn schon über Verfallsdaten. Außerdem ist das ja wohl die blödeste Antwort, die ich seit Langem bekommen habe, und falsch ist sie obendrein. Lennox Bergmann, der Assistent unserer Heimleitung, ist gerade mal dreißig, wenn überhaupt. Und Janko, der Koch, dürfte auch nicht viel älter sein. Mir hier auf diese plumpe Tour weismachen zu wollen, dass er und Selma ein eingespieltes Team waren, ist lächerlich, zumal ich von Selma weiß, dass sie allein schon aufgrund seiner Einstellung zum Alter nicht viel von unserem Azubi gehalten hat.

»Ich habe niemals etwas mit Kollegen angefangen«, erklärt die Frau Doktor, während sie ihr Bücherregal einräumt. Die Art, wie sie das tut, ist etwas unorthodox, denn die Buchrücken zeigen nach hinten, aber das muss mich ja nicht stören. Peter Bause auch nicht. Er lässt von dem Eingekochten ab und reicht ihr die Bücher. »Wobei ich ohne Frage vielfach die Gelegenheit dazu hatte. Einige Studenten meinen ja, ein Techtelmechtel mit der Lehrkraft brächte Pluspunkte.« Sie hält in ihrer Bewegung inne und mustert Peter Bause auffällig. Der läuft knallrot an. »Obwohl Karl Heinz sicher kein Problem damit hat. Wir haben uns immer alle Freiheiten gelassen«, fährt sie fort. »Nicht wahr, Karl Heinz?«, fragt sie, aber schaut dabei nicht mich an, sondern greift sich ein Telefonbuch und blättert angeregt darin herum.

»Nein, kein Problem«, antworte ich und betrachte die mir gegenüberliegende Bilderwand. Karl Heinz kann ich daran nicht entdecken, dafür aber Che Guevara, Albert Einstein und Bill Gates. Aber ihr Männergeschmack geht mich nichts an. Das wäre unprofessionell, auch nach der Pensionierung.

»Karl Heinz ist ein guter Mann«, redet die Frau Doktor weiter. »Deswegen habe ich auch über seine Affären hinweggesehen. Wenn ich nur noch auf die Namen der Frauen käme. Karl Heinz hatte sie jedenfalls notiert.« Sie fährt energisch über die Seiten. »Wie denn sonst hätte er sich die alle merken können?«, mault sie ungewohnt zerknirscht.

Peter Bause scheint nun doch noch Gefallen an der Unterhaltung zu finden. Er grinst sich eins.

»Wann haben Sie Selma das letzte Mal gesehen?«, frage ich, als ob es nichts Wundersames um uns herum gäbe.

Er scheint kurz zu überlegen. »Gestern Mittag. Ich habe mir mein Mittagessen bei ihr abgeholt«, sagt er.

»Wann war das?«, frage ich nach.

»Kurz nach zwölf. Ich warte ja immer, bis ihr alle satt seid. Dann nehme ich, was übrig ist.« Er macht ein unschuldiges Gesicht.

Ich frage mich, ob er uns nun auch noch für senil hält.

»Aber um die Zeit war Selma noch topfit. Monika kann das bestätigen. Sie war auch da«, sagt er.

»In der Küche?«, vergewissere ich mich. »Bei Selma?«

Bause bestätigt das.

Das hat die brave Monika Löwe mir nicht erzählt. Interessant. »Was hat Monika denn da gemacht?«

»Gefuttert, nehme ich an. Monika kann es doch nie erwarten, bis es was zu essen gibt«, entgegnet Bause. »Aber die Weiber sagen einem ja auch nicht alles.«

Immerhin. Das hat er in seinen jungen Jahren schon mitbekommen. Das freut mich ehrlich für ihn. »Und wann haben Sie die Küche verlassen?«

»Hallo?«, echauffiert sich Bause. »Wir sind doch hier nicht beim Verhör!«

Oh doch, junger Freund. »Kleines Steckenpferd von mir«, beschwichtige ich.

Er zuckt gleichgültig mit den Schultern. »Zwei Teller später«, entgegnet er.

»Und Monika?«

»Mhm, keine Ahnung, ob sie noch da war.« Er kratzt sich hinter dem Ohr, wobei er dabei offenbar akribisch darauf bedacht ist, den Sitz seiner Haare nicht zu verändern. »Ich habe nicht aufgepasst.«

»Mhm.«

»Selma war schon cool unterwegs«, fügt Bause noch an und klingt dabei, als teilte er uns die aktuellen Wasserstandsmeldungen mit. »Nach dem Essen habe ich übrigens ein paar Botengänge machen müssen, in die Stadt«, erklärt er noch. »Als ich zurückkam, war Selma schon tot.«

Vielleicht mögen meine Ohren doch nicht mehr ganz so taktfest sein. Aber gespielte Betroffenheit kriege ich noch ganz gut mit. Ich bezweifle, dass der Junge mir meine Skepsis ansieht, aber irgendetwas scheint ihn dazu zu animieren, sein Mobiltelefon hervorzuziehen, ein paar Knöpfe zu drücken und es mir unter die Nase zu halten. Ich habe meine Brille verlegt und sehe nur ein buntes Bildchen, durch das sich kreuz und quer ein roter Streifen zieht.

»Ich erstelle mein persönliches Laufprofil«, erklärt er.

Wenn mir das dieses Bild vermitteln soll, dann ist der Junge noch planloser unterwegs, als ich befürchtet habe. »Aha«, sage ich absolut unbeeindruckt.

»Jeden Tag.« Er schaut mich unverwandt an. »Jeder Schritt wird aufgezeichnet und natürlich die Strecke und die Uhrzeit, via GPS.« Er zieht das Telefon weg und wischt mit seinem Finger darüber. »Sehen Sie, zwölf Uhr siebenundzwanzig war ich auf der Post. Da wurde fast genau zehn Minuten keine Bewegung registriert.«

Nun, das passiert ihm hier auch öfter.

»Ich stand in der Warteschlange, wegen des Einschreibens für die Chefin«, fügt er an. »Wollen Sie wissen, wie hoch mein Blutdruck zu dieser Zeit war?«

»Nein.«

»Mhm.« Er wirkt etwas aus dem Konzept gebracht. »Kalorienverbrauch?«

Ich schüttle den Kopf.

»Jedenfalls kann man sehen, dass ich von der Post in Richtung Kaufhaus gelaufen bin und dann …«, redet er weiter.

»Schon gut.« Ich bin alt, aber nicht begriffsstutzig. Der Junge verkauft mir hier gerade ein Alibi.

Er schaut mich an, als ob er von mir Absolution erwartet. Ich frage mich derweil, ob er wohl durch seine Stirnlocke auch aus dem anderen Auge irgendetwas sehen kann. Zu meiner Zeit waren die Frisuren schon etwas wilder, aber immerhin haben sie nicht die Verkehrstüchtigkeit eingeschränkt.

»Ich könnte Ihnen das auf Ihr Handy schicken«, bietet er eifrig an.

»Warum?«, frage ich.

»Damit Sie es haben«, antwortet er.

Wir haben nur ein Handy und das verwaltet Margot. Ich glaube nicht, dass sie etwas mit dieser Information anfangen kann. Außerdem könnte sie dieser technische Schnickschnack nur auf dumme Ideen bringen. Ich wäre sicherlich nicht der erste über Siebzigjährige, dessen Tagesablauf in einer Seniorenresidenz von seiner eigenen Frau via App gestalkt wird. Wenn ich tatsächlich auch eines von diesen neuen Armbändern aufgezwungen bekomme, sehe ich dahingehend ohnehin schwarz.

»Schon gut«, wiegle ich ab.

Enttäuschung zeichnet sich auf seinem Gesicht ab. »Ich wollte ja nur helfen ... wegen Selma«, murmelt er.

Und ich ziehe meine Hose mit der Kneifzange an, wenn ich denn wieder eine habe. Der Junge wollte aus dem Schneider sein, das ist doch ganz eindeutig. Ich würde ihn gern fragen, ob er mir mit Selmas Handy helfen kann. Irgendwie muss es einen Weg geben, auch ohne ihren Fingerabdruck und den Code an den Inhalt zu kommen. Ich weiß das, denn meine Leute haben so etwas öfter gemacht.

Aber jemand wie Peter Bause ist nicht gerade ein verschwiegener Komplize in so einer Angelegenheit. Mir wird etwas anderes einfallen müssen.

»Kinder!« Juttas Schrei und ihr überstürztes Eintreten sind unisono. »Ihr glaubt nicht, was ich hier habe.« Sie strahlt über das ganze rot leuchtende Gesicht und streckt ihren rechten Arm von sich, als gälte es, eine Trophäe zu präsentieren. Ich brauche nicht lange, um zu begreifen, was Jutta da erbeutet hat. Das Büschel ist ziemlich groß. »Ich wusste nicht, ob an den Haaren noch die Wurzeln sein müssen, also bin ich auf Nummer sicher gegangen, auch was die Menge angeht.« Jetzt erst entdeckt sie Peter Bause und beißt sich auf die Lippe.

Die Frau Doktor kann sich gerade offenkundig nicht mit dieser Probe befassen. Sie ist noch immer mit dem Telefonbuch beschäftigt. Es bleibt mir also nichts weiter übrig, als Jutta die Haare abzunehmen, was allerdings bedeutet, dass ich mich trotz meiner unvollständigen Kleidung durch den Raum bewegen muss. Aber für Selma tue ich auch das gern. Unter den Augen unseres zutiefst verstört dreinblickenden Auszubildenden verstaue ich Kai-Uwes gut durchgefettete Mähne in einem herumstehenden Reagenzglas. Glücklicherweise fällt mir noch ein, dass eine Beschriftung angesichts der misslichen Lage der Frau Doktor hilfreich wäre.

»Das glaubt ihr nicht«, kreischt Jutta ohne Rücksicht auf zartbesaitete Auszubildende oder sonstige Verluste. Kai-Uwe lag im Fernsehraum auf der Couch, im Tiefschlaf. Da habe ich mich rangeschlichen und …« Jutta streckt ihre Arme nach vorn, als müsste sie sich auf einen Angriff vorbereiten, beugt ihren Oberkörper ebenfalls leicht und dreht ihren Kopf, als wäre sie auf der Hut. Offenkundig spielt sie uns gerade die Szene vor. Ich lasse ihr das Vergnügen, zumal ich das meinige bei dem Anblick von Peter Bause habe. »Ein Griff. Pah!« Sie macht eine Faust und schließlich reißt sie ihren Arm nach oben. »Der Junge hat das nicht mal mitbekommen.« Ihr unbändiges Vergnügen darüber ist unübersehbar. »Er hat einfach weitergeschlafen.«

Der anstrengende Tag in der Fußgängerzone hat ihm noch in den Knochen gesteckt, denke ich. Aber womöglich war es auch der Joint, den er immer im Blumenkübel des Eingangsbereiches versteckt. Ich rieche Gras auf einen halben Kilometer, vor allem dann, wenn ich quasi direkt danebenliege und es sich auf Kopfhöhe befindet.

»Sie haben ihm die Haare geklaut?«, fragt Peter Bause nahezu tonlos. Ich kann ihm ansehen, dass dies der Moment ist, in dem er nur noch fortlaufen möchte.

»Als Füllung für die Kopfkissen«, wirft die Frau Doktor ein. »Sollten Sie auch mal probieren.«

Der Humor von Doktor Böttcher war schon immer speziell. Oder hat sie das ernst gemeint?«

»Peterlein, wenn wir Freunde bleiben wollen, haben Sie das nicht gehört«, sagt Jutta in künstlich strengem Tonfall, um dann umgehend in ihre gewohnte Duzerei überzugehen. »Du weißt doch, dass ich neuerdings Haarfarben verkaufe, und da muss ich schon mal testen, wie die bei Straßenköterblond wirken. Das geht ja wohl kaum am lebenden Objekt! Ich habe schließlich einen Ruf zu verlieren.« Während sie das sagt, schwingt sie ihren Zeigefinger, als könnte das auf einen Mittezwanzigjährigen noch Eindruck machen.

Jetzt weiß ich, wieso Margots Haare neuerdings so anders aussehen.

Peter Bause weiß offenkundig über Juttas Geschäft Bescheid. Den Bammel vor den in seinen Augen wahnsinnigen Greisen sieht man ihm trotzdem an.

Jutta hält inne. »Zugegeben, ich habe mir ein bisschen mehr abgezweigt«, sagt sie gespielt schuldbewusst.

Meine Güte, der Kerl braucht demnächst ein Haarteil, denke ich. Frauen können wirklich rücksichtslos sein, aber das ist mir ja nicht neu.

»Ich würde nachher einmal versuchen, mich seinem Inneren auf spirituellem Weg zu nähern. Dabei hilft etwas Organisches der Person immer sehr gut«, erklärt sie.

»Geht auch Haut?«, fragt die Doktorin beiläufig, als hätte sie uns Kaffee angeboten.

»Natürlich, aber die Haare sind ausreichend, danke, meine Liebe«, flötet Jutta. Als sie uns gerade eine ihrer berühmt-berüchtigten Kusshände zuwerfen will, fliegt die Tür auf und Margot kommt hereingeschossen.

Ich gebe zu, als einziger gestandener Mann ohne Beinkleider allein in einem Zimmer mit zwei Frauen erwischt zu werden (Peterlein zählt nicht), kann etwas missverständlich wirken, also je nachdem, wie man eingestellt ist. Das muss ich Margot zugutehalten.

»Herr Katuschek, wir müssen re…« Die Frauenzeitschriften in ihrer Hand rauschen zu Boden. Der Rest geht in einer Explosion unter. »Das ist eine Orgie!«, kreischt sie noch. Dann verschwindet sie in einem Tempo, das ich in vier gemeinsamen Jahrzehnten noch nicht bei ihr gesehen habe.

»Was ist nun mit Haut?«, fragt die Doktorin in die Runde. Und entstaubt dabei wie zufällig ein antikes Sezierbesteck.

Ich würde jetzt erst einmal nach meinen Hosen Ausschau halten. Vielleicht kriege ich dann auch mit, was Margot zu mir getrieben hat. Freundlicher Gesprächsbedarf oder gar eine Entschuldigung waren es sicherlich nicht. Das wäre in ihrem Fall widernatürlich. Irgendetwas muss im Busch sein. Und Margot hat Fracksausen. Das allerdings liegt wohl nicht an meinen nackten Beinen.

Ich bin obdachlos, im weitesten Sinne zumindest. Dafür verfüge ich nun wieder über ein stattliches Paar Hosen, grauer Feincord, etwas ganz Edles. Ich muss zugeben, mich freut meine Typveränderung, auch wenn ich sie ohne die Misere mit Margot niemals angegangen wäre. Aber alles hat nun mal sein Gutes. Und so schlecht wäre es Gerhard womöglich mit Ingeborg gar nicht ergangen, also zumindest hätte er in den Sachen ihres Mannes wirklich adrett ausgesehen. Da sieht man mal wieder, dass man nicht über Dinge urteilen soll, die man nicht kennt.

Seit meiner erfolgreichen Neueinkleidung bin ich im Haus unterwegs, auf der Suche nach Lennox und Kai-Uwe. Eigentlich wollte ich mit beiden noch einmal reden und Kai-Uwe fragen, was es denn mit Lennox Bergmann so Dringendes zu besprechen gibt. Die beiden sind einander nicht grün, was meines Erachtens in Kai-Uwes lockerem Umgang bezüglich der Mitwohngelegenheit in einem Seniorenheim begründet liegt. Lennox, der nach meinem Dafürhalten unbedingt einmal den Stuhl von Frau Mehltau einnehmen will, ob sie ihn hergeben möchte oder nicht, pocht dabei auf die Einhaltung der Gesetze. Er ist dahingehend äußerst genau, was ich nur begrüßen kann. Ich glaube, anders ist diesem Kasperletheater auch nicht beizukommen.

Frau Mehltau jedenfalls ist eine ganz reizende Person, aber im Griff hat sie das alles hier keineswegs. Wieso sonst nächtigt Kai-Uwe noch immer im Fernsehraum und macht nicht einmal nach dem Tod seiner Ex-Freundin Anstalten, uns zu verlassen, bis gestern Nacht zumindest nicht? Womöglich war die Nachricht von Lennox so etwas wie die letzte Warnung an den Störenfried. Dass man dafür frühmorgens gegen drei in ein Seniorenheim spaziert, ist zwar generell ein wenig ungewöhnlich, aber solchen Charakteren wie Lennox Bergmann durchaus zuzutrauen. Den Missetäter auf frischer Tat zu ertappen ist nicht einmal so dumm. Und ob er hier sonst noch etwas gesucht hat, werde ich schon noch herausbekommen. Monika Löwe jedenfalls erfreut sich bester Gesundheit. Glücklicherweise. Wie dem auch sei, unser Hausberber ist bislang nicht auffindbar und so liege ich wohl mit meiner Vermutung richtig: Dass Kai-Uwe endlich auf eigenen Füßen steht; kann man ihm jedenfalls nur wünschen. Schade, dass Selma das nicht mehr mitbekommt. Sie hätte sich sicherlich für ihn gefreut.

Nach meiner erfolglosen Suche und einer kurzen Stippvisite bei Jutta, die sich nun um Selmas Handy kümmern will, habe ich mich jedenfalls in die hinterste Ecke des Speiseraums zurückgezogen, um Zeitung zu lesen. Meistens überfliege ich nur die Überschriften, um ein wenig informiert zu sein. Bei den Todesanzeigen hingegen lasse ich mir deutlich mehr Zeit. Ja, ich gebe es zu, ich suche vorwiegend nach Männern meines Jahrganges. Für mich macht das die Dinge irgendwie planbarer, was natürlich ausgemachter Blödsinn ist, zumal auch deutlich jüngere Menschen sterben. Manchmal schreibe ich mir auch schöne Nachrufe ab.

Margot sagt, das könnte ich mir sparen, denn sie würde meine gesamten Notizen nach meinem Ableben sowieso gleich verbrennen. Angeblich hätte sie als Witwe dann noch weniger Zeit als jetzt, wobei ich mich frage, warum. Aber da ich ein hoffnungsloser Optimist bin, bringe ich fleißig ein paar Zeilen in eigener Sache zu Papier.

»So! Dann wollen wir uns mal setzen. Nicht wahr, Herr Rolf Jürgen. Und dann plaudern wir ganz ungezwungen.« Ich muss mich nicht einmal herumdrehen, um zu wissen, dass das Weidmann ist, dessen Schuhe da gerade über das Linoleum quietschen. Ich tue es trotzdem, aber gerade nur so viel, dass ich alles aus dem Augenwinkel verfolgen kann. Die ehemaligen Kollegen haben nun also langsam angefangen, etwaige Zeugen zu vernehmen. Das heißt, momentan sehe ich nur Weidmann, aber das muss ja nichts heißen. Womöglich hat er seinen Friseur auch im Büro gelassen, was ich gutheißen würde. Auch alte Menschen merken, wenn man sich über sie lustig macht, und das ist der Wahrheitsfindung garantiert nicht dienlich. Wenn Rolf Jürgen jedenfalls den Auftakt bildet, dann bekommt Weidmann wenigstens gleich einen Vorgeschmack darauf, was ihn hier sonst noch so erwartet. Rolf Jürgen ist ein hervorragender Prototyp eines renitenten, nervtötenden, sexistischen Opas. Und rechtskonservativ ist er auch.

»Ich bin schon zwölf Jahre hier«, poltert Rolf Jürgen ungezwungen drauflos. »Nicht einmal der Führer hat länger durchgehalten.«

Weidmann stutzt, übergeht das dann aber großzügig. »Das freut mich für Sie, ganz ehrlich«, entgegnet er mit seiner sonoren Stimme. »Meine Mutter hat auch in einem Heim gelebt, aber das war sicher nicht halb so nett wie

Ihres hier. Und es war auch nicht so lichtdurchflutet und großzügig gestaltet, mit diesen ganzen Annehmlichkeiten. Mhm. Das hat schon was, wirklich.« Während er das sagt, hat er den Kopf in den Nacken gelegt und die Augen weit aufgerissen, als bewunderte er den Kölner Dom oder sonst irgendein imposantes Bauwerk. Bei uns kommt er damit nicht weiter als bis zur Deckenvertäfelung. Ich mache mir nichts vor, die Show ist so schlecht wie immer. Wie oft habe ich ihm schon gesagt, dass diese persönlichen Geschichten nur dann funktionieren, wenn sie der Wahrheit entsprechen? Weidmanns Mutter wohnt bei ihm zu Hause. Oder besser gesagt: Er ist niemals ausgezogen. Jedenfalls merken die Leute, wenn sie mit pseudopersönlichen Geschichten eingewickelt werden sollen. Das ist bei einer sachlichen Befragung fehl am Platze, vor allem bei Männern wie Rolf Jürgen. Alt ist nicht gleich blöd, ganz im Gegenteil.

»Aha.« Rolf Jürgen schaut ihn eine Weile skeptisch an, dann fuchtelt er mit den Armen und legt los. »Woran ist Ihre Mutter denn gestorben?«, will er wissen.

»Nein, nein, sie lebt noch«, entgegnet Weidmann.

»Aber wo wohnt sie dann jetzt?«, hakt Rolf Jürgen nach und wirkt dabei ein wenig verwundert.

»Wie? Wo?«, stammelt Weidmann.

»Na, in dem schicken Heim ja wohl nicht mehr«, schlussfolgert Rolf Jürgen. »Das war Ihnen wohl zu teuer, was?«

»Äh, nein … ich …« Weidmann steht die Schamesröte im Gesicht.

Das hat er nun davon. Nur Wahrheit schafft Klarheit.

»Erst Blut lecken lassen und dann abschieben«, sagt Rolf Jürgen sichtlich erzürnt.

»Nein, so war das nicht.« Weidmann versucht sich in

einer Erklärung, aber scheitert gnadenlos. Schließlich bemüht er sich, das Thema zu wechseln. »Können wir bitte über Sie reden.«

»Warum? Weil deine Mutter nicht mehr mit dir spricht?« Rolf Jürgen läuft zu Hochform auf. »Wie sieht sie denn aus? Ich würde ihre Nummer nehmen.«

»Können wir bitte über das Heim hier reden!«, fordert Weidmann.

Rolf Jürgen stutzt. »Das lichtdurchflutete?« Er kichert verhalten. »Dann hör mal zu! Scheißlangweilig ist das hier, ob die das Licht anmachen oder nicht«, meckert er. »Und wenn du mich fragst, wohnen hier nur alte Leute. Die will man doch nicht um sich haben! Da wird man selbst ganz weich in der Birne.«

Hatte ich erwähnt, dass Rolf Jürgen der Älteste von uns allen ist?

»Und die Nutten sind zu teuer«, schimpft er weiter. »Frau Mehltau will das aber nachverhandeln, einwandfreies Weib, die Mehltau. Die kümmert sich.« Er schmatzt unappetitlich. »Und solche Dinger hat die.« Ich muss nicht hinsehen, um zu wissen, dass er mit seinen Händen die Form von Frau Mehltaus Brüsten nachzeichnet.

Aus dem Augenwinkel sehe ich an Weidmanns Mimik, dass ihm nicht klar zu sein scheint, ob ihn Rolf Jürgen auf den Arm nimmt. Das tut er nicht. Leider.

»Kannten Sie Selma Scherschmidt?« Weidmann versucht dranzubleiben. Er war eben schon immer ein Wadenbeißer, nur eben einer, der konsequent das falsche Bein erwischt.

»Ich nenne die Bräute alle nur Mausi, mein Leben lang«, konstatiert Rolf Jürgen, als verkündete er die größte Weisheit der Menschheit. »Das solltest du dir merken, junger

Freund. Das erspart dir so manche Szene.« Rolf Jürgen reibt sich zufrieden die Hände.

»Nein, keine Bräute. Selma, das Opfer, die Küchenhilfe.« Weidmann buchstabiert die Worte förmlich. Das wird nichts nützen. Da, wo sich Rolf Jürgens Hörgeräte gerade befinden, ist unter Garantie kein Empfang.

»Opfer?« Rolf Jürgen wirkt perplex. »Solchen Schweinskram mache ich nicht. Rolf Jürgen zeigt Weidmann einen Vogel. »Auf Ideen kommt die Jugend.« Er lacht wie ein kleiner Junge. »Ich bin ja nicht lebensmüde. Verstehst du? Nichts mit Opfer.«

»Selma, die Küchenhilfe aus Ihrem Heim«, schreit Weidmann, dem nun aufgegangen zu sein scheint, wo Rolf Jürgens Defizite liegen. Die sollten sich auch so schnell nicht beheben lassen, denn niemand weiß, wo Jutta gerade herumgeistert, und vor allem nicht, inwieweit die empfindliche Hörgerätetechnik zwischen Juttas üppiger Oberweite schon aufgerieben ist.

»Selma?«

»Ja!« Weidmann spricht immer noch laut, aber nun ein wenig gefasster angesichts der Verständigungshürde, die er genommen zu haben meint.

»Meine Mausi heißt Uschi«, entgegnet Rolf Jürgen vehement.

Pause.

Gerhard naht. »Sind Sie neu hier?«, fragt er schon von Weitem. Gerhard ist etwas tollpatschig, wenn es um den Umgang mit Fremden geht. Er ist auf dem Weg zu seiner Wassergymnastik und hat den vermeintlichen Neuankömmling ausgemacht. Jedenfalls steht er nun in Bademantel und Latschen neben dem Tisch und mustert den Fremden. »Ausstattungstechnisch sind die hier ganz gut aufgestellt, aber was das Essen angeht, sollten Sie, wenn sie einen empfindlichen Magen haben, aufpassen«, erklärt er.

Weidmann wiegelt ab. »Ich bin wegen Selma Scherschmidt da«, antwortet er.

»Oh!«, ruft Gerhard aus. »Da kommen Sie leider zu spät. Selma ist tot.«

»Sag ihm, dass meine Mausi Uschi heißt«, fordert Rolf Jürgen nachdrücklich.

»Das weiß er doch«, entgegnet Gerhard abgeklärt. »Er will zu Selma.«

»Aber die ist doch tot«, kreischt Rolf Jürgen.

»Was wissen Sie über Selma? Ist Ihnen am Tag ihres Todes etwas Ungewöhnliches aufgefallen? Gibt es irgendetwas, was Sie der Polizei erzählen möchten?« Weidmann steht der Schweiß auf der Stirn. Tja, so ist es, wenn man den Bürostuhl des Kommissariats gegen den Liegesessel in einem Altenheim tauscht. Jedes Panoptikum verliert gegen uns gnadenlos.

»Wenn der Mörder vor dem Mittagessen zugeschlagen hätte, dann wäre ich auch nicht mehr hier«, sagt Gerhard bedauernd, was er mit einem bedächtigen Kopfschütteln noch unterstreicht. »So ein Pech aber auch. Mein ganzes Leben verpasse ich den richtigen Moment. Wissen Sie, wie tragisch das ist?«

»Äh … nein … ich …«, stammelt Weidmann. »Was haben Sie mit dem Tod von Frau Scherschmidt zu tun?«

»Ich würde dann hier mal … auf dem Stuhl da … wegen meines morschen Gebälks. Arthrose, Skoliose, Ischias … Ich habe alles.« Gerhard zeigt auf seine Hüften und setzt sich dann behäbig zu Weidmann und Rolf Jürgen, wobei sein Bademantel den Blick auf seine viel zu enge Badehose freigibt. Ich danke dem Himmel, dass er sie heute ausnahmsweise schon angezogen hat. Umständlich, wie er nun mal ist, schildert er die Geschehnisse um seinen Erstickungsanfall. Seine Wiederbelebung nimmt dabei den größten Raum ein, inklusive seiner verhaltenen Freude darüber.

Schwerer Fehler, Gerhard. Schwerer Fehler.

»Sie waren also wütend auf Selma?«, schlussfolgert Weidmann.

Gerhard schüttelt energisch den Kopf. »Das Mädchen konnte doch nichts dafür. Ich hätte die Kartoffelstücke anständig kauen müssen.« Er reibt sich das Kinn. »Aber wenn die Kieferknochen zu schwach sind, um das eigene Gebiss zu halten … Mhm.« Er senkt betreten den Kopf.

»Sie hat es richtig getroffen, also mit den ganzen Krankheiten«, säuselt Weidmann und ich befürchte, er streichelt Gerhard gleich vor lauter Anteilnahme den Arm. Woher soll er denn wissen, dass Gerhard dahingehend immer stark übertreibt und die meisten Symptome seiner Gebrechen nur aus Gesundheitszeitschriften kennt.

»Meine linke Kniescheibe läuft knorke«, antwortet Gerhard optimistisch. »Da kann ich wirklich froh sein.«

Weidmann weiß offenkundig nicht so recht, was er von dieser Aussage halten soll, und setzt lieber seine Befragung fort. »Ich habe Sie so verstanden, dass Sie nicht wiederbelebt werden wollten?«, hakt er nach. »Ist das korrekt?«

Gerhard zögert kurz. »Von Selma?«

»Generell.«

»Es war ihr Job. Dafür wird das Mädchen doch bezahlt«, antwortet Gerhard und scheint die Welt nicht mehr zu verstehen.

»Außerdem saß die Mausi auf ihm«, frohlockt Rolf Jürgen. »Da kann man sich doch freuen. Ich kenne keinen Mann, der da nicht automatisch wach wird. Das will man doch nicht verpassen.«

Gerhard schaut betreten zur Seite.

»Waren Sie nun wütend auf Selma oder nicht?« Weidmann wirkt zunehmend verwirrt.

»Nur auf Helmut«, gibt Gerhard nach einer lang gedehnten Überlegungspause zurück. »Der hat ihr geholfen.«

Weidmann zückt seinen Stift. »Helmut wer?«

»Katuschek«, entgegnet Gerhard.

Weidmann droht der Stift aus der Hand zu fallen. Das ist aber nicht weiter wild. Meinen Namen kennt er, den muss er nicht notieren.

»Sind Sie nach der Aktion noch mal zu Selma gegangen?«, will er weiter wissen.

Gerhard schüttelt den Kopf. »Wo geht man denn noch hin, wenn einen der Tod geradeso von der Schippe geschmissen hat? Ich bin liegen geblieben und habe gewartet, dass er zurückkommt.«

»Wer?«

Gerhard scheint etwas unschlüssig darüber, ob Weidmann ihm überhaupt zuhört.

»Wer sollte zurückkommen?«, wiederholt Weidmann geduldig.

»Na der Sensenmann, Mensch!«, blafft Gerhard.

»Mhm.« Weidmann deutet ein Nicken an. »Waren Sie den ganzen Nachmittag auf Ihrem Zimmer?«

»Puh! Schöner Mist, nicht wahr? Ausgerechnet am Mittwoch.« Gerhard schnieft. »Ach.« Er winkt ab. »Ich sage es ja, die hätten mich sterben lassen sollen. Zu allem Überfluss habe ich auch noch unseren Ausflug in das Himmelreich der Tiere verpasst. Mittwoch hält unsere Jutta nämlich immer ihre Sitzungen ab und da kann man froh sein, wenn man einen Platz ergattert. Ich hätte doch zu gern gehört, was mein alter Kater Mauz zu sagen hat. Der hat es schon hinter sich, wissen Sie, seit fast dreißig Jahren. Aber er war mir immer ein guter Kamerad. Da wollte ich mal hören, wie es ihm so ergangen ist.«

Weidmann überfordert das sichtlich. Ich sage es ja, gegen ein paar Stunden im Seniorenheim ist ein Tag bei der Mordkommission ein Witz.

»Gibt es Zeugen?«

»Meine Frau ist auch schon lange tot. Sie könnte bestätigen, dass wir einen Kater hatten«, erklärt Gerhard hilfsbereit. »Vielleicht kann sich noch einer unserer alten Nachbarn erinnern.« Er überlegt. »Soll ich Ihnen die Adressen aus dem Telefonbuch heraussuchen?«

»Ich meinte wegen Selma«, wirft Weidmann verzweifelt ein.

»Meinen Sie, unsere Nachbarn kannten Selma auch?«, fragt Gerhard perplex.

Weidmann bekommt einen Schweißausbruch nach dem anderen.

»Haben Sie Ihr Zimmer am Mittwochnachmittag wirklich nicht mehr verlassen?«

»Sie wechseln aber ganz schön schnell die Themen, junger Freund«, lacht Gerhard. »Da muss ein so alter Mann wie ich erst einmal mitkommen.« Er kratzt sich ausgiebig den Hals. »Mal überlegen.« Seine Hand wandert nun zu seinem Kopf. »Alle hier bei uns können bestätigen, dass ich sie nicht umgebracht habe. Mir ging es aber auch wirklich ziemlich schlecht an dem Nachmittag. Pflegerin Monika hat nach mir gesehen.« Er stutzt. »Was ist nun mit meinen alten Nachbarn?«

»Also ich bin fit«, frohlockt Rolf Jürgen und zeigt dabei mehrfach hintereinander mit seinen beiden ausgestreckten Zeigefingern auf seinen Schritt. »Vor allem untenherum.«

»Wann haben Sie Selma das letzte Mal gesehen?«, startet Weidmann noch einen verzweifelten Versuch.

»Gestern beim Abendbrot«, entgegnet Rolf Jürgen voller Überzeugung. »Sie sah wirklich scharf aus.«

Weidmann entgleiten die Gesichtszüge.

»Rolf Jürgen ist nach dem Mittagessen bei Ingeborg gewesen«, springt Gerhard ihm bei. »Sie trinken Portwein und danach gehen sie zu Jutta, wegen unseres esoterischen Nachmittags.«

»Woher wollen Sie das wissen, wenn Sie auf Ihrem Zimmer gewesen sein wollen?«, hakt Weidmann nach.

Gerhard senkt leicht die Lider. »Ich war auch mal mit Ingeborg zusammen, und da kennt man die Gewohnheiten«, gesteht er. »Sie können gern Ingeborg fragen.«

»Der da ist auch auf Ingeborg scharf?«, fährt Rolf Jürgen dazwischen und zeigt auf Weidmann. Es scheint ihn ehrlich zu freuen, dass jemand seinen Geschmack bei Frauen teilt. »Stell dich hinten an, Bursche!« Er haut sich vor Vergnügen auf seine dürren Schenkel. »Und kein Wort zu meiner Uschi!«

Ingeborg und Rolf Jürgen, ich wusste es. Das Bäumchenwechsel-dich-Spiel geht hier schneller als bei den U20, aber das ist wohl normal, wenn man keine Zeit zu verlieren hat.

»Außerdem ist Rolf Jürgen kein Mörder. Schauen Sie ihn sich doch an.« Gerhard ist ein echter Kamerad und wo er recht hat, hat er recht. »Er kann keiner Fliege etwas zuleide tun.«

Weidmann starrt seine Zeugen an. Ob ihm das bei der Urteilsfindung hilft, weiß ich nicht.

Rolf Jürgen jedenfalls lacht inbrünstig. Dann hält er inne, wartet kurz und schlägt dann mit der flachen Hand auf die Tischplatte. Nun schaut er vorsichtig darunter und grinst zufrieden. »Das Biest hat mich schon den ganzen Tag geärgert. Jetzt ist sie platt. Natürliche Auslese.« Er schnippt die Fliege mit seinen Fingern vom Tisch. »Wie im richtigen Leben.«

Rolf Jürgen und Gerhard sind raus. Ich zücke mein Notizheft und ziehe zwei fette Striche durch ihre Namen. Es hätte mich auch gewundert, wenn die beiden etwas mit dem Mord an Selma zu tun gehabt hätten. Ihnen fehlt schlichtweg ein Motiv. Rolf Jürgen käme im Leben nicht darauf, einer Frau etwas anzutun, vor allem nicht einer im Bereich U60.

Dass Selma Gerhard gegen seinen Willen das Leben gerettet hat, ist aus meiner Sicht auch nichts, was ihn zu einem Mord treiben könnte. Ich halte Gerhards Todessehnsucht für eine seiner schrulligen Marotten, mit der er um Aufmerksamkeit heischt. Genauso verhält es sich mit seinen vielen eingebildeten Krankheiten. Abgesehen davon hat er den Nachmittag schwächelnd im Bett verbracht.

Nahezu unbeschwert und ohne jegliche Eile, woher sollte diese in einem Seniorenheim auch kommen, haben die beiden Männer sich ihre Fingerabdrücke abnehmen lassen und Weidmann dann allein zurückgelassen. Der hockt mit hängenden Schultern vor dem Tisch mit der Blümchendecke und starrt ins Leere. Polizeiarbeit ist ein hartes Brot, vor allem in einer Horde Greise. Noch schlimmer ist aber das Pensionärsdasein, aber das wird Weidmann irgendwann auch merken.

Aber jetzt jammere ich schon wieder und sollte mich ablenken. Erwin Müller ist nur siebenundsiebzig Jahre alt geworden. Ich kenne ihn nicht, aber so liebevoll, wie seine Frau ihm in der Zeitung gedenkt, tut es mir leid für die beiden. Ich hingegen bin mir nicht einmal sicher, ob Margot mir von meiner Pension eine Todesanzeige spendieren würde. Zumindest das Geld dafür sollte ich irgendwo deponieren. Früher wäre mein bester Freund Herbert Grusche die erste Wahl gewesen, aber was will man machen, wenn sich um einen herum so langsam sämtliche Sozialkontakte verdünnisieren.

Ich schaue an meiner Zeitung vorbei und entdecke Hannelore. In manchen Fällen hat das Alter auch etwas Gutes. Das Ende ist absehbar und ich kann nur hoffen, dass ich es in Hannelores Fall miterlebe. So, wie sie sich heranschleppt, möchte man meinen, dass Weidmann und ich umgehend Zeugen ihres Ablebens werden. Jetzt hustet sie auch noch und nein … ach Hannelore, das ist widerlich. Immerhin hat sie ein Taschentuch im Ärmel, in das sie hineinspucken kann. Aber es kommt noch schlimmer. Irgendetwas stimmt mit ihrem Gesicht nicht. Blass und eingefallen lasse ich mir ja noch gefallen, immerhin hängt sie den lieben langen Tag vor der Glotze, anstatt im Park spazieren zu gehen. Aber die schwarzen Augenringe sind gigantisch und ziehen sich bis hinunter auf die Wangenknochen. Ich bin zwar kein Experte, aber nach natürlichem Verfall sieht das nicht aus. Eher nach echtem Talent für Halloween-Make-Up. Hannelore hat offenbar ihre ganz eigene Taktik, einer polizeilichen Befragung entgegenzutreten, und ich staune nicht schlecht, denn diese schauderhafte Seite an ihr war mir bisher neu.

»Oh! Lassen Sie sich bitte helfen.« Man kann über Weidmann sagen, was man will, aber Anstand ist ihm nicht ganz fremd. Er eilt Hannelore entgegen und stützt sie, bis sie den Stuhl neben ihm erreicht hat. Und das hintertriebene Weib lässt es tatsächlich geschehen. Am liebsten würde ich Weidmann zurufen, dass Kuchen oder auch ein Wurstbrot Hannelores Energie auf beeindruckende Weise beflügeln würden, aber wenn ich Selma helfen will, muss ich ein Zaungast bleiben.

»Ich bin eine alte Frau«, krächzt Hannelore.

»Ich werde Sie nicht mehr anstrengen als unbedingt nötig«, verspricht Weidmann. »Sie können ganz schnell wieder auf Ihr Zimmer zurück, um sich auszuruhen. Versprochen.«

In den Kosmetikraum zur Fußpflege trifft es wohl eher, denke ich. Außerdem ist heute Donnerstag und da treffen sich die Damen zum Tanznachmittag. Ich glaube, heute stehen Rock 'n' Roll und Eierlikör auf dem Programm. Margot hat irgendwann so etwas erwähnt, als sie noch mit mir kommuniziert hat.

Hannelore lächelt Weidmann dankbar an. Ich bekomme einen Schreck. Mit dieser ungewohnten Mimik hätte ich sie fast nicht erkannt. Weidmann betet seinen Spruch herunter und erstaunlicherweise zeigen ihre Mundwinkel noch immer nach oben. Ich prophezeie ihr heute Abend einen anständigen Gesichtsmuskelkater.

»Selma war ein ganz reizendes junges Mädchen«, schwärmt Hannelore los, kaum, dass Weidmann seinen Monolog beendet hat. »Eine gute Seele, die viel zu früh von uns gehen musste.« Ich kneife die Augen zusammen, da ich nicht sicher bin, ob das tatsächlich Tränen sind, die Hannelore da mit ihrem Ärmel wegtupft. »Ich mochte sie so gern.« Sie klimpert mit den Wimpern. »In meinem Alter gibt es nicht mehr viele Menschen, die sich ernsthaft um einen bemühen …«, schnieft sie.

»Aber Selma war so ein Mensch?«, vervollständigt Weidmann den Satz, weil er offenbar meint, dass Hannelore von der Trauer zu sehr erfasst wird, um weiterzureden.

Sie nickt vorsichtig und setzt ihre Lobeshymne fort.

Ich kann nur für sie hoffen, dass die schwarze Farbe, mit der sie sich auf Greisin getrimmt hat, wasserfest ist, sonst steht sie gleich verdammt blöd da. Hannelore scheint das auch einzufallen, denn sie stellt das Greinen zügig ein.

»Sie müssen ihren Mörder fassen«, beschwört sie den ahnungslosen Weidmann.

Er tätschelt ihre Hand. Jesus! Was für ein Schauspiel.

»Können Sie mir dabei helfen?«, fragt Weidmann wie ein braver Sohn, der seiner Mutter jeden Gefallen tun würde.

»Was kann denn eine alte Frau wie ich schon ausrichten?«, fragt sie mit zittriger Stimme.

»Wer hier im Haus mochte Selma nicht? Können Sie mir das sagen?«

Hannelore, das Biest, tut so, als müsste sie einen Moment darüber nachdenken. »Eigentlich wurde sie von allen geschätzt«, antwortet sie schließlich.

»Eigentlich?« Na klar, Weidmann, spring über das Stöckchen, das sie dir hinwirft.

»Ich weiß nicht …«, entgegnet Hannelore und japst dabei nach Luft. »Wissen Sie, ich werde bald sterben und da sollte man mit allem im Reinen sein. Wenn ich nun aber jemandem etwas Falsches unterstelle ...«

Weidmann nickt verständig. »Ich werde die Wahrheit herausfinden«, versichert er voll tiefstem Mitgefühl. »Das verspreche ich Ihnen.«

»Na gut.« Hannelore atmet lange ein. »Sie sind ein anständiger Mann, das sehe ich auf den ersten Blick. Ihnen kann ich vertrauen.«

Ich halte die Luft an, so gespannt bin ich auf die nächste Märchengeschichte der bösen Hexe.

»Die Einzige, die Selma nicht leiden konnte, ist Margot Katuschek. Sie ist eifersüchtig, weil ihr Mann ein Verhältnis mit ihr hatte.« Hannelore gibt sich nicht einmal Mühe, dies in einer diskreten Lautstärke von sich zu geben.

Bums. Das hätte Weidmann fast vom Stuhl gehebelt.

Mich überrascht das nicht. Ich wusste immer, dass Hannelore ein hinterhältiges Biest ist.

Was soll ich sagen? Ich selbst bin relativ geradlinig, zugegeben unter dem Einfluss der Frau Doktor, zu diesem Schluss gekommen: Margot Katuschek hat Selma gehasst und sie hat zu keiner Zeit einen Hehl daraus gemacht, gegenüber ihrer besten Freundin Hannelore sicherlich noch viel weniger als in der Öffentlichkeit unserer Zwangswohngemeinschaft. Aber die Geschichte mit meiner außerehelichen Liebschaft schlägt dem Fass den Boden aus. Und es gibt dem Verdacht, der nun auf Margot liegt, noch anständig Zündstoff. Selbstverständlich weiß ich, dass diese Anschuldigung aus der Luft gegriffen ist, aber wie beweist man das, wenn die andere vermeintliche Hauptakteurin nicht mehr aussagen kann und die etwaigen Zeugen allesamt verwirrt, närrisch oder boshaft sind? Margot steckt gerade ein wenig in der Klemme, auch weil ich nicht weiß, welche Schlüsse Weidmann aus all dem hier zieht.

Ich höre Absätze klappern und schaue vorsichtig an meiner Zeitung vorbei. Wenn man an den Teufel denkt… Margot ist im Anmarsch und schon daran, wie sie die Füße aufsetzt, kann ich hören, dass sie in Rage ist.

»Frau Katuschek!«, ruft Weidmann überrascht aus. Er scheint sich ehrlich zu freuen, sie zu sehen, was er auch noch mit einem beherzten Aufspringen verdeutlicht. »Dass Sie auch hier sind…«

Wie bitte? Was soll das denn heißen? Meint er etwa, mich hat man hierher abgeschoben, während Margot in der Freiheit den Herbst des Lebens genießt? So weit kommt's noch. Wenn, dann soll sich hier keiner amüsieren. Ich darf das ja auch nicht.

Margot stoppt und ein herzliches Lächeln legt sich über ihr Gesicht. »Andreas!«, flötet sie mit spitzem Mund. »Wenn ich gewusst hätte, dass Sie die Ermittlungen leiten…« Sie scheint kurz davor, ihn zu umarmen.

Sie nennt ihn beim Vornamen. Na sieh mal einer an. Und was heißt überhaupt, »wenn sie gewusst hätte«? Da liegt also der Hase im Pfeffer. Sämtliche Heimbewohner sind zu einer Vernehmung bestellt und Margot wollte nicht ohne mich gehen. Deswegen ist sie vorhin bei der Frau Doktor hereingeschneit. Erstaunlich, wo ihr doch ansonsten Hannelore absolut zu genügen scheint. Sie hätte mit ihr zusammen die Befragung machen sollen. Das wäre ein Hallo geworden.

»Oh, Frau Katuschek, wie ich mich freue«, säuselt Weidmann. »Bitte setzen Sie sich doch und erzählen Sie mir, wie es Ihnen ergangen ist…«

Margot kann durchaus charmant sein, wenn sie will und vor allem, wenn sie sich einen Vorteil davon verspricht. Betont leichtfüßig folgt sie seiner Aufforderung und beginnt damit, von ihrem Leben in der Seniorenresidenz zu schwärmen. Ich komme in ihren Erzählungen nicht vor, aber das hätte mich auch gewundert. Die beiden plaudern Belangloses. Ich brauche ein Taschentuch, nicht aufgrund des Geredes, sondern weil ich befürchte, niesen zu müssen. Gewohnheitsmäßig fasse ich in meine rechte Hosentasche. Siehe da, die Frauen haben an alles gedacht, sogar an ein frisch gestärktes Stofftaschentuch. Nur das daraufgestickte Monogramm passt nicht, aber darüber kann ich hinwegsehen. Aber irgendetwas steckt noch in der Tasche. Ich fasse noch einmal nach. Ein Zettel. Ein flüchtiger Blick auf die Handschrift genügt. Die Frau Doktor hat wieder einmal eine Nachricht für mich deponiert. Sehr gut.

Doch was ich lesen muss, taugt dafür, einem hartgesottenem Hauptkommissar a. D. das Blut in den Adern stocken zu lassen. Zumindest hat sich schlagartig das Kribbeln in meiner Nase eingestellt. Margot Katuscheks Fingerabdrücke sind auf der Fleischgabel, die in Selmas Nase gesteckt hat. Wie um alles in der Welt kommt die Frau Doktor an diese Information? Und woher hat sie die Vergleichsprobe? Helmut Katuschek, du wirst alt, durchzuckt es mich. Margots Tageslektüre ist schuld, die niveaulosen Zeitungen, die sie immer mit zur Fußpflege schleppt und vor lauter Aufregung im Appartement der Frau Doktor hat fallen lassen. Ich grinse in mich hinein. Da Hannelore die Käseblätter auch immer verschlingt, sollten wir zwei Fliegen mit einer Klappe geschlagen haben und ich bin aus dem Schneider, was die Abnahme der Fingerabdrücke der beiden angeht. Dem Himmel sei Dank! Moment mal, aber wenn nur Margots Fingerabdrücke auf dem Teil sind, dann bedeutet das auch, dass Hannelore raus ist, zumindest, was meine Theorie angeht. So ein Mist aber auch! Und woher weiß die Frau Doktor eigentlich, dass es tatsächlich Margots Fingerabdrücke sind? Das wird mir jetzt alles etwas zu undurchsichtig. Früher habe ich einen anständigen Bericht bekommen. Das war etwas Handfestes, aber diese neue Methode mit den eher zufällig aufgefundenen Hinweiszetteln hat eher etwas von einer Schnitzeljagd als von gut organisierter Polizeiarbeit. Ich werde mit der Frau Doktor darüber reden müssen.

»Na ja, nach so vielen Entbehrungen haben Sie sich das hier alles redlich verdient«, höre ich Weidmann sagen. Allerdings weiß ich schon allein anhand seines Tonfalls, dass da gleich noch etwas anderes, etwas weniger Schönes kommen wird. Dazu hätte ich das Lügenmärchen von Hannelore nicht einmal hören müssen. Allerdings bezweifle ich, dass ihm schon die Ergebnisse der Kriminaltechniker vorliegen. Bei allen Unwägbarkeiten, so effizient wie eine teilweise verwirrte Pathologin und ein unzufriedener Hauptkommissar im Ruhestand arbeiten die niemals.

Margot schöpft offenkundig keinen Verdacht, denn sie redet weiter munter drauflos. Dabei merkt sie nicht einmal, dass Weidmann mit dem Fingerabdruckpulver hantiert. Wie ich immer sage, wenn sie redet, kann man ihr das Kissen unter dem Hintern wegklauen. Furchtbar! Gerade als sie beim Thema Fußpflege angekommen ist, legt Weidmann ihr seine Hand auf den Unterarm.

»Frau Katuschek, wir sollten da etwas besprechen, etwas Wichtiges.«

Margot ist baff. Sie lehnt sich auf ihrem Stuhl zurück und beäugt Weidmann misstrauisch. »Was haben *wir* Wichtiges zu besprechen?«, fragt sie, und es ist nicht schwer, die Frechheit, die in dieser Frage liegt, mitzubekommen. Dünkel bleibt nun einmal Dünkel, selbst wenn Margot nur noch Kriminalhauptkommissarsehefrau a. D. ist.

Weidmann nimmt eine sanfte Einlaufkurve, aber allein Selmas Name löst bei ihr schon ein verräterisches Stirnrunzeln aus.

»Und was habe ich mit alldem zu tun?«, keift sie schließlich, nachdem Weidmann seine Vorrede beendet hat.

»Sie sind eine potenzielle Zeugin wie alle anderen auch …«, entgegnet Weidmann behutsam, »und …«

»Tzzz.« Margot wendet sich ab, um ihr Missfallen darüber auszudrücken. Sich mit anderen gemeinmachen war noch nie ihr Ding. »Ich habe nichts gesehen«, sagt sie abweisend. »Wie denn auch? Ich pflege mich nicht in der Küche beim Personal aufzuhalten.«

Mir schwillt der Kamm bei so viel Arroganz.

»Wissen Sie, liebe Frau Katuschek«, hebt Weidmann an, »ich habe mich einmal im Haus umgehört und da ist des Öfteren Ihr Name gefallen.«

Margot horcht auf. »Wie denn das, bitte?«, fragt sie naserümpfend. Dieser Einwurf ist ihr nicht geheuer. Das kann ich sehen.

»Na ja«, antwortet Weidmann und windet sich. »Auf die Frage, wer Selma Scherschmidt nicht mochte. Die meisten Ihrer Mitbewohner sind nur auf Sie gekommen.« Er hält inne, senkt den Kopf und schaut Margot von unten an. »Eigentlich ist überhaupt kein anderer Name gefallen.«

Ich frage mich, wer wohl noch zu Lasten Margots ausgesagt hat. Hannelore allein kann es nicht gewesen sein, denn Weidmann neigt nicht zu Übertreibungen. Ich kenne meine Frau und kann förmlich spüren, dass sie zwischen einer Ohrfeige für Weidmann und einer gespielten Erheiterung schwankt. Sie entscheidet sich zu meiner Beruhigung für Letzteres, lehnt sich zurück, legt ihre flache Hand auf ihre Brust und lacht so übertrieben laut, dass selbst Weidmann den Fehler bemerken müsste.

»Jetzt muss ich aber wirklich sehr bitten!«, flötet sie zuckersüß. »Selma war für meinen Mann und mich vom ersten Tag an wie eine Tochter. Fragen Sie ihn ruhig, er wird Ihnen das bestätigen.«

Na klar, wenn es brenzlig wird, werde ich ins Feld geführt. Und so, wie Weidmann nun ausschaut, verfehlt Margots Seitenhieb noch nicht einmal das Ziel. »Nein, nein, lieber Andreas, da dürfen Sie nicht dem boshaften Geschwätz von ein paar Neidern auf den Leim gehen. Die Eheleute Katuschek sind hier im Heim nicht irgendwer, wenn Sie verstehen.« Sie beugt sich nun weit nach vorn, um Weidmann etwas näher zu kommen. Verschwörerisch fährt sie fort: »Ein Kriminalhauptkommissarsehepaar genießt in einer Gesellschaft einen gewissen Ruf, wenn Sie verstehen.«

Ich wusste gar nicht, dass die Berufsbezeichnung des Mannes automatisch auf die Frau übergeht, erst recht nicht nach der Pensionierung.

»Das mag alles sein«, kontert Weidmann. »Aber Selma Scherschmidt wurde ermordet und in diesem Zusammenhang fällt immer wieder Ihr Name. Was soll ich denn denken?« Weidmann wirkt ratlos.

»Woher soll ich wissen, was Sie denken sollen? Ich würde vorschlagen, Sie fragen meinen Mann«, kontert Margot frech, lehnt sich zurück und verschränkt die Arme vor der Brust.

Weidmann wischt sich mit dem Handrücken den Schweiß von der Stirn. »Wo waren Sie am Mittwoch zwischen zwölf und zwei Uhr?«, fragt er und versucht, möglichst entschieden zu wirken.

Margot macht schmale Augen. »Das können Ihnen doch die Leute erzählen, die Ihnen auch von meiner Antipathie gegenüber der kleinen Scherschmidt berichtet haben«, pflaumt sie ihn an.

»Ich möchte es aber von Ihnen hören!«, insistiert Weidmann.

»Ich war nirgendwo, einfach nur nirgendwo«, wettert Margot.

»Gibt es dafür Zeugen?«, will Weidmann wissen.

Margot bleckt die Zähne. »Herrn Katuschek?«

»Ist das eine Frage?«, hakt Weidmann nach.

»Ich weiß nicht«, entgegnet Margot.

Mir wird heiß und kalt. Ich bin nach dem Mittagessen mit Herbert in den Park gegangen, um Schach zu spielen, und erst kurz vor zwei in unserem Appartement gewesen. Das weiß ich genau, weil Margot gemeckert hat, dass ich zu spät bin. Was sie hingegen in der Zeit getrieben hat, kann ich nicht sagen.

»Frau Katuschek, ich weiß, das ist alles eine sehr unschöne Sache, aber…«, hebt Weidmann erneut an. Er braucht kurz, um seine Angst zu überwinden. »Hatte Ihr Mann ein Verhältnis mit dieser Selma?«

Margot frieren die Gesichtszüge ein. Dass jemand so etwas denken kann oder gar wagt, es in ihrer Gegenwart auszusprechen, ist für sie an Unverschämtheit nicht zu überbieten. Dabei, vermute ich, geht es ihr nicht um die Möglichkeit, dass ich anderweitig wildere und ihre moralische Einstellung zu diesem Thema. Der Knackpunkt ist ein anderer. Margot Katuschek sieht sich nicht gern in der Rolle der Gehörnten. Das widerspricht ihrem Selbstbild.

»Ich muss zur Fußpflege«, lautet Margots lapidare Antwort auf diese zugegeben unangenehme, aber ebenso simple Frage. Dann stürmt sie ohne ein weiteres Wort davon.

»Aber, verehrte Frau Katuschek…«, ruft Weidmann ihr noch nach. »Wir können doch über alles reden.«

Mit Margot kann man eben nicht über alles reden. Zwecklos.

»Wäre ich heute früh nur nicht aufgestanden«, murmelt Weidmann unzufrieden. »Ausgerechnet die Katuschek.«

Willkommen im Club, Weidmann. Das denke ich, seit ich mit Margot auf dem Standesamt war.

Der Halb-Ungar klopft Schnitzel. Er tut das einmal in der Woche, und wenn es nach den anderen hier Einsitzenden ginge, könnte das noch öfter vorkommen. Schnitzel, Erbsen und Salzkartoffeln scheinen so etwas wie das Standardessen unter den Betagten zu sein. Alle sind schier verrückt danach, um nicht zu sagen, süchtig. Ich finde diese Eindimensionalität etwas reizarm, aber sich in einem Seniorenheim gegen Schnitzel auszusprechen kommt einem sozialen Selbstmord gleich. Da kann ich auch gleich die Netzstecker der TV-Geräte verstecken.

»Ist schon wieder Donnerstag?«, frage ich beim Betreten der Küche, um überhaupt irgendetwas zu sagen und nicht gleich mit der Tür ins Haus zu fallen. Janko Varga war Selmas direkter Vorgesetzter und Kollege und ich kann ihn recht gut leiden. Er ist jung, pfiffig und will im Leben etwas erreichen. Dass er sich dafür ohne erkennbaren Grund eine Glatze hat scheren lassen, begreife ich trotzdem nicht. Für jemanden wie mich, bei dem schon seit dem vierzigsten Lebensjahr die Stirn bis weit über das Scheitelbein reicht, sieht das nach Frevel aus. Janko aber sagt, nur, weil er Haare hat, die er nicht will und die ich nicht kriege, darf ich nicht beleidigt sein. Womöglich hat er recht – und ich hätte seine Haare ohnehin nicht haben wollen, zumal sie tiefschwarz sind. Ich bin von Natur aus blond, was man anhand der Rudimente auf meinem Kopf noch einigermaßen erkennen kann. Aber das sind Oberflächlichkeiten. Viel wichtiger ist, dass Janko uns Bewohnern vollkommen unvoreingenommen und normal entgegentritt, was im Vergleich zum sonstigen Personal schon etwas heißen will. Da Selma und er gut miteinander ausgekommen sind, hoffe ich, dass er mir etwas über sie erzählen kann, was ich noch nicht weiß.

Janko knurrt etwas Zustimmendes und bearbeitet weiter das Schweinefleisch. Er sieht ein wenig übernächtigt aus und macht ansonsten auch nicht den Eindruck, als wäre heute sein bester Tag.

»Keine Abweichung von den Gewohnheiten, hat die Mehltau gesagt. Damit ihr nicht noch mehr verunsichert werdet.« Er verdreht die Augen. »Ich glaube, ehrlich gesagt, sie hat nur Muffensausen, dass ihr alle durchdreht und mit euren Köpfen gegen die Wände hämmert. Ich habe schon einmal aushilfsweise in einer Kaserne gekocht, da ging es lockerer zu. Ein Wunder, dass ihr nicht nachts auf euren Zimmern eingeschlossen werdet, natürlich nur zu eurer eigenen Sicherheit«, sagt er und klingt dabei ungewohnt aggressiv.

Wenn ich Selma in der Küche besucht habe, haben Janko und ich hin und wieder Scherze über die Sitten und Gebräuche in unserer Anstalt gemacht. Ich hatte immer meine Freude daran, vor allem tut es gut, mit jemandem zu reden, der nicht alles so bierernst nimmt und der erst nach dem Durchbruch der *Beatles* auf die Welt gekommen ist. Heute hingegen fehlt mir die Lust zum Herumblödeln.

»Alles schon vorgekommen«, entgegne ich wohl etwas zu abgeklärt. Jedenfalls scheint meine Antwort unseren Koch erheblich zu irritieren. Kein Wunder, er kennt meine Haltung zu diesem Schuppen hier und ist wohl davon ausgegangen, dass ich mir seine Steilvorlage nicht entgehen lasse. Dennoch ginge das jetzt zu weit, und eingeschlossen wurde bislang eigentlich nur Rolf Jürgen. Nachdem seine Uschi sich über Monate nicht hat blicken lassen, ist er anderen Frauen nachgestiegen. Das ist für ihn zwar nichts Ungewöhnliches, aber zu der Zeit hat er es gehörig übertrieben. Nachts in die Zimmer der alleinstehenden Frauen zu schleichen und sich zu ihnen in die Betten zu kuscheln gefällt eben nicht jeder. Nach allem, was ich weiß, konnte Rolf Jürgen trotzdem eine relativ gute Erfolgsquote vorweisen. Nur um das klarzustellen, dabei reden wir lediglich über die Zahl der ausgebliebenen Rausschmisse, nicht mehr. Der Mann ist an die neunzig.

Janko ist klug genug, um meine Schweigsamkeit zu bemerken.

»Geht es dir ansonsten gut?«, fragt er voller Mitgefühl. »Wie ich höre, bist du zu Hause ausgezogen.« Er deutet ein schwaches Grinsen an, aber es kommt so dünn daher, dass auffällt, dass er etwas trübsinnig ist. Selma war auch seine gute Freundin und warum sollte es ihm mit ihrem Tod besser gehen als mir?

»Hast du was Neues am Start?«, fragt er noch.

Ich frage mich im Stillen, wen man in einer Seniorenresidenz »am Start« haben sollte, und antworte nicht. Stattdessen betrachte ich die halb fertigen Schnitzel und sage: »Ich hätte auch Nudeln und Tomatensoße genommen. Oder was mit Hühnchen. Gibt es euer berühmtes Gulasch nicht auch mit Huhn?« Mein Blick schweift immer wieder zu dem Fleischklopfer in seiner Hand. Nachdenklich verfolge ich seine Bewegungen.

»Ja, DU«, entgegnet Janko genervt und nickt dazu. »Wenn alle so wären wie du …« Er hält inne, kneift die Augen kurz zusammen und schaut mich dann durchdringend an. Seine Kopfhaut glänzt heute besonders intensiv. »Frau Mehltau sagt, ein Ungar kocht zu scharf für eure empfindlichen Mägen, also keine Paprika.« Er macht eine wegwerfende Handbewegung. »Aber du kommst doch sicher nicht, um nachzusehen, ob es tatsächlich Schnitzel gibt. Die magst du doch gar nicht. Außerdem passiert hier drin niemals etwas außerhalb des Plans«, er senkt den Kopf und fügt kaum vernehmlich hinzu, »wenn man von Selmas Tod absieht.« Ein tiefer Seufzer folgt. »Wegen des Mittagessens jedenfalls hättest du den Weg nicht auf dich nehmen müssen. Also frag mich einfach!« Er setzt seine Arbeit fort, stoppt dann aber erneut und sagt: »Aber kein Wort über den Igel, verstanden?!«

»Welchen Igel?«, frage ich.

Janko runzelt die Stirn. »Ich habe doch gesagt … ach …« Er macht eine abweisende Geste. »Hannelore behauptet, Selma hätte mich erwischt, wie ich einen überfahrenen Igel für euch grille. Deswegen musste sie sterben.« Er hält kurz inne, setzt dann aber seine Arbeit fort. »Ich dachte immer, im Alter wird man vernünftiger, aber stattdessen … Boah, Hannelore!« Er schnauft.

Das finde ich wirklich amüsant. »Du liebe Güte! Wann haben wir hier drin denn das letzte Mal den Grill angeschmissen?« So viel Humor hätte ich der alten Ziege überhaupt nicht zugetraut.

Meine Antwort scheint Janko nicht zu gefallen. Er verzieht gequält den Mund.

»Aber im Ernst«, rede ich weiter. »Sobald die Alten allein sind, geht das Getratsche los, das wird ja immer schöner.«

»Hannelore hat es vertrauensvoll Monika Löwe erzählt und die wiederum ist in ihrem blinden Gehorsam sofort zur Mehltau gerannt, anstatt erst einmal mit mir zu reden. Sie muss doch selbst mitbekommen, wie absurd das Ganze ist. Mich würde es nicht wundern, wenn die gute Frau Mehltau nachher Proben von meinen Schnitzeln nehmen würde. Ich frage mich, was Hannelore reitet, wenn sie derartigen Quatsch herumposaunt.« Janko legt die breit geklopften Fleischstücke sorgsam übereinander.

»Angeborene Boshaftigkeit.« Ich winke ab. Zu viele Gedanken über diese Frau verursachen Magengeschwüre. »Hast du das von Gerhard gehört?«, frage ich.

»Hat ihm etwa das Essen wieder nicht geschmeckt?«, will Janko wissen.

»Er ist gestern fast daran erstickt«, entgegne ich emotionslos.

Janko glaubt offenbar an einen Scherz. Er lacht. Mittendrin hält er inne und wechselt das Thema. »Was meinst du, war es einer von euch? Aggressive Anfälle im Alter sollen ja vorkommen. Blackout durch die ganzen Medikamente, die ihr schlucken müsst oder so was.« Er schaut sich verstohlen um. Selma wurde in seiner Küche umgebracht und das geht nicht spurlos an ihm vorüber, auch wenn dieser harte Hund alles daransetzt, es vor mir zu verbergen.

Ich zucke mit den Schultern. Ob das Vitamin D, das ich einnehme, Nebenwirkungen hat, kann ich nicht sagen. Spüren tue ich jedenfalls nichts, also nicht mehr als meine normale Heimaggression. Abgesehen davon war Selma nicht das zufällige Opfer eines durchgedrehten Seniors, sondern sie wurde vorsätzlich ermordet. Dass Margot momentan meine einzige heiße Spur ist, behalte ich für mich. Ich bin ein Profi und kein Schwätzer.

»In neunzig Prozent aller Fälle stammt der Täter aus dem direkten Umfeld«, sage ich, um überhaupt etwas zu antworten.

»Helmut!« Janko unterbricht seine Arbeit und schaut mich ernst an. »Ich mochte Selma, auch wenn sie einem mit ihrem losen Mundwerk tierisch auf den Wecker gehen konnte. Und da ich vermute, dass dich die Frage umtreibt, hier die Antwort: Nach der Zubereitung eures Mittagessens bin ich gegangen. Du weißt, dass ich um siebzehn Uhr meinen Imbiss öffne. Die Zeit ist ohnehin schon knapp bemessen fürs Einkaufen und Vorbereiten.« Er schlägt die Eier für die Panade auf. »Ich war ab halb zwölf definitiv nicht mehr im Haus und da war Selma gerade damit beschäftigt, die ersten Teller rauszutragen.«

»Mhm.« Mir war nicht bewusst, dass ich ihn schon nach seinem Alibi gefragt hatte. Aber nun ist es raus. Ich weiß, dass Janko sich mit einem eigenen Laden einen Traum erfüllt hat. Ich hätte ihn gern mal dort besucht, aber Margot sagt, wir können seine Gerichte auch hier essen und müssen dafür nicht extra in die Innenstadt… Na ja, lassen wir das. Jedenfalls kocht Janko im Nebenjob noch für uns, damit er schneller seinen Kredit abzahlen kann. Ich sage ja, er ist clever.

»Hat dich die Polizei schon befragt?«, will ich wissen.

Er schüttelt den Kopf. »Ich sage denen nichts anderes als dir, Helmut. Das ist Fakt. Du bist ohnehin der beste Polizist, den ich kenne. Und du bist ein echter Kumpel.« Er sieht mich eine Weile ernst an, lächelt dann aber und geht eine Schüssel holen.

Das ist sogar für einen anerkennungstechnisch ausgehungerten Kriminalkommissar a. D. etwas zu dick aufgetragen. Aber ich werde nicht widersprechen.

»Sag mal, weißt du zufällig, mit wem Selma in der letzten Zeit zusammen war?«, frage ich weiter. »Ihr habt doch jeden Tag hier in der Küche gestanden. Vielleicht hat sie dabei irgendetwas erwähnt oder irgendjemand hat sie mal hier besucht?«

»Der Einzige, der sie regelmäßig besucht hat, warst du«, entgegnet Janko und zwinkert mir zu.

»Es muss noch jemand anders gegeben haben«, antworte ich.

»War da nicht dieser Kai-Uwe?« Das Fragezeichen, das Janko hinter diesen Satz stellt, ist so überflüssig wie der Unschuldsblick, mit dem er mich bedenkt. Jeder hier im Altenreservat weiß das mit Selma und Kai-Uwe. Ich meine, der Junge hängt seit Monaten hier ab, den kann man gar nicht übersehen. Und Janko ist nicht so begriffsstutzig, wie er mir gerade weismachen will.

»Der war es eben nicht mehr«, entgegne ich.

»Ach!« Sein Ausruf klingt ein wenig zu verblüfft. »Siehst du, so etwas geht immer komplett an mir vorbei. Dann ist der wohl gar nicht mehr hier?« Er quirlt die Eier, aber seine gesamten Bewegungen kommen mir mit einem Mal hektischer und auch unkoordinierter vor.

Ich mache ein Gesicht wie ein alter Mann, der sich nicht erinnern kann. Wenn Janko Varga meint, er hätte einen geistig Hinfälligen vor sich, dann bekommt er einen.

»Einen wunderschö…« Weidmann steht in der Küche und schaut, als hätte er mit allem gerechnet, nur nicht mit mir. Dabei wohne ich hier, also gezwungenermaßen. »Ich wollte nicht stören, aber…« Er streckt den Hals und hebt die Augenbrauen. »Gibt es Schnitzel?«

»Es ist Donnerstag«, entgegnet Janko mit dem größten Selbstverständnis. Außenstehende können natürlich von unseren ungeschriebenen Seniorenheimgesetzen nichts wissen, aber Janko scheint daran nicht zu denken. Da sieht man mal, wie dieses sektenähnliche Subsystem Seniorenheim sogar junge Menschen gleichschaltet. Erschreckend.

Weidmann nickt trotzdem, als wüsste er Bescheid. »Ich hätte da ein paar Fragen wegen Selma Scherschmidt«, sagt er schließlich, wobei sein Blick unsicher zwischen mir und Janko hin und her geht. Er kämpft mit sich, denn immerhin bin ich a.D. und er müsste mich hinauskomplimentieren. Aber er tut es nicht, zumindest nicht sofort. Stattdessen setzt er auf meine Rücksichtnahme und versucht es mit Abwarten. Ich hingegen schätze Diskretion, aber ich bin ein alter Mann und brauche durchaus meine Zeit, bis ich die Tür erreiche. Und Weidmann hat keine Geduld, hatte er noch nie.

»Wie ich von der Heimleiterin Frau Mehltau weiß, haben Sie sich über Ihre Küchenhilfe beschwert«, hebt er an. »Was gab es denn mit Selma Scherschmidt für ein Problem?«

Wenn ich noch meine Schnürschuhe tragen dürfte, hätte ich mich jetzt bücken und sie zubinden können. Aber so bin ich gezwungen, die Küche zu verlassen. Langsam, sehr langsam, immerhin bin ich alt. Jankos Antwort kriege ich trotzdem nicht mehr mit. Er lässt sich Zeit damit, bis ich verschwunden bin.

Unsere Pflegekraft in Ausbildung, Peter Bause, verteilt das Mittagessen. Dabei macht er den Eindruck, als würde er nicht Schnitzelteller, sondern unsere Bettpfannen umhertragen. Meine Güte, die Einstellung dieses Jungen kann einem die letzte Kraft rauben. Er hat seinen Auftritt wirklich perfektioniert, das muss man ihm lassen. Es würde ja auch zutiefst irritieren, wenn er die hängenden Mundwinkel und den teilnahmslosen Blick mit schwungvollen, enthusiastischen Bewegungen koppeln würde. Stattdessen muss man Sorge haben, dass er sich jeden Moment auf unser Mittagessen übergibt. Aber da das bei seinem Tempo ohnehin längst erkaltet ist, wenn es bei uns ankommt, spielt das dann wohl auch keine große Rolle mehr.

Um mir von diesem Elend nicht noch vollkommen meinen Tag verderben zu lassen, und in der Hoffnung, Neues zu erfahren, wende ich mich ab und versuche, mich in die Unterhaltung meiner Tischnachbarn einzuklinken. Diese ist nahezu herzlich, aber vor allem sehr impulsiv. Die Frau Doktor und Jutta sind ein wahrhaft explosives Gemisch, im positiven Sinne. Dass ich noch bei den beiden und Rolf Jürgen sitze, muss ich nicht extra erwähnen. Da Margot heute nicht zum Mittagessen erschienen ist, scheint das zumindest ohne Konsequenzen für mich zu bleiben. Dafür haben Gerhard und Hannelore Weidmann zugeteilt bekommen. Nach allem, was man hört, hat Frau Mehltau ihn gebeten, zum Essen zu bleiben, was er, so, wie ich ihn einschätze, liebend gern angenommen haben wird. Ob er das Mahl in diesem Umfeld jedoch genießen kann, wage ich zu bezweifeln. Aber so weit ist er noch nicht. Momentan hat er nur damit zu tun, Hannelore ausgiebig zu mustern. Ich sehe, was er sieht, und das ist eine Frau, die im Vergleich zu vorhin erstaunlich frisch aussieht, also im Rahmen ihrer altersbedingten Möglichkeiten. Die gute Hannelore hat nicht einkalkuliert, dass die Polizei etwas länger im Haus sein könnte, und hat zu früh zum Make-up-Entferner gegriffen.

»Sie haben sich nun doch umentschieden und bleiben«, konstatiert Gerhard beim Anblick seines neuen Tischnachbarn. »Recht so. Hier lässt es sich leben, also zumindest, wenn Sie keine besonders hohen Ansprüche an die Frauenwelt haben. Und wie gesagt, auch das Essensangebot könnte besser sein.« Gerhard klopft Weidmann auf die Schulter. »Herzlich willkommen! Welches Zimmer hat man Ihnen denn zugeteilt? Ich hoffe doch, Sie haben sich keines ohne Balkon aufschwatzen lassen. Frische Luft ist wichtig, vor allem in unserem Alter.«

Ich sage es ja, Gerhard ist nicht gerade mit überbordender Kombinationsgabe gesegnet.

Weidmann kommt nicht dazu zu antworten.

»Aber wo ist Margot geblieben?«, will Gerhard durchaus besorgt wissen. »Helmut sitzt ja schon lange woanders, aber Margot?« Er schaut sich suchend um.

»Ihr ist der Trubel etwas zu viel geworden«, erklärt Hannelore salbungsvoll. »Das kann man ja verstehen. Ein Mord ist nichts, was man so wegsteckt.« Hannelore hingegen kommt offenkundig gut damit zurecht, denn sie stürzt sich auf ihr Schnitzel, als hätte sie sich wochenlang nur von Milchsuppe ernährt.

Weidmann starrt mich an. Ihm scheint aufzugehen, dass eine getrennte Essenseinnahme mit einem ehelichen Zwist einhergehen muss. Das ist nicht gut. Für Margot.

Ich weiche seinem Blick aus. Momentan kann ich nicht mehr tun.

»Hast du schon gesehen?«, fragt Jutta leise in meine Richtung. Dabei beugt sie sich so weit über den Tisch, dass ich fürchte, jeden Moment der glückliche Finder von Rolf Jürgens Hörgeräten zu werden.

Ich weiß nicht, was sie meint, und verhalte mich auch so.

»Ach, Helmut!«, echauffiert sie sich künstlich. »Ich dachte immer, Polizisten haben eine hervorragende Beobachtungsgabe«, versucht sie, mich zu provozieren.

Das prallt an mir ab.

Jutta kann ihre neueste Heldentat ohnehin nicht für sich behalten und ich werde es umgehend erfahren, auch ohne großartig nachzufragen.

»Peterlein.« Sie bedeutet mir mit einer Kopfbewegung in Richtung unseres Azubis, wen sie meint, und zwinkert dazu angestrengt, das heißt, mit dem Senken ihres Lides zieht sie ihre Oberlippen nach oben, was ihr Gebiss freilegt.

»Die geschlechtermäßige Zuordnung hat sich noch einmal deutlich erschwert«, kommentiert Frau Doktor bissig. Währenddessen nimmt sie Rolf Jürgen das Messer aus der Hand und tauscht es gegen die Plastikversion, mit der man ihren Platz nun offenbar konsequent ausrüstet.

Rolf Jürgen, ganz Kavalier, lässt es willenlos geschehen.

Jetzt fällt es mir auch auf. Peter Bauses Frisur – oder eher sein Haarhelm – leuchtet goldblond.

»Das warst du?«, frage ich ungläubig.

»Ich habe meinen Kundenkreis erweitert«, kontert Jutta und schiebt dabei keck ihre linke Schulter nach vorn. »Typberatung war schon immer mein Steckenpferd.«

»Du willst Pferdchen spielen«, säuselt Rolf Jürgen und der Geifer läuft ihm über das Kinn.

»Ich habe ihn nicht mal lange dazu überreden müssen«, erklärt sie stolz und ignoriert gekonnt Rolf Jürgens Kommentar. »Aber das muss ich bei den Männern generell nicht. Sie möchten sich mir einfach anvertrauen.« Sie streicht sich eine rote Haarsträhne aus dem Gesicht und schlägt ihre Augen für meine Begriffe etwas zu lasziv auf und nieder. »Er hatte das kostenlose Probierangebot. Das bisschen Platinblond konnte ich schon mal investieren für unsere Sache. Abgesehen davon gefällt ihm sein neuer Look und er kommt wieder.«

Der Junge sieht furchtbar aus. Aber ich entstamme auch einer Zeit, in der Männer eine eindeutige Optik hatten. Heute verschwimmt das alles so sehr, dass ich mich nicht mehr zurechtfinde. Ich meine, man will ja niemandem auf die Füße treten, nur, weil man nicht weiß, auf welche Toilette er geht.

»Helmut, ich könnte an deinem Haarschnitt auch mal was machen. Eine ordentliche Fasson und ein Schimmer Haselnussbraun könnten dir locker zehn Jahre einbringen.« Jutta ist heute noch aufgekratzter als sonst.

Ich denke, das erledigt bereits mein rotes T-Shirt.

Die Frau Doktor hebt kurz die linke Braue. Sie kennt mich gut genug, um zum eigentlichen Thema zurückzukommen. »Hervorragende Arbeit, liebe Jutta. Ohne zufriedenstellendes Ergebnis, aber ganz hervorragend«, fasst sie zusammen. »Wie ich Schnitzel hasse!«, fügt sie noch hinzu. »Das Essen der Spießer.«

Peter Bause und Selma haben also nicht… Puh! Da bin ich aber froh. Ich wäre ansonsten wirklich enttäuscht gewesen. Der Junge war nichts für Selma, das habe ich immer gedacht. »Wer war es dann?«, frage ich in die Runde und ernte ein kollektives Schulterzucken.

»Wir finden ihn«, sagt Jutta verschwörerisch.

»Müssen wir über Frau Katuschek reden?«, fragt die Frau Doktor abgeklärt.

Wegen mir nicht.

Jutta zieht ihren Mund breit. »Na ja, Helmut, wenn sie es wirklich war, dann blickst du einem schönen ruhigen Lebensabend entgegen.«

Das Lachen der beiden Frauen könnte ansteckend sein. Aber ich bin nicht so einer. Ich freue mich innerlich.

»Beweistechnisch sieht es zumindest nicht gut aus für sie«, erklärt die Frau Doktor dann noch.

»Kann es nicht auch Hannelore gewesen sein?«, frage ich zaghaft. »Margot und sie langen alles gemeinsam an.«

»Ausgeschlossen, Kollege«, kontert die Frau Doktor prompt. »Diese Hannelore hat niemals meine Türklinke von innen angefasst, wenn Sie verstehen.« Sie zwinkert mir fast schon keck zu. »Ich weiß noch, was ich tue, zumindest manchmal.«

»Mhm. Margot«, erwidere ich. »Ein Alibi kann sie auch nicht erlösen.«

Jutta reißt den Mund weit auf. »Helmut! Das finde ich ein wenig beunruhigend.«

Ich ehrlich gesagt nicht. Margot überzieht ständig gnadenlos, und irgendwann rächt sich so etwas.

Die Frau Doktor schaut mich nur prüfend an.

»Du wirst ihr helfen müssen«, schlussfolgert Jutta. »Schon allein aus Anstand.«

Margot Katuschek kann man nicht helfen. Sie weiß ohnehin immer alles besser. Abgesehen davon redet sie kein Wort mit mir. Ich nicke zustimmend.

»Hast du schon etwas wegen des Mobiltelefons erreicht?«, frage ich, um endlich auf ein anderes Thema zu kommen. Wenn ich das hier nicht gebacken bekomme, muss ich Weidmann Selmas persönliche Sachen aushändigen, denn ich möchte nicht, dass durch mich die Ermittlungen verschleppt werden. Es wäre zwar höchst ärgerlich, ihn hier einbinden zu müssen, aber ein Seniorenheim besteht nun einmal nicht aus lauter Technikfreaks, also zumindest nicht aus solchen, die aus dem einundzwanzigsten Jahrhundert stammen.

»Helmut, Herzchen!« Jutta lehnt sich entspannt zurück und verschränkt die Arme vor ihrer Brust. »Ich bin dran. Aber das geht nicht so schnell. Ich musste erst einmal einen von meinen vierzehn Enkeln finden, der noch mit mir spricht und dem ich diesen Auftrag zutraue.«

»Sie haben Kinder?«, horcht die Frau Doktor interessiert auf. »Und Enkel?«

»Die Kinder gehören zu meinen geschiedenen Männern, die Enkel demzufolge auch«, erklärt Jutta. »Erstaunlich, dass ich es mir nicht mit allen ihren Nachkommen verdorben habe.« Sie scheint sich ehrlich darüber zu freuen.

»Mahlzeit!« Kai-Uwe stapft selbstzufrieden mit einer fetten Portion auf dem Teller an uns vorbei und hockt sich an einen der Tische, die direkt vor dem an der Wand hängenden Fernseher stehen. Ich frage mich, wie er schon wieder an diese Mahlzeit gekommen ist, da sehe ich, wie Monika Löwe ihren Kopf aus der Küchentür herausstreckt. Hoffentlich bekommt sie ihre Herzenswärme irgendwann einmal gedankt. Da Kai-Uwe offenkundig das laufende Programm nicht behagt, steht er auf, geht zum Nachbartisch und stibitzt sich dort ohne jegliche Erklärung die Fernbedienung. Wenig später beschallt irgendein englischsprachiger Musiksender in unangemessener Lautstärke unseren Speiseraum. Erstaunlicherweise scheint sich niemand daran zu stören.

»Der ist ja immer noch da?«, stellt die Frau Doktor bei seinem Anblick fest. »Während ich heute Morgen meine Trainingseinheit im Fitnessraum absolviert habe, saß er in der Sauna.«

Frau Doktor Böttcher geht in eine Muckibude? Das hätte ich nicht gedacht. Ich für meinen Teil mache mir nichts aus sportlichen Aktivitäten oder aus Dampfbaden, aber der Junge scheint hier wirklich jede Annehmlichkeit mitzunehmen.

»Seltsam, nicht wahr«, entgegnet Jutta. »Irgendwie hat so junges Blut ja auch etwas Erfrischendes, aber dieser Mensch ist mir nicht geheuer. Man weiß ja nie, was die Leute so umtreibt. Und es soll junge Männer geben, die deutlich älteren Frauen nachsteigen.« Jutta zupft mit gespielter Empörung an ihrem Seidenschal. »Und hier ist es quasi, was das angeht, wie im Paradies, wenn ihr versteht.«

So würde ich es nicht ausdrücken.

»Erfrischend ist an dem nur der beißende Geruch nach Cannabis«, kommentiert die Frau Doktor. »Die heilsame Wirkung des Krauts mag ich nicht abstreiten, auch wenn keiner meiner Patienten mehr danach verlangt«, ein kurzes schrilles Auflachen folgt, »aber gegen eine generelle und vor allem eindeutig überdosierte Anwendung habe ich etwas einzuwenden.« Sie schiebt das Schnitzel auf ihrem Teller demonstrativ zur Seite und versucht sich an den Erbsen.

»Hey, neue Mausi, kann ich dein Fleisch haben?« Rolf Jürgen lässt auch essenstechnisch nichts anbrennen.

Die Frau Doktor überhört die Frage. Stattdessen setzt sie unsere Unterhaltung fort. »Allerdings, mein lieber Herr Katuschek, könnte die beruhigende Wirkung eines kleinen Joints bei ihrer Frau Gemahlin durchaus Erfolge haben. Was denken Sie?«

Das amüsiert mich, ich gebe es zu.

Sie sieht mir das an und sagt: »Gut. Ich würde sagen, ein kleines dahingehendes Experiment kann nicht schaden.« Dann schaut sie wieder zu Kai-Uwe hinüber. »Aber dieser Bursche ... irgendetwas stimmt mit dem nicht.«

Genau mein Reden.

Rolf Jürgen sticht mit seiner Gabel über den Tisch in Richtung der Frau Doktor und erntet dafür von Jutta einen Klaps auf die Hand. Er nimmt es mit Humor.

»Nach allem, was man so hört, hatten Selma und Frau Mehltau angeblich eine Abmachung, also wegen Kai-Uwe, weiß Jutta zu berichten. »Er durfte während ihrer Arbeitszeiten hier sein«, sie hebt den rechten Zeigefinger, »vorausgesetzt, er klaut nicht, wird uns gegenüber nicht handgreiflich und macht nichts dreckig. Dem süßen Lennox hat das überhaupt nicht gepasst, aber der konnte nichts dagegen ausrichten.«

Ich weiß das, denn Margot hatte auch so etwas gehört.

Für die Doktorin ist das neu, aber anstatt auf Juttas Ausführungen zu reagieren, schaut sie weiter zu Kai-Uwe rüber und schweigt.

»Könnt ihr euch vorstellen, dass Selma ihn wirklich geliebt hat?«, fragt Jutta und klingt wie eine Kuppeltante.

»Ich würde mal behaupten, sie hat sich für ihn bei ihrem Arbeitgeber ganz schön aus dem Fenster gelehnt. Ich meine, die meisten Menschen dürfen nicht einmal ihr Haustier mit an den Arbeitspatz nehmen«, erklärt die Frau Doktor nicht ohne eine gewisse Kühle in ihrem Tonfall. »Ich kenne Selma nicht persönlich, also lebendig, deswegen kann ich mir kein Urteil erlauben, aber offenkundig hat sie ihren guten Ruf für diesen Menschen in die Waagschale geworfen. Das hätte auch schiefgehen können. Für besonders klug halte ich es jedenfalls nicht.«

»Sie war eben eine gute Seele«, bemerkt Jutta.

Die Frau Doktor horcht auf. »Konnten Sie denn schon mit dem Totenreich kommunizieren?«

Ich befürchte, das Gehirn der Frau Doktor könnte sich gerade wieder in eine Zwangspause verabschieden, denn dass sie auf Juttas Tick allen Ernstes eingeht, passt nicht zu der Frau, die ich eine halbe Ewigkeit kenne.

Jutta schließt die Augen. »Sie ist noch in der Zwischenwelt. Und die Toten sollte man nicht drängeln.«

Die Frau Doktor wirkt wenig überzeugt, auch von ihren Erbsen. Das war also nur ein Anflug von Einschmeichelei. Die Mitarbeiter wertzuschätzen ist ein wichtiger Punkt. Gut, dass die Frau Doktor Böttcher diesen Part übernimmt. Ich bin sehr schlecht in Heuchelei.

»Die Abmachung hat mit Selmas Tod keine Gültigkeit mehr, würde ich annehmen«, sagt sie irgendwann. »Es ist nur eine Frage der Zeit, dass der Junge an der Luft sitzt.«

»Und da das nicht in seinem Interesse sein konnte ... Mhm.« Ich überlege. »Ich habe mich schon während meines

Gesprächs mit ihm die ganze Zeit gefragt, wo sein Motiv liegen könnte. Realistisch betrachtet, hat er nur Nachteile vom Tod seiner Freundin, auch wenn sie schon getrennt waren …«

»Wenn das so ist, könnte man darüber ziemlich wütend sein…«, fällt die Frau Doktor mir ins Wort. »Das langt für eine Affekthandlung.«

Ich will das gerade bejahen, da legt Jutta nach.

»Paar oder nicht. Ich sage es euch, Selma hätte ihn niemals hier rausgeworfen«, ergänzt Jutta. »Jede andere, aber nicht Selma.«

Auch wieder wahr. Hausverbot in einer Seniorenresidenz. Das sollte mir mal passieren.

»Dann sollte man doch meinen, dass Lennox Bergmann es jetzt tut«, sage ich. »Selma jedenfalls kann ihn nicht mehr davon abhalten, Frau Mehltau wird ihm nicht lange Paroli bieten können und am Ende wird sie dankbar sein, wenn jemand die Drecksarbeit für sie erledigt. Seniorenheimnomaden gehen bestimmt bei keiner Heimaufsicht als Bagatelle durch.«

Jutta schlägt sich mit Schwung die Hand vor den Mund.

»Du meinst, Lenni setzt den armen Kai-Uwe vor die Tür?«

»Die Hausordnung spricht schon mal dafür«, entgegne ich.

»Oje!«, seufzt Jutta. »Das wird ein Drama. Sollten wir uns für ihn einsetzen? Ich könnte eine Unterschriftensammlung organisieren? Das habe ich mal gegen den Walfang gemacht.«

Für Wale hätte ich das auch getan. Da niemand etwas darauf sagt, versandet Juttas Idee. Ich krame derweil nach der Telefonnummer, die ich von Kai-Uwe bekommen habe. Akkurat, wie ich bin, habe ich den Papierschnipsel in mein Notizheft geschoben, aber irgendwie finde ich ihn gerade nicht. Wie ärgerlich.

»Herr Katuschek, gibt es ein Problem?«, fragt die Frau Doktor teilnahmsvoll. »Sie wirken heute so missmutig.«

Das ist meine ganz normale Heimlaune. Nichts Besonderes. Ach, da ist er endlich. Ich schiebe Jutta das Stück Papier hinüber und erkläre ihr kurz mein Ansinnen.

»Oh, wie schön!«, jauchzt sie. »Ein neuer Auftrag.« Sie schaut verschwörerisch zu Kai-Uwe rüber. »Na warte, Bürschchen, wir kriegen dich«, droht sie.

Just in dem Moment schaut Kai-Uwe so lethargisch wie immer in die Runde. Sein Blick bleibt wohl eher zufällig an Jutta kleben, und als ob er Lippen lesen könnte, scheint er sich plötzlich nicht mehr so wohl in seiner Haut zu fühlen. Jedenfalls lässt er den halb leer gegessenen Teller stehen und verschwindet in Richtung der Toiletten. Während ich noch darüber nachdenke, ob der Junge hellseherische Fähigkeiten hat, sehe ich aus dem Augenwinkel Lennox Bergmann an uns vorbeischlendern. Er steuert direkt auf den Tisch zu, an dem Kai-Uwe soeben noch gesessen hat, greift sich dessen Teller und zieht damit von dannen. Eines ist schon mal klar, Jutta war es nicht, die unserem Freund Angst eingejagt hat. Lennox Bergmann scheint dafür die deutlich besseren Karten zu haben.

»Oh, Herr Helmut!«, ruft unsere Heimleiterin Frau Mehltau aus. »Können Sie nicht schlafen?«

Ich schaue auf meine Armbanduhr. Es ist kurz vor eins am Mittag. Wenn ich zu meinem Schnitzel ein paar Bierchen gehabt hätte, dann könnten wir darüber reden, aber so doch nicht. Ich bin ja keine achtzig.

Sie springt hinter ihrem Schreibtisch auf und kommt eilig auf mich zugelaufen. »Ich verstehe, Sie sind noch zu aufgewühlt wegen der armen Selma.«

Ehe ich etwas darauf antworten kann, stellt sie sich reichlich ungelenk auf Zehenspitzen und umarmt mich. Für eine so zierliche Person hat sie verdammt viel Kraft und Ausdauer. Ich übe mich in Geduld und warte, bis sie fertig ist, denn ich möchte sie nicht kränken. Außerdem soll ich ja auf mein gutes Verhältnis zur Heimleitung achten.

»Kommen Sie, setzen wir uns«, sagt sie irgendwann, entlässt mich aus ihrem Klammergriff und führt mich, den Arm um meine Hüften geschlungen, zu ihrer Sitzecke. Dort angekommen, wartet sie dicht neben mir darauf, dass ich mich setze, die Hände augenscheinlich immer bereit, um mich aufzufangen, falls mich ein Schwächeanfall überkommen sollte oder ich Schwierigkeiten mit der Koordination meiner Bewegungen hätte. Da ich ihr dahingehend keinen Gefallen tun kann, rückt sie sich schließlich einen der Sessel zurecht und nimmt ebenfalls Platz.

»Lieber Herr Helmut, ich versichere Ihnen, die Polizei tut alles in ihrer Macht Stehende, um denjenigen zu finden, der unserer Selma das angetan hat«, sagt sie. »Man hat uns einen hervorragenden Beamten geschickt, der sich mit aller Intensität des Falls angenommen hat. Das sollte uns alle beruhigen.«

»Warum wollte Janko, dass Selma nicht mehr für ihn arbeitet?«, frage ich unvermittelt. Ich habe noch nie viel von diesem Vorgeplänkel gehalten und komme lieber gleich zur Sache. Abgesehen davon kenne ich Weidmann.

Frau Mehltau legt sich beide Hände auf die Brust, lehnt sich zurück und sieht mich aus großen Augen an. »Herr Helmut, aber woher wissen Sie…?«

»Es entspricht also den Tatsachen«, falle ich ihr ins Wort.

Sie verharrt in dieser Haltung. »Das sind Personalangelegenheiten. Darüber darf ich nicht mit Ihnen reden«, sagt sie steif.

Ich entgegne nichts, sondern schaue sie nur mit festem Blick an.

Es dauert nicht lange, da fängt sie an, nervös mit den Füßen über den Teppich zu scharren. Wenn ich gewusst hätte, dass sie so leicht zu knacken ist, hätte ich den Preis für Margots und meine Unterkunft härter verhandelt. Aber das soll mir eine Lehre sein. Ich sage nur: Fertigkuchen.

»Herr Helmut, also wirklich.« Ein leichtes Schmollen zeigt sich um ihren Mund. »Ich schätze Ihren Einsatz, das sollten Sie wissen.« Sie beugt sich nach vorn und will nach meinem Knie fassen. Ich ziehe es weg. »Aber es gibt Dinge, die darf ich einfach nicht mit unseren Gästen bereden. Das würde Sie im Zweifel auch nur belasten. Und Sie sollen es doch einfach nur schön bei uns haben.«

»Wo lag das Problem?«, insistiere ich.

Sie atmet tief. »Also gut, aber nur, weil Sie es sind«, sagt sie. »Herr Janko war mit Selma nicht zufrieden und bat mich, Ihr deswegen mit der Kündigung zu drohen.«

Da bleibt sogar einem Helmut Katuschek die Spucke weg. »Was heißt, nicht zufrieden?«, platzt es förmlich aus mir heraus. Selma hat mir nie etwas davon erzählt, dass sie Stress mit Janko hatte. Und er auch nicht. Abgesehen davon kann ich mir nicht vorstellen, dass sie irgendetwas falsch gemacht hat.

»Herr Helmut, also wirklich«, sagt sie mit gespielter Empörung. »Ich habe Ihnen schon viel zu viel verraten.«

»Jetzt ist mal Schluss mit dem Kindergarten«, entfährt es mir. Auch einem Helmut Katuschek reißt irgendwann die Hutschnur. »Selma ist tot. Und Sie wollten sie loswerden.«

Das wirkt. Ich sehe es an ihrem verdatterten Gesichtsausdruck.

»Nein, nein, ich war sehr zufrieden mit Selma. Das müssen Sie mir glauben. Sie war eine unserer besten Mitarbeiterinnen und die älteren Herrschaften, äh, also unsere Gäste, haben sie geliebt«, sagt sie mit zittriger Stimme. »Das habe ich auch der richtigen Polizei schon gesagt.«

Den letzten Satz überhöre ich lieber. »Dann kündigt man niemandem, man droht ihm nicht einmal damit«, werfe ich ein und habe Mühe, nicht zu schreien. Dabei schreie ich eigentlich nie. Es bringt einfach nichts.

»Aber das wollte ich doch auch nicht …«, beharrt sie. »Wenn da nicht …« Ihr Blick weicht mir aus. »Herr Janko hat es mir angetragen und er ist ihr direkter Vorgesetzter. Wenn er mir sagt, dass es Differenzen gibt, dann muss ich ihm glauben. Ich kann sie ja nicht beim Kartoffelschälen beobachten oder die Sauberkeit des Geschirrs prüfen. Jetzt mal überspitzt formuliert.«

»Haben Sie mit Selma darüber gesprochen?«, will ich wissen.

»Aber natürlich!«, entgegnet sie eilig. »Zwei Tage vor ihrem Tod war sie bei mir.« Ihre Unterlippe fängt an zu zittern. »Sie war vollkommen geschockt und hatte keine Erklärung für das alles.« Frau Mehltau wirkt ein wenig verzweifelt. »Wenn ich das alles gewusst hätte, Herr Katuschek.« Sie seufzt und macht dabei den Eindruck, als hätte sie noch etwas auf dem Herzen. »Ich mache mir so schon solche Vorwürfe, dass ich ihr nicht helfen konnte. Ich konferiere mit unserem Wirtschaftsprüfer und nebenan wird eine meiner Mitarbeiterinnen umgebracht. Wissen Sie, wie schrecklich das ist?«

Weiß ich, möchte ich aber nicht bereden. »Haben Sie eine Idee, wieso Janko so etwas über Selma behauptet haben könnte?«, frage ich stattdessen.

Sie neigt den Kopf und scheint zu überlegen. »Sie dürfen mich aber nicht verpetzen«, sagt sie schließlich.

Ich habe seit meinem zehnten Lebensjahr niemanden mehr verpetzt.

»Ich glaube, dass Herrn Janko Selmas Freund, dieser Herr Kai-Uwe, ein Dorn im Auge war«, flüstert sie. »Es gab da wohl immer mal wieder Stänkereien.«

»Und deswegen bittet man um die Entlassung einer Mitarbeiterin?« Noch dazu der besten, die es gibt.

»Mhm. Herr Janko hat sich jedenfalls öfter über Kai-Uwes Anwesenheit beschwert. Wie Lennox Bergmann auch.« Ihre Stimme wird immer leiser. »Aber ich stand doch bei Selma im Wort. Abgesehen davon helfe ich gern. Jemand wie dieser junge Mann braucht Vertrauen in die Menschen. Dann findet er auch seinen richtigen Weg.«

»Dieser Kostgänger hat zu Streit innerhalb Ihrer Belegschaft geführt. Das können Sie unmöglich gutgeheißen haben«, fasse ich zusammen.

Sie schnauft betreten. »Eine ganz schlimme Zwickmühle, in der ich da gesteckt habe«, jammert sie.

Die kann ich beim besten Willen nicht erkennen. »Aus meiner Sicht hätte sich der Zwist ganz einfach auflösen lassen können«, sage ich. »Warum haben Sie den Kerl nicht einfach rausgeworfen? Und wieso tun Sie es nicht spätestens jetzt?«, frage ich voller Unverständnis.

»Kann man einen Menschen auf die Straße setzen, wenn man weiß, dass er kein Obdach hat?«, fragt sie. »Außerdem hat mir Selma zugesichert, dass es nur für eine kurze Übergangszeit ist. Da hilft man doch. Und er tut ja niemandem etwas zuleide.« Sie klingt, als müsste sie sich für ihre diesbezügliche Schwäche rechtfertigen. »Überdies habe ich gedacht, dass etwas jugendliche Frische unseren Gästen auch zugutekäme. Der Junge hat sich doch einwandfrei integriert. Neulich habe ich sogar mitbekommen, wie er Herrn Rolf Jürgen ein paar DVDs geliehen hat.«

Ich möchte nicht wissen, was da drauf war, denke ich. Und überhaupt. Wie integriert sich ein Mittezwanzigjähriger in einer Seniorenresidenz? »Für dieses Problem gibt es andere Lösungen als ein Seniorenheim«, antworte ich. »Für Selma hat das nur noch mehr Probleme bedeutet.«

»Ja, ja, es war meine Schuld. Ich hätte durchgreifen müssen«, gesteht sie.

»Und haben Sie Selma gekündigt?«, will ich wissen.

Sie reißt die Augen weit auf. »Natürlich nicht. Ich habe Herrn Lennox gebeten, das mit Kai-Uwe zu bereden. Und mit Herrn Janko und Selma hatte ich ein Dreiergespräch zur Klärung terminiert. Dazu ist es aber leider nicht mehr gekommen …«

»Wann haben Sie Lennox Bergmann darum gebeten?«, frage ich nach.

»Gleich am Montag nach dem Gespräch mit Selma«, entgegnet sie mit leichtem Entsetzen. Sie stockt. »Ich habe ihm gesagt, dass Herr Kai-Uwe vier Wochen Zeit bekommt, sich eine neue Bleibe zu suchen. Daran sollte er sich halten. Und ich bin mir sicher, dass er meiner Bitte umgehend gefolgt ist. Es war ja auch in seinem Interesse, dass wir die Angelegenheit würdevoll zu Ende bringen. Und wir wollten Selma unter keinen Umständen gehen lassen. Dazu stehe ich.« Sie hält inne. »Meinen Sie, Herrn Kai-Uwes Auszug hat etwas mit Selmas Ermordung zu tun?«, haucht sie bestürzt.

»Mhm.« Ich bin mir sicher, dass es so ist. Die spannende Frage bleibt nur: Welche Rolle spielt Lennox Bergmann in diesem Theater?

Rock 'n' Roll im Altenheim. Diese Art von Galgenhumor geht mir vollkommen ab. Meinen Leidensgenossen ganz offenbar nicht. Einige von ihnen grölen zu Elvis Presleys *Shake, Rattle and Roll* und ich frage mich, woher sie noch das Lungenvolumen dafür nehmen. Die Musik jedenfalls dröhnt durch die offenen Fenster bis hinunter in den Park und wird nur hin und wieder durch den dumpfen Aufprall eines schweren Gegenstandes unterbrochen. Ich vermute, dass es sich dabei um einen der Bewohner handelt, der, vom wilden Tanz geschwächt, auf dem Parkett zusammenbricht. Ich für meinen Teil habe beschlossen, mich davon erst irritieren zu lassen, wenn der Krankenwagen in der Einfahrt steht. Meine Partie mit Herbert geht vor. Noch dazu bin ich der Auffassung, dass einem das fortgeschrittene Alter nicht jede Torheit erlauben sollte. Da ist ein Schachspiel unter Bäumen schon angemessener.

Herbert sieht das übrigens auch so. Seine Glückssträhne scheint jedoch gebrochen. Anders als normalerweise, wenn wir hier draußen sitzen, um dem Hardcore-Tanztee zu entrinnen. An gewöhnlichen Tagen hat mir Selma dafür immer ihre Kopfhörer geliehen. Während die anderen da drin zu diversen längst verstorbenen Volksmusikgrößen oder Schlagerfuzzis abgehottet haben, hat sie mich mit ihrer Rapmusik abgelenkt. Zugegeben, das war für mich auf der Skala der Grausamkeiten nicht weit von den Sachen entfernt, die normale Leute in meinem Alter hören, aber ich habe mich über Selmas Vertrautheit gefreut. Abgesehen davon glaube ich, dass es die grauen Zellen stärkt, wenn man die Reimform dieses Genres nachvollzieht und weiterzuspinnen versucht. Ich gestehe, dass ich an Bitch konsequent gescheitert bin, aber ich habe ja auch erst damit angefangen.

»Herr Katuschek? Chef?« Weidmann ist nun mit seiner Zeugenbefragung offenkundig bei mir angekommen. Ich wette, davor graut es ihm, seit wir uns gestern wiedergesehen haben.

Ich starre auf das Brett und tue so, als hätte ich ihn nicht bemerkt. Herbert und ich hassen es, während eines Spiels gestört zu werden. Das unterbricht nur unseren Fluss.

»Chef!« Den Atemgeräuschen und diesem viel zu süßen Rasierwassergeruch nach zu urteilen, steht Weidmann nun direkt neben mir. Herbert, entschuldige bitte, aber das muss wohl jetzt sein.

»Weidmann.« Ich lehne mich zurück und schaue ihn grimmig an. »Ich bin beschäftigt.«

»Mhm.« Weidmann sieht erst auf mich und dann auf das Brett. »Ich weiß«, sagt er dann mit tiefstem Respekt in der Stimme und ich vermute, er meint es auch genau so. »Es ist nur wegen …« Ohne dass ich ihn dazu auffordere, fasst er nach Herberts Stuhl und lässt sich darauf nieder. Noch in dieser Bewegung begriffen, zieht er die linke Hand hinter seinem Rücken vor und stellt mir einen Pott Kaffee hin. »So, wie Sie ihn mögen, Chef«, sagt er. »Mit viel Milch.«

Er schmunzelt zufrieden, weil er annimmt, mir eine Überraschung bereitet zu haben. Solange wir zusammengearbeitet haben, hat Weidmann den Kaffee, den er für mich mitgebracht hat, hinter seinem Rücken versteckt transportiert. Die Verblüffung meinerseits hält sich also in Grenzen. Dennoch nicke ihm dankbar zu. Weidmann begreift das augenscheinlich als Aufforderung, dass ich den Rest auch noch hören will.

»Na ja, ich weiß nicht, wie ich es sagen soll. Es ist kompliziert«, hebt er an, und während ich an meinem Kaffee nippe, frage ich mich, wieso er sich keinen mitgebracht hat.

»Ihre einzige vielversprechende Spur betrifft jemanden, von dem sie ungern annehmen möchten, dass er ein Mörder ist«, sage ich.

Weidmann macht große Augen. Er braucht eine Weile, um sich davon zu erholen. Irgendwann hat er es dann aber und redet weiter. »In Ihrem Heim leben siebzehn Frauen, einschließlich Ihrer eigenen«, sagt er. »Aber ohne Frau Doktor Böttcher. Die ist ja erst nach Selma Scherschmidts Tod eingezogen. Die zählt also nicht.«

Das ist mir bekannt.

»Diese Frauen, also bis auf Ihre und die Frau Doktor, geben an, dass Frau Katuschek das Opfer vom ersten Tag an nicht ausstehen konnte. Sie soll mitunter richtig beleidigend und boshaft ihr gegenüber gewesen sein.« Er pausiert, um die Wirkung seiner Worte überprüfen zu können. »Unterschiedliche Begebenheiten belegen das. Letztmalig soll dies während des Mittagessens am Mittwoch vorgekommen sein, also kurz vor dem Tod der jungen Frau.«

Ich hätte gedacht, dass Margot auch danach noch ihr Gift verspritzt hat, aber gut.

»Chef.« Weidmann möchte am liebsten unter seinem Stuhl verschwinden. Das kann ich ihm ansehen. »Die KTU ...« Er seufzt.

Jetzt kommen die Fingerabdrücke, denke ich. Weidmann kann mich einfach nicht überraschen. Ich höre mir alles schweigend an und nicke dazu bedächtig.

»Chef!« Erstaunlich, dass mich seine Zappelei mit zunehmendem Alter nicht mehr so aufregt. »Chef. Niemand im Heim kann Ihrer Frau ein Alibi geben und mit mir redet sie nicht. Könnten Sie ...?«

»Ich habe für die Tatzeit ebenfalls kein Alibi«, antworte ich.

Weidmann überhört das. Die Möglichkeit, dass ich Selma umgebracht haben könnte, existiert in seinem Kopf nicht. Wieder so eine Schwäche von ihm, er zieht einfach nicht alle Eventualitäten in Betracht. Dabei bin ich auch nur ein Mensch. Für Weidmann nicht. Ich weiß. Und ich habe mir natürlich gegenüber Selma niemals etwas zuschulden kommen lassen. Da hat er schon recht, aber sicher wissen kann er es trotzdem nicht.

»Die acht Männer, die hier leben, habe ich auch befragt, also Sie nicht mitgerechnet«, erklärt Weidmann weiter. »Davon kommt keiner in die engere Wahl. Entweder waren sie zur Tatzeit anderweitig beschäftigt, wofür es Zeugen gibt, oder sie sind körperlich überhaupt nicht in der Lage, jemanden so zuzurichten.«

»Ich habe kein Alibi«, wiederhole ich und trinke nebenbei meinen Kaffee. Herbert Grusche kann ich wohl kaum als Zeugen anführen. Leider.

Weidmann scheint ein Problem mit seinen Ohren zu haben. »Wenn Frau Katuschek sich nicht äußern will, muss ich … Die Beweislast … Wenn da die Fingerabdrücke nicht wären!«, stammelt er.

Er will Margot verhaften lassen. Das liegt nahe. Aber was soll ich da machen?

»Chef!« Der Schweiß hüpft förmlich aus seinen Poren. »Da ist noch etwas …« Schweres Atmen. »Ich weiß, da ist nichts dran, aber die sechzehn Frauen, äh, nein …« Er blättert nervös in seinem Notizheft. Ich erkenne das grüne Leder wieder. Ich habe ihm das Büchlein an meinem letzten Tag geschenkt, quasi als Wink mit dem Zaunpfahl, denn Weidmann ist nicht nur schusselig, sondern auch noch extrem vergesslich. »Also es waren doch nur fünfzehn. Ich muss mich korrigieren. Eine hat das nicht gesagt«, fährt er fort. »Die habe ich darauf angesprochen und sie hat es als schmierige Lüge abgetan. Genau das waren ihre Worte. Schmierige Lüge.«

Ich brauche ihn nicht fragen, wer das war. Jutta kann durchaus ein Kumpel sein.

Er hebt abwehrend die Hände. »Ich glaube das nicht, Chef. Wirklich nicht.«

»Was glauben Sie nicht?«

»Sie sind nicht der Typ für ein Verhältnis mit einem jungen Mädchen«, presst Weidmann unter größter Anstrengung hervor. »Das sind ja fast fünfzig Jahre …«

In der Tat.

»Und sie fangen doch nicht im Heim mit so etwas an …«, überlegt er laut. »Allerdings haben die Kollegen in der Dienststelle früher schon gemunkelt, dass sie ziemlich häufig zu Elwira ins Archiv gegangen sind.«

Sein zur Seite geneigter Kopf und die Art, wie er mich ansieht, verdeutlichen mir, dass er sich, was meinen Anstand angeht, nicht ganz sicher ist. Der Rechtsmediziner hat das Sperma gefunden und Weidmann glaubt, eins und eins zusammenzählen zu können. Wer Elwira sein soll, ist mir gerade nicht geläufig. Ich kann mich nicht erinnern, jemals eine Kollegin mit diesem Namen gehabt zu haben. Dabei habe ich früher niemals einen Namen vergessen.

Weidmann hebt abwehrend die Hände. »Ich habe mich an dem Gerede nicht beteiligt, Chef. Niemals!«

Oje, Weidmann, ich kann mich nicht einmal an die Frau erinnern. Wie soll mir dann der Tratsch dazu wieder einfallen? Und wieso sollte ich Ihnen dann deswegen etwas nachtragen? Zurück zum Kurzzeitgedächtnis. »Fünfzehn Zeugenaussagen, sagen Sie?«, frage ich nach.

Er nickt eifrig. »Alle wollen davon gewusst oder es sogar mit eigenen Augen gesehen haben«, antwortet er. »Aber das muss nichts heißen, Chef. Das hat keinerlei Bedeutung, ganz sicher nicht.«

Nein, das muss nichts heißen. Mehr als ein Dutzend Zeugen, lächerlich. »Weidmann!«, sage ich und staune dabei selbst über meine innere Ausgeglichenheit. Mein a.D. wirkt wie ein Sedativum. Bemerkenswert.

Er fährt trotzdem auf seinem Stuhl zusammen. »Ich habe nicht nach einer DNA-Probe von Ihnen gefragt«, entfährt es ihm. Er hebt die Hände. »Ich habe es nicht einmal gedacht.«

Natürlich nicht. Bei der Schlamperei in der Dienststelle liegen meine Daten hundertprozentig alle noch vor. So ist es dann. Kaum landet man im Seniorenheim, wird einem schon Flatterhaftigkeit angedichtet.

»So viele verlässliche Zeugen hatten wir ja nicht einmal damals bei dem Ehrenmord in der türkischen Großfamilie«, gebe ich zu bedenken und hoffe, dass Weidmann die Ironie heraushört.

Es sieht nicht so aus. Stattdessen nickt er grübelnd vor sich hin.

Fünfzehn meiner Mitbewohnerinnen bezeugen, dass ich ein Verhältnis mit Selma hatte. Ich finde, da springt einen der darin liegende Fehler schon an, zumal von den fünfzehn Damen allein drei bettlägerig sind und ich sie bislang nicht einmal aus der Ferne gesehen habe, geschweige denn sie mich. Aber was beschwere ich mich. Es ist Weidmann. Und die Quote ist nicht übel, also sie spricht jedenfalls für mich. Allerdings zeigt mir diese Ungehörigkeit auch, mit welchen Mitteln hier gekämpft wird. Margot soll eiskalt abserviert werden und das einzig und allein, damit der Weg zu mir frei ist. Achtzehn Frauen auf neun Männer, wovon gut die Hälfte nicht mehr weiß, warum man ihnen Hosen anzieht, das ergibt eine Gewinnchance wie bei der Fernsehlotterie. Dass die Teilnehmerinnen hier erfinderisch sein müssen, um ihre Quote zu verbessern, versteht sich doch fast von selbst – also wenn es nicht um Mord ginge.

Letztendlich spiegelt das nur wider, wie verzweifelt die Lage sein muss. Helmut Katuschek sitzt mittendrin im Auge des Orkans. Und alles nur, weil Margot sich niemals vorher über die Konsequenzen ihres Handelns Gedanken macht. Die Nummer sechzehn, also Jutta, hingegen freut mich. Dass sie nicht über so billige Tricks an mein Dörrfleisch kommen will, spricht für sie. Auch dass sie die Wahrheit gesagt hat. Womöglich ist sie doch gar kein so luftiger Charakter, wie ich immer angenommen habe.

»Jetzt machen Sie es mir doch nicht so schwer, Chef«, jammert Weidmann.

Ich sitze nur hier und warte darauf, dass ich wieder am Zug bin. »Selma war ein anständiges Mädchen«, sage ich, weil ich das Gefühl habe, ich müsste trotzdem so einiges klarstellen. »Und sie war ein herzensguter Mensch.«

Weidmann macht ein betroffenes Gesicht. Dazu seufzt er in einem fort. »Aber Ihre Frau?«

Die irgendwie auch, ganz früher zumindest. Das hilft ihr jedoch jetzt auch nichts. »Ich weiß nicht mehr als Sie«, sage ich. Mir juckt es in den Fingern, ihn nach den Ergebnissen der kriminaltechnischen Untersuchung zu fragen, aber ich kann mich zurücknehmen. Weidmann muss nicht wissen, dass ich wieder im Geschäft bin. Das macht ihm nur noch mehr Angst.

»Darf ich mir mal Ihr Appartement ansehen?«, rückt Weidmann irgendwann mit der Sprache raus.

Ich ermuntere ihn dazu, verschweige jedoch, dass ich momentan keinen Schlüssel habe. Er müsste in jedem Fall an Margot vorbei, aber das wird er schon irgendwie deichseln.

»Wir haben die Mordwaffe noch nicht gefunden«, erklärt er. »Vermutlich ein Fleischklopfer.« Weidmann hält inne. »Obwohl der Koch keinen vermisst.« Seine Stimme wird immer leiser. »Angeblich gibt es nur einen und der ist da. Dafür stammt die Fleischgabel aber definitiv aus den Beständen der Heimküche.«

Wir haben fast unseren kompletten Hausstand vor dem Einzug in die Verbannung an sozial Bedürftige verschenkt oder auf dem Sperrmüll entsorgt. Dazu gehörte definitiv alles, was mit Küche, kochen und essen zu tun hat. Sogar das Goldrandporzellan meiner Großmutter hat Margot weggegeben. Ich glaube, an einen alleinstehenden russischen Maurer aus der Nachbarschaft. Was der mit einem vierundzwanzigteiligen Service anfangen soll, ist mir schleierhaft, aber die Slawen mögen ja Gold. Jedenfalls kann ich mir nicht vorstellen, dass Margot ausgerechnet unseren Fleischklopfer behalten haben soll. Aber ich habe nichts dagegen, wenn Weidmann zwischen den paar Sachen, die uns geblieben sind, danach sucht. Mir gehört davon ohnehin das Wenigste.

»Seltsam ist das alles schon, Chef«, hebt Weidmann erneut an.

Ich verstehe ihn so gut wie kein anderer hier.

»Mag Ihre Frau eigentlich Schokobuttercreme?«, fragt er.

Margot liebt alles Schokoladige, so wie die meisten Frauen. Obwohl ich nichts entgegne, scheint Weidmann mir die Antwort anzusehen.

»Wir haben direkt neben der Leiche feine Krümel davon gefunden.« Er starrt auf das Schachbrett. »Nicht viel, aber eben kleine, feine Krümel.« Er nimmt den Kopf hoch und schaut mich an. »Können Sie sich einen Reim darauf machen?«

Kann ich. Meine Ausrüstung ist katastrophal. Ich sollte daran arbeiten. Dringend. Aber was noch viel erschreckender ist: Weidmann muss seit gestern tatsächlich davon ausgehen, dass ich nicht mehr ganz dicht bin. Untenherum versteht sich. Denn wenn nicht für Schokolade, für was bitte soll er die Flecken auf meiner Hose sonst gehalten haben?

Ich habe in meinem langen Leben viel Befremdliches gesehen, vor allem seit ich in dieser Residenz lebe. Aber dieser Anblick hat das Zeug dazu, die vordersten Ränge auf meiner ganz persönlichen Befremdlichkeitsskala einzunehmen. In unserem Speiseraum sitzt ein gutes Dutzend verschwitzte hochbetagte Menschen mit glitzernden Halstüchern, Tellerröcken und auftoupierten Haaren, Letzteres natürlich je nach individuellen Möglichkeiten. Rolf Jürgen trägt sogar eine Lederjacke, und der Hüftschwung, den er da gerade vor Ingeborg hinlegt, sieht eher nach einer unterdrückten Inkontinenz als nach einem erotischen Tanz aus. Dass er dazu seinen Gehstock durch die Luft schwingt und spitze Schreie von sich gibt, macht es nicht besser. Ihren geröteten Gesichtern und dem Gelächter nach zu urteilen, hatten sie Spaß und jede Menge Eierlikör. Sogar Hannelore scheint bei den Klängen des King aufgetaut zu sein, zumindest plaudert sie ein wenig mit einer neben ihr sitzenden Dame, was für jemanden wie sie schon verdammt nah an einen Gefühlsausbruch herankommt. Einzig und allein Margot kann ich nicht ausmachen. Dass sie sich diesen feuchtfröhlichen Nachmittag entgehen lässt, wundert mich, zumal sie doch sonst ohne diesen ganzen Blödsinn nicht mehr leben kann.

»Liebe, liebe Bewohner«, ruft Frau Mehltau in die Runde, wobei sie unaufhörlich in die Hände klatscht, vermutlich um sich Gehör zu verschaffen. Die lieben Bewohner haben aber augenscheinlich andere Prioritäten als eine Heimversammlung nebst Ansprache der Leiterin. Ich weiß nicht, warum Frau Mehltau so kurzfristig dazu eingeladen hat, aber ich denke, es hat mit Selmas Tod und der andauernden Präsenz der Polizei zu tun. So betrachtet, ist es schon richtig, die Bewohner offiziell über die Vorkommnisse zu informieren. Das beseitigt etwaige Unsicherheiten und mindert mit etwas Glück auch den Tratsch. Noch dazu kann ich mir vorstellen, dass so eine grausame Tat in unmittelbarer Nähe einiges an Ängsten schürt, vor allem bei alten gebrechlichen Leuten.

»Hallo, liebe Gäste.« Frau Mehltau gibt nicht auf. »Ich würde gern etwas sagen, das alle angeht. Wenn Sie bitte einen Moment…« Sie schlägt noch einmal die Hände zusammen, senkt sie dann aber mit der Geste einer Aufgebenden und lässt nur noch still ihren fast schon verzweifelten und durchaus ein wenig enttäuschten Blick schweifen.

Niemanden interessiert das.

»Ruhe!« Lennox Bergmann ist ein kräftiger junger Mann mit einem entsprechenden Organ, wobei seine Umgangsformen möglicherweise nicht ganz denjenigen entsprechen, die man gegenüber zahlenden Gästen an den Tag legen sollte. »Die Leitung hat etwas zu vermelden. Und wer am Ende nichts mitbekommen hat, kriegt keine Extrawurst gebraten, also Ohren auf und aufpassen. Zeit ist Geld, gerade hier bei uns.«

Es wirkt, was mich nicht wundert. Die Generation, die hier unter einem Dach zusammenlebt, ist mit Drill aufgewachsen. Das prägt einen für das ganze Leben.

»Aber Herr Lennox, ich bitte Sie«, sagt Frau Mehltau mit leicht rot leuchtenden Wangen. »So wollten wir das aber nicht sagen.« Sie lächelt etwas unbeholfen.

Monika Löwe, die ebenfalls zugegen ist, weint ununterbrochen.

Lennox Bergmann steht breitbeinig und mit verschränkten Armen da und schaut gelangweilt an die Decke. Ich würde mal annehmen, wenn der jemals zum Heimleiter aufsteigt, müssen wir alle Uniformen tragen, so wie die Kinder an den britischen Schulen. Dieses Lotterleben aus Mahlzeiten, Fernsehprogramm und sinnfreier Spaßbeschäftigung hätte dann ein jähes Ende. Völlerei und Müßiggang sind Bergmann ein Dorn im Auge. Ich glaube, er würde uns irgendwelche Arbeiten zuteilen: Die ans Bett gefesselten müssten Briefumschläge zusammenkleben und der bewegliche Rest dürfte Zeitungsabonnements an Haustüren verkaufen. Kurzum, er würde Geld mit uns machen wollen, um die Kosten zu senken. Spätestens dann packe ich meine Koffer, ob mit oder ohne Margot. Die wiederum findet den »süßen Lenni« ganz herzig, wobei ich ja schon froh sein kann, dass sie für ihn nicht auch noch den Begriff »superb« benutzt wie für ihren ekelhaften Streichkäse. Was seine Optik betrifft, kann ich da nicht einmal widersprechen. Lennox Bergmann ist der klassische Schwiegermuttertyp und er zieht diese Karte, wenn er nicht gerade Befehle von sich gibt, gnadenlos.

Ich betrachte die Damen eingehend, denen jedes Mittel recht zu sein scheint, einen Mann abzukommen. Sie sehen eigentlich alle ganz harmlos aus. Außer Hannelore. Allerdings ist mir nicht klar, wieso sie auch in dieses Horn blasen sollte. Sie steht nach ihrer Einschätzung mit einem Bein im Grab und sie kann mich nicht ausstehen, das sind schon zwei vernünftige Gründe, die gegen eine Liebschaft sprechen. Nein, ich vermute eher, dass ihre Beweggründe ganz andere sind. Sie möchte Margot eins auswischen, wobei das hier weit über einen makabren Scherz oder eine Zickerei unter Frauen hinausgeht. Diese Form der üblen Nachrede betreibt man nur, wenn man jemandem wirklich schaden will. Unklar ist nur, wieso die beste und engste Freundin so etwas tun sollte, wenn es nicht wegen eines Mannes ist.

»Ihr lieben Gäste«, hebt die Mehltau erneut an. »Sie alle wissen um die schrecklichen Ereignisse, die unsere Residenz quasi aus dem Nichts getroffen haben.« Kurze Pause. Sie senkt den Kopf. »Unsere von allen überaus geschätzte Selma … sie ist, sie wurde …«

Der Weinkrampf, der Monika Löwe nun schüttelt, übertrifft alles jemals Dagewesene.

»Lauter!«, plärrt Rolf Jürgen wie von Sinnen. »Wenn hier der Speiseplan für die nächste Woche vorgelesen wird, will ich es auch hören.« Er nickt Ingeborg stolz zu und klopft ihr dazu auf den Schenkel. »Nicht wahr, Mausi!«

Sie lächelt glückselig.

Ich frage mich, ob Jutta wohl seine Hörgeräte wiedergefunden hat. Sie sollte sie ihm zurückgeben. Alles andere ist Quälerei, nicht für ihn, sondern für sein Umfeld.

»Natürlich, lieber Herr Rolf Jürgen«, entgegnet Frau Mehltau und klingt sogar mit lauter Stimme noch wie eine Kindertante. Sie räuspert sich. »Selma ist nicht mehr da«, fährt die Mehltau fort. »Wir alle sind sehr, sehr traurig, da …«

»Ich will nicht schon wieder Linsensuppe!«, krakelt Rolf Jürgen erneut. »Die gibt es nur im Winter. Ich brauche was Knackiges.« Er fletscht die Zähne. »So wie meine Mausi hier.« Ingeborg läuft knallrot an. Rolf Jürgen schiebt seine Hand jetzt in eine Region, die ich an Ingeborgs Stelle in der Öffentlichkeit niemals zeigen, geschweige denn anfassen lassen würde. Aber ab Ü70 fallen alle Hemmungen.

»Was, Linsensuppe?«, fragt Gerhard mit zittriger Stimme und sieht dabei aus, als stünde ein Nervenzusammenbruch kurz bevor.

»Wir wollen der Polizei helfen, so gut wir können«, sagt Frau Mehltau und klingt dabei ziemlich gehetzt. »Und wir müssen uns keine Sorgen machen, wir sind hier sicher. Es wird niemandem etwas passieren. Das war eine absolute Ausnahme, ein Unglück. Das hat nichts mit uns zu tun.«

Ich frage mich, wie sie sich da so sicher sein kann.

Das Auditorium schweigt.

Ich schaue in die teilnahmslosen Gesichter meiner Mitbewohner. Keiner rührt sich oder sagt etwas. Nicht einmal Rolf Jürgen beglückt uns mit einem seiner Sprüche. Dann sehe ich hinüber zu Weidmann. Er hat die ganze Zeit mitgeschrieben. Nun hält er inne und betrachtet Frau Mehltau mit sichtlicher Verwunderung. Die Stille kriegt langsam etwas Pathologisches. Ich denke, Weidmann sollte nach vorn treten und etwas sagen. Frau Mehltaus Worte jedenfalls scheinen ihr Ziel verfehlt zu haben. Ich komme nicht dazu, ihm ein Zeichen zu geben, denn die Tür schwingt auf und Margot kommt auf hohen Absätzen und mit einem Gang, der selbstgefälliger nicht sein könnte, hereingestöckelt. Sie trägt ihr schwarzes Etuikleid, eine dazu passende Stola und eine dunkle Sonnenbrille. Ihr Kinn reckt sie in die Höhe und würdigt niemanden auch nur eines Blickes. Außer mich. Wie ein Raubtier fixiert sie ihre Beute, steuert direkt auf mich zu, und ehe ich mich's versehen kann, sitzt sie schon direkt neben mir. Als ich sie gerade fragen will, wer nun schon wieder gestorben ist, legt sie ihren Kopf auf meine Schulter, fasst nach meiner Hand, und da das alles noch nicht ungewöhnlich genug ist, stößt sie auch noch einen wohligen Seufzer aus. Ich konstatiere: Helmut Katuschek ist in Gefahr, in großer Gefahr.

Margots Auftritt hat die Temperatur im Raum gefühlt um gute zehn Grad nach unten gedrückt. Sie scheint momentan das Feindbild Nummer eins bei uns im Haus zu sein, und zu meiner Verwunderung genießt sie das sichtlich. Auch die enttäuschten Blicke einiger Damen entgehen ihr unter Garantie nicht. Aber ihr Triumph hält nicht lange an. Wie auf Knopfdruck beginnt das zwanglose Geplauder von Neuem, einzelne Lacher sind auch zu hören. Niemand scheint sich mehr für die Heimleitung oder auch für die schwarze Witwe neben mir zu interessieren. Die gute Selma hatte ihren Gedenkmoment und nun geht das Leben weiter, aber zügig, denn keiner hier hat so viel Zeit, dass er sie verschwenden möchte. Unsere Frau Mehltau lässt dies augenscheinlich ein wenig perplex zurück, während Lennox Bergmann die Gleichgültigkeit ins Gesicht geschrieben steht und Monika Löwe vor sich hin heult. Weidmann dagegen starrt Margot ununterbrochen an, und ich wüsste zu gern, was er denkt. Was in Margot vorgeht, kriege ich hingegen schonungslos präsentiert. Sie zieht ihre Hand zurück, richtet sich auf und ballt das Gesicht zur Faust. »Denk bloß nicht, dass du mit diesen miesen Tricks durchkommst, Helmut Katuschek«, zischt sie mir zu. »Ich weiß genau, was du treibst, aber so schnell kriegst du mich nicht vom Hals.«

Mir fehlen die Worte, aber das ist nicht das erste Mal in fast vierzig Ehejahren.

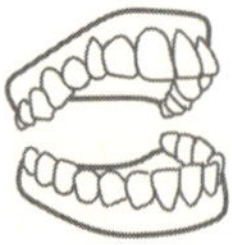

Ich nehme meinen zweiten Nachmittagskaffee im Foyer. Margot sieht es nicht gern, wenn ich zu viel Koffein konsumiere, weil sie meint, ich würde dann zu aufgedreht, aber was sie nicht weiß, macht sie nicht heiß. Ich bin allein in meiner neuen Bleibe und das bedeutet, ich kann so viel auf Touren kommen, wie ich will. Mittlerweile habe ich mich recht gut an die offene Atmosphäre unseres Eingangsbereiches gewöhnt. Meine Hausschuhe stehen akkurat neben dem kleinen Beistelltischchen und ich habe meine Füße auf die Lehne eines Sessels abgelegt. Monika Löwe war so freundlich, mir neben meinen Bequemschuhen auch meine Vitaminpräparate und ein paar frische Unterhosen zu besorgen, sodass ich rein theoretisch unser Appartement nicht zwingend aufsuchen muss. Was die Vitamine angeht, die trage ich bei mir, was die weiten Taschen an den Hosen von Ingeborgs Mann problemlos hergeben. Sie mit in den Übertopf der Fächerpalme zu stecken, wo schon Kai-Uwes Haschischvorräte lagern, war mir ehrlich gesagt zu blöd. Außerdem möchte ich nicht, dass der Junge irgendetwas verwechselt und damit Gefahr läuft, mein Vitamin D zu rauchen. Hinsichtlich meiner Unterwäsche bin ich durchaus wählerischer. Die ist dezenterweise im Institut der Frau Doktor, also in ihrer Wohnung, deponiert. Ich kann mich nicht erinnern, jemals Unterzeug bei einer anderen Frau als meiner eigenen gehabt zu haben, aber das ist angesichts der Umstände wohl nichts, was mir zur Last gelegt werden kann.

Kurzum, ich fange gerade an, diese neue Form der Freiheit zu genießen, und gehe mit dem Notizbuch in der einen und dem Kaffeepott in der anderen Hand entspannt meine Überlegungen zum Fall durch. Zwischendurch schließe ich hin und wieder kurz die Augen, nicht, weil ich mich ausruhen muss, sondern weil ich so einfach besser überlegen kann. Ich denke mich noch einmal in die Küche und zu der toten Selma zurück. Als ich dort mit Monika Löwe und Jutta angekommen bin, war die Hintertür zum Park hinaus verriegelt. Ein Rückzug des Täters über diesen Weg ist demnach nahezu ausgeschlossen, es sei denn, er hatte einen Komplizen. Wenn nicht, kann das nur bedeuten, dass derjenige über den Haupteingang verschwunden sein muss, was die Gefahr vermeintlicher Zeugen immens erhöht. Jeder halbwegs vernunftbegabte Mensch würde über den Hinterausgang türmen, noch dazu, da man durch den Park relativ schnell auf der Straße und damit außer Sichtweite ist.

Das wiederum wirft natürlich erneut die Frage auf, wer am helllichten Tag in eine Seniorenresidenz marschiert, um die Küchenhilfe zu erschlagen. Dass derjenige auch noch einen Fleischklopfer oder etwas Ähnliches dabeigehabt haben muss, macht die Antwort nicht einfacher. In der Welt der Kriminellen ist so einiges denkbar, das weiß kaum jemand so gut wie ich, dennoch erscheint mir die Theorie eines von außen kommenden Mörders mehr als fragwürdig.

Die logische Schlussfolgerung finde ich jedoch auch alles andere als erbaulich. Jemand, der hier mehr oder weniger zur Hausgemeinschaft gehört, muss sich nicht unbemerkt aus dem Staub machen. Derjenige kann, vorausgesetzt natürlich die Luft ist rein, halbwegs entspannt den Tatort verlassen und sich wieder ins Seniorengetümmel stürzen. Damit fällt man im Zweifel nicht einmal auf. Allerdings weiß ich nicht, wie gut die Chancen stehen, dass einer der Leutchen hier einen Fleischklopfer zu seinem Eigentum zählt, vorausgesetzt natürlich, Jankos Aussage stimmt und es fehlt in seiner Küche tatsächlich keiner.

Ich richte das Kissen, das ich hinter meinen Rücken gesteckt habe, und trinke ein paar weitere Schlucke. Die Erkenntnis, möglicherweise mit einem Mörder unter einem Dach zu leben, wirft mich nicht unbedingt aus der Bahn. Im schlechtesten Fall habe ich sogar neben einer blubbernden Mörderin geschlafen. Nun gut, die letzte Nacht nicht gerade, aber die vielen anderen Nächte davor. Man kann den Leuten einfach nicht hinter die Stirn gucken, nicht einmal, wenn man mehr als das halbe Leben mit ihnen verheiratet ist. Abgesehen davon verändern sich die Menschen auch. Ich meine, Margot war schon als junge Frau, sagen wir mal, ein wenig speziell. Zu meinem Leidwesen haben sich ihre Eigenheiten im Alter eher verschärft als nachzulassen, aber normalerweise arbeitet sie diese vorwiegend und in aller Intensität an mir ab und geht nicht bei fremden Leuten zum Äußersten.

Ich weiß nicht, wenn ich ehrlich bin, halte ich das mit Margot nach wie vor für unwahrscheinlich. Es wird wohl irgendeine vernünftige Erklärung für die Sache mit den Fingerabdrücken geben. Aber noch ist alles möglich und ich habe eine Aufgabe, eine spannende obendrein, was hier in diesem Siechenheim einem Wunder gleicht.

Also weiter mit dem Denksport. Das Zeitfenster für die Tat ist mit zwei Stunden recht gut überschaubar. Innerhalb dieser Zeit waren nach allem, was ich bis jetzt weiß, alle Bewohner im Haus, die meisten auf ihren Zimmern beziehungsweise vor dem Fernseher im Speiseraum. Das Gerät ist zwar deutlich kleiner als das im Fernsehraum, aber da man Gefahr läuft, dass Kai-Uwe diesen blockiert und er noch dazu einen zweifelhaften Programmgeschmack hat, zieht es eigentlich niemanden so recht dorthin. Dass Kai-Uwe an diesem Nachmittag überhaupt nicht im Haus gewesen sein will, ändert daran auch nichts, denn in seine Privatsphäre möchte sich niemand hineindrängeln. Unser Personal, wie ich es zuweilen scherzhaft nenne, war bis auf Peter Bause, der in der Stadt Besorgungen gemacht hat, und Janko vollzählig anwesend. Frau Mehltau saß angeblich in ihrem Büro und hat telefoniert, was Weidmann hoffentlich schon geprüft hat, und Monika Löwe hat sich um den zu neuem Leben erwachten Gerhard gekümmert.

Was aber Lennox Bergmann zu der fraglichen Zeit getrieben hat, ist noch offen, für mich zumindest. Weidmann wird mir kaum die Befragungsprotokolle überlassen, wenn er sie überhaupt schon getippt hat. Lennox Bergmann gehört nicht gerade zu meinen Lieblingsmenschen, aber ich bin Profi genug, meine Voreingenommenheit wegzudrücken. Ob ich ihm jedoch einen Mord zutrauen würde, vermag ich nicht zu sagen. Er ist zuweilen etwas rabiat, zumindest was seine Umgangsformen angeht, aber er erscheint mir zu ehrgeizig und clever, als dass er sich seine Lebenspläne durch eine Straftat kaputt machen würde. Außerdem fällt mir momentan beim besten Willen nicht ein, wo es zwischen ihm und Selma einen Berührungspunkt gegeben haben sollte. Die beiden waren einfach nicht auf einer Wellenlänge, Selma, die unkonventionelle Temperamentvolle, und Bergmann, der verstockte Karrierist.

Nach allem, was ich von Selma weiß, sind sich die beiden aus dem Weg gegangen und haben, wenn überhaupt, nur das absolut Nötigste miteinander gesprochen. Dabei wird es, zumindest nehme ich das an, um Kai-Uwe gegangen sein. Selmas Vereinbarung mit der Mehltau bezüglich des Bleiberechts ihres Freundes hat garantiert zu mächtig Zunder mit dem hyperkorrekten Lennox geführt. Kai-Uwe war ihm von Anfang an ein Dorn im Auge, was er auch deutlich kundgetan hat. Dass Janko ebenfalls in dieses Horn geblasen hat, hätte ich nicht vermutet, zumal ich niemals auf die Idee gekommen wäre, dass er Selma in den Rücken fallen würde. Jedenfalls müssen sowohl Bergmann als auch Janko Frau Mehltau auf Kai-Uwe angesprochen haben.

Wenn Selma wegen dieses Kerls sogar die Kündigung drohte, ist das ziemlich harter Tobak. Angenommen, Lennox Bergmann hat den Stein, den Janko mit seiner Beschwerde losgetreten hat, tatsächlich aufgenommen und Kai-Uwe am Montag seinen Rausschmiss präsentiert, dann hat unser kleiner Nomade das sicherlich nicht einfach so hingenommen. Selma muss Ärger gehabt haben mit ihrem Ex-Freund, aber bestimmt auch mit Janko und Bergmann. Wieso aber Lennox lieber nächtliche Zettelbotschaften schreibt, als Kai-Uwe einfach am Schlafittchen zu packen und rauszuwerfen, muss ich dringend herausfinden. Diese Zurückhaltung passt überhaupt nicht zu ihm, zumal Frau Mehltau ihn ja wohl sogar beauftragt hatte, Kai-Uwe loszuwerden. Vielleicht sollte ich doch einmal mit der Frau Doktor darüber reden, meinetwegen auch mit Jutta.

Ich hebe kurz die Lider und trinke von meinem Kaffee. Dieser Frieden um mich herum ist wirklich äußerst erholsam. Und er stimuliert meine grauen Zellen. Das kann ich förmlich spüren. Wenn Kai-Uwe seit Monaten im Fernsehzimmer logiert, dann kann ich auch das Foyer okkupieren, zumindest so lange, bis Margot wieder halbwegs bei Verstand ist. Wie sie darauf kommen kann, dass ich ihr den Mord an Selma untergeschoben habe, ist mir schleierhaft. Aber es ist wie immer: Ihre Freundin Hannelore wird nicht in Zweifel gezogen, dabei kennen sie sich kaum ein paar Monate. Das ist wieder typisch. Und wer muss es ausbaden: Helmut Katuschek.

Ich kann nicht sagen, was mich dazu gebracht hat, die Augen gleich wieder zu öffnen, aber irgendetwas muss es gewesen sein. Jutta würde diese Eingebung vermutlich den siebten Sinn nennen, ganz sicher würde sie das tun. Wie man es auch bezeichnen mag, meine visuelle Wahrnehmung ist wieder eingeschaltet, aber was sie geboten bekommt, gefällt mir ganz und gar nicht. Peter Bause hat sein Auto direkt vor der Residenz geparkt und ist emsig damit beschäftigt, es auszuladen. Ohne nach rechts oder links zu gucken, schleppt er zwei große Einkaufstüten an mir vorbei zum Fahrstuhl, schiebt sie hinein und schickt sie dann mit einem schnellen Knopfdruck in die erste Etage. Ich gebe zu, Letzteres kann ich von meinem Platz aus nicht erkennen aber der Inhalt der Beutel, nämlich jeweils zwei üppige Cannabispflanzen, lassen keinen Zweifel daran, dass das Appartement unserer Rechtsmedizinerin der Bestimmungsort ist.

Als die Fuhre gerade hinter der sich schließenden Tür des Fahrstuhls verschwindet, betritt Weidmann mit zwei Kollegen das Gebäude. Die Männer grüßen verhalten und verschwinden in Richtung Küche. Kurz darauf kommen noch weitere Beamte, die ihnen folgen. Die Suche nach der Tatwaffe wird fortgesetzt, folgere ich zufrieden.

Peter Bause steht derweil, die Hände in den Taschen und zur Musik auf seinen Ohren pfeifend, an der Seite und wartet, bis die Kollegen nicht mehr zu sehen sind. Dann stapft er zu seinem Wagen, um kurze Zeit später die gleiche Ladung auf die Reise nach oben zu schicken. Zu meinem Erstaunen wirkt er dabei ungewohnt vergnügt, was nur daran liegen kann, dass ihm die Frau Doktor etwas von der Ernte versprochen haben muss. Ich war nie beim Drogendezernat, aus Desinteresse, nicht aus mangelnder Kompetenz, und so nehme ich die neuesten Allüren meiner alten Lieblingskollegin ungerührt hin. Die Chuzpe unseres Auszubildenden allerdings, die Nummer vor meinen Augen durchzuziehen, erstaunt mich schon. Selbst nach getaner Arbeit nimmt er keinerlei Notiz von mir, sondern verschwindet grußlos in seinem Auto.

Wie ich immer sage, das Alter raubt einem auch noch das letzte bisschen Würde, das man sich im Laufe seines langen Lebens erarbeitet hat. Mir soll es in diesem speziellen Fall recht sein. Endlich bin ich wieder mit meinen Gedanken allein. Glücklicherweise. Bevor mein Kaffee komplett kalt ist, leere ich die Tasse, strecke meine Beine aus und will weitergrübeln. Doch ich komme nicht dazu. Die Tür geht erneut auf und Kai-Uwe kommt hereingeschlappt. Auf meiner Höhe hebt er die Hand zum Gruß, murmelt etwas von »geiler Tag heute« und verschwindet im Fernsehzimmer. Kurzarbeit ist angesagt, alles klar. Den Verlust von Selma scheint er spontan überwunden zu haben. Im nächsten Augenblick höre ich die quietschenden Stimmen einer Kinderserie. Leidlich genervt stelle ich meine leere Tasse auf dem Tisch ab und beschließe, die Toilette aufzusuchen. Noch ist der Druck nicht groß, aber da ich angesichts der permanenten Störungen ohnehin aus dem Konzept bin, kann ich das auch gleich erledigen.

Just als ich in das Herren-WC abbiegen will, kommt Lennox Bergmann eiligen Schrittes an mir vorbei.

»Alles in Ordnung, Herr Katuschek?«, fragt er, ohne anzuhalten und nachdem er mich offenbar flüchtig, aber immerhin, wahrgenommen haben muss.

Was soll sein? Ich muss aufs Klo. Die Antwort spreche ich nicht aus, was auch keinen Sinn ergeben würde, denn so schnell, wie er wieder verschwunden ist, hätte er sie ohnehin nicht mehr gehört. Unschlüssig, ob ich tatsächlich hinter der Tür verschwinden soll, bleibe ich stehen. Erst der Polizeiauflauf und nun auch noch Bergmann. Das kann nur bedeuten, dass irgendetwas im Busch ist. Wenn ich jetzt meinem Bedürfnis nachgehe, kann das in meinem Alter dauern. Kurzum, ich laufe Gefahr, die aktuellen Entwicklungen zu verpassen, und das ist nichts, was ein guter Polizist einfach so hinnehmen kann. Ich gehe also zurück auf meinen Platz und warte, was passiert. Das Drama lässt nicht lange auf sich warten.

Die Fahrstuhltür öffnet sich, aber ich schaue nicht wie befürchtet auf eine kleine fehlgeleitete Kiffplantage, sondern in das bockige Gesicht meiner Frau. Margot steht zwischen zwei Beamten, die sie rechts und links untergehakt haben, und schreit Zeter und Mordio. Die Männer, die fraglos Schlimmeres gewohnt sind, verziehen keine Miene, sondern geleiten sie stillschweigend durch den Eingangsbereich hinaus. Margot ist dermaßen in Rage, dass sie mich nicht einmal wahrnimmt. Ich bin nicht böse, denn ich könnte ihr mit meinem a. D. ohnehin nicht beispringen.

Weidmann hat also ernst gemacht. So, wie sich die Angelegenheit darstellt, hat er auch keine Alternative. Wobei ich sagen muss, dass dieser Menschenauflauf nicht notwendig gewesen wäre, wenn Margot sich halbwegs kooperativ verhalten hätte. Aber das ist ihr nun einmal nicht gegeben.

Die Fahrstuhltür schließt sich wieder und ich brauche kurz, um mich zu sammeln. Meine Frau wurde gerade von der Polizei verhaftet, weil sie unter dringendem Mordverdacht steht. Dass eine Seniorenresidenz Derartiges bei Margot heraufbeschwören würde, konnte ich nicht ahnen. Wenigstens war das mit dem Umzug hierher nicht meine Idee. Aus lauter Sentimentalität schaue ich ihr noch nach, bis sie in dem vor der Tür stehenden Polizeiauto verschwindet.

Dabei bemerke ich, dass ich nicht der Einzige bin, der die Szenerie beobachtet. Kai-Uwe steht im Türrahmen des Fernsehraums und verfolgt neugierig die Geschehnisse. Kein Wunder, so, wie Margot sich gebärdet hat, hat sie sogar die Darsteller der Sendung mit der Maus, oder was auch immer der Junge da gerade sieht, an die Wand geschrien. Für Kai-Uwe muss das hier noch besser sein als die Krimiserien, die permanent bei ihm laufen. Ich frage mich nur, ob er dabei auch immer so dämlich grinst.

Das Signalgeräusch des Aufzugs meldet sich erneut. Die Show geht weiter. Fassungslos starre ich auf das Paar, das nun ausgespuckt wird. Es handelt sich um Hannelore, die erhobenen Hauptes und mit einem sanften Lächeln auf den Lippen neben einer jungen Polizistin das Foyer betritt. Sie entdeckt mich sofort, aber anstatt irgendetwas zu sagen, geht sie langsam weiter. Auf meiner Höhe angekommen, schnellt ihre linke Hand inklusive des ausgestreckten Mittelfingers nach oben. Das kenne ich schon. Die Polizistin nicht, denn sie zerrt an Hannelores Arm, als hätte diese zur Flucht angesetzt. Hannelore jedoch scheint nicht einmal daran zu denken und lässt sich brav abführen. Margot und Hannelore, das Duo infernale. Jetzt bin ich wirklich baff, dass ich mit meinen ersten Überlegungen zum Tathergang richtiggelegen haben könnte. Nicht, weil ich im Alter nicht mehr anständig kombinieren kann, sondern eher wegen Margot.

Der Aufzug kommt schon wieder. Dieses Mal sind Frau Mehltau, Lennox Bergmann und Monika Löwe drin. Na ja, es gibt in dieser Bleibe eben nicht nur ein Empfangs-, sondern auch ein Abschiedskomitee. Normalerweise kriegt der Verabschiedete davon jedoch nichts mehr mit. Machen wir uns nichts vor, der Laden ist nun mal eine Einbahnstraße. Hastig verfolgen die drei den vorangegangenen Tross. Frau Mehltau macht dabei den Eindruck, als wollte sie noch retten, was zu retten ist, während Lennox mit irgendjemandem telefoniert, der sein Auto reparieren soll, und Monika Löwe in Tränen aufgelöst ist.

Aus Sicht der Heimleitung sind zwei verhaftete Bewohnerinnen eine Katastrophe, marketingtechnisch gesehen. Das weckt schnell den Anschein, als handelte es sich bei uns um eine Verwahranstalt für sozial unangepasste Rentner und nicht um eine »ganz reizende Residenz«. Wobei ich finde, dass Ersteres deutlich ehrlicher wäre, denn irgendwie sind doch die meisten alten Leutchen gesellschaftlich schlecht kompatibel. Jeder, der bei seinem Wochenendeinkauf zur Hauptstoßzeit schon einmal von einem mit einer Packung Toastbrot oder zwei Bechern Joghurt bestückten

Einkaufswagen eines Seniors ausgebremst wurde, weiß, wovon ich rede. Auch innerhalb unserer Mauern könnte die Geschichte hier schwierig werden. Jedenfalls sollte es etwas mehr Aufruhr bringen als der verspätete Nachmittagskaffee am Mittwoch. Nicht zuletzt, weil sich das Geschlechterverhältnis im Hinblick auf die Verpaarungschancen für die Damen erheblich verbessert hat.

Was ist das? Nicht schon wieder der Fahrstuhl! Dieses Mal ist es gottlob nur Weidmann.

»Chef.«

»Weidmann.«

Er streckt eine große Beweismitteltüte von sich. Darin befindet sich zweifelsohne ein Fleischklopfer.

»Mülleimer Kosmetikraum«, sagt er, ohne dass ich etwas gefragt hätte.

Die Fußpflege, denke ich, und mir läuft es eiskalt den Rücken hinunter.

»Da sind die Fingerabdrücke der anderen dran«, erklärt er gewichtig.

»Hannelore?«, entfährt es mir. Das kann tatsächlich nur bedeuten, Hannelore hat angerichtet und Margot hat für die Garnitur gesorgt. Sollte ich darüber erleichtert sein?

Weidmann nickt. »Entschuldigung wegen Ihrer Frau«, sagt er und ich kann ihm ansehen, dass er es genau so meint. »Man sieht sich, Chef«, fügt er noch an und steuert auf den Ausgang zu.

Ich befürchte es und nicke nur unmotiviert. Dabei fällt mir der kleine Karton in Weidmanns anderer Hand auf. Das ist doch … Ich schlucke. Der gehört mir. Darin sind meine zutiefst persönlichen Dinge, meine Notizhefte zu meinen vierundzwanzig Leichen, diverse Auszeichnungen, Fotos,

Urkunden. Die Polizei hat unser Appartement durchsucht und dabei nichts weiter konfisziert als meine privaten Sachen? Was habe ich denn mit dem vermeintlichen Rachefeldzug meiner Frau zu tun? Na warte, Margot, das hat ein Nachspiel.

»Weidm...!« Er ist schon weg.

Und ich muss ganz dringend zur Toilette.

Ich mache das nur unter Protest. Das will ich einmal festhalten. Die Beschwerden des toten Zwergpudels und der vereiterte Zehennagel des Karnickels haben mich nicht für diesen Spuk erwärmt. Nicht ein bisschen. Abgesehen davon bin ich noch immer felsenfest davon überzeugt, dass Jutta den Trockenblumenstrauß auf ihrer Anrichte manipuliert hat. Und wenn sie es nicht getan hat, dann war es Peter Bause. So, wie unser Auszubildender auf dem Kopf aussieht, lässt er sich von Jutta zu nahezu jeder Schandtat überreden.

»Helmut, du bist nicht bei der Sache«, sagt Jutta leicht vorwurfsvoll. »Nimm dir ein Beispiel an der Frau Doktor.«

Die einstige Größe der Pathologie hält zwar Jutta und mich an den Händen, aber nach der Laschheit, mit der sie das tut, und den geschlossenen Lidern nebst dem zur Seite hängenden Kopf zu urteilen, würde ich meinen, sie ist eingeschlafen.

»Wir versuchen jetzt, Kontakt zu Selma aufzunehmen. Wenn es klappt, würde ich sie ohne großartigen Small Talk nach ihrem Mörder fragen. Wir brauchen Gewissheit, vor allem auch, weil du, lieber Helmut, hier ganz persönlich betroffen bist«, erklärt Jutta großtuerisch. »Dazu brauche ich eure Energie, aber bitte keine Zwischenfragen. Das könnte Selma verschrecken.«

Ob ich die Energie habe, weiß ich nicht. Und dass man Small Talk mit Verstorbenen machen kann, ist mir auch neu. Aber ich habe keine Wahl, wenn ich die ganze Wahrheit wissen will oder, besser gesagt, wenn ich meine beiden Komplizinnen in dieser Angelegenheit nicht verprellen möchte. Immerhin scheint der Unsinn hier ja nicht allein auf Juttas Kappe zu gehen, beziehungsweise die Frau Doktor hätte sich entschiedener dagegen wehren müssen. Aber im Alter wird man eben nun einmal müde, auch, was das Verteidigen der eigenen Grenzen angeht. Für dominante Leute wie Jutta muss ein Seniorenheim dahingehend ein echtes Eldorado sein.

»Mit ermordeten Menschen in Kontakt zu treten ist etwas schwierig, müsst ihr wissen. Diese armen Leute sind immer ein wenig verschreckt, wenn es darum geht, sich zu offenbaren. Wer kann es ihnen verdenken?« Sie macht ein Geräusch, das ihr Mitgefühl ausdrücken soll. »Dafür muss man viel Fingerspitzengefühl haben«, erklärt sie. »Das gelingt nur einem auserwählten, äußerst erfahrenen Medium. Das ist nicht mit diesen Stümpern vom Bahnhofsvorplatz zu vergleichen.«

Ich weiß nicht, was dahingehend am Bahnhof so geht. Die Betrugsfälle haben die Kollegen bearbeitet.

»Wann fährt der Zug?«, will die Frau Doktor aufgeschreckt wissen.

»Gleich«, entgegnet Jutta in ruhigem Ton. »Wir sind pünktlich und haben Platzkarten.«

Die Frau Doktor nickt zufrieden und schlummert umgehend wieder weg.

Jutta drückt meine Hand ein wenig fester und schließt die Augen. Das einzige noch vernehmbare Geräusch ist ihr gleichmäßiger Atem. Der wird von Minute zu Minute flacher, sodass ich fast hoffe, sie könnte ebenfalls eingeschlafen sein. Ich nutze den unbeobachteten Moment und observiere den Trockenblumenstrauß.

»Selma, meine Liebe, ich rufe dich. Bitte komm zu uns«, sagt Jutta irgendwann in einem seltsamen Singsang.

Stille.

»Selma, Liebes, komm zu uns«, bittet Jutta noch einmal, aber deutlich leiser. »Wir sind da und empfangen dich mit offenen Armen.«

Pause. Juttas Körper fängt an zu zittern. Sie stöhnt. »Ah, da bist du ja…«, ruft sie irgendwann erfreut aus.

»Sagen Sie mal, Jutta, geben Sie Ihre Weißwäsche außer Haus oder lassen Sie das hier erledigen?«, ertönt plötzlich die durchdringende Stimme der Frau Doktor. Offenkundig ist sie wach, aber noch immer nicht ganz bei uns.

Jutta reißt Augen und Mund zugleich auf und scheint kurz zu erwägen, die Frau Doktor zurechtzuweisen. Da das angesichts der Umstände nicht nur unangemessen, sondern auch noch zwecklos wäre, lässt sie es bleiben und beginnt einen kurzen Monolog über die von ihr bevorzugte Behandlung ihrer Wäsche. Die Frau Doktor gibt sich damit zufrieden, aber noch bevor sie erneut die Augen schließt, sagt sie: »Am Bahnhof gibt es eine gute Reinigung. Da habe ich eine Kundenkarte.« Jutta ignoriert das. Sie möchte in der Sache, was immer das sein mag, weiterkommen und senkt nun auch ihre Lider.

Ich staune derweil über die Assoziationstechniken im Gehirn der Frau Doktor. Sogar die blödeste Krankheit lehrt einen noch etwas. Erstaunlich. Da fällt mir ein, dass ich Jutta noch nach Kai-Uwes Alibiüberprüfung fragen wollte. Selbst wenn sich die Spur momentan in eine ganz andere Richtung bewegen sollte, möchte ich gern alles abgeklopft haben.

»Hast du eigentlich wegen Kai-Uwe…«, hebe ich an, komme aber nicht weit.

»Pssst!« Juttas Augen funkeln böse. Glücklicherweise nur kurz, denn sie presst sie umgehend wieder zu. »Selma, Kleines, wir sind bei dir. Entschuldige die Störung. Helmut ist etwas durcheinander heute. Wir sind jetzt nur für dich da. Ja, Helmut ist auch anwesend, selbstverständlich. Er sucht deinen Mörder. Versprochen. Zu alt? Er kann ja langsam machen.«

Was heißt denn hier durcheinander? Bislang habe ich eher den Eindruck, dass ich der einzige klar Denkende in diesem Laden bin. Und dann auch noch langsam machen? Ich will mich aber nicht mit Jutta streiten, erst recht nicht, wenn Selma zugegen sein könnte. Mir ist etwas unwohl in meiner Haut und ich schaue mich nach allen Seiten um.

Jutta zerquetscht nun fast meine Hand. »Selma lässt dich grüßen, Helmut«, sagt sie. »Und sie dankt dir. Du sollst dich aber nicht zu sehr verausgaben.«

Ich würde sie gern zurückgrüßen oder ihr sagen, dass ich mich über die Extrablutwurstscheibe gefreut habe. Vielleicht sollte sie auch wissen, dass es mir leidtut, auch das Verhalten von Margot. Da ich aber keinerlei Erfahrung mit derartigen Gesprächen habe und mir doch etwas komisch dabei vorkomme, schweige ich lieber.

Es passiert eine gefühlte Ewigkeit nichts mehr. Jutta lässt ihren Kopf hin und her schwingen, als spielte irgendjemand zum Tanz auf.

»Mhm, ah, ja«, summt Jutta vor sich hin.

Meine Güte, wie lange dauert denn das?

»Aah, ooh, ja. Selma, Liebes. Wie schrecklich.«

Meine ganze Aufmerksamkeit gilt nun wieder dem vertrockneten Bouquet. Aber was für den Haustierhimmel gegolten hat, muss noch lange nicht für Selma gelten. Aus der Richtung der Frau Doktor kommt ein leises Röcheln. Wenigstens bekommt sie ihr Nachmittagsschläfchen.

Jutta hingegen scheint vollkommen in ihrem Element. »Ich danke dir, Selma, von ganzem Herzen«, tönt sie, nach einer unendlichen Pause, voller Leidenschaft. »Ich sage es ihm, selbstverständlich. Helmut, sehr richtig.«

Als hätte jemand einen Schalter umgelegt, öffnet Jutta die Augen und strahlt mich an, als wäre sie der junge Morgen. »Es war eine Frau«, entfährt es ihr in vollem Überschwang.

Ich kämpfe mit einem Kloß in meinem Hals.

»Sie hat sie nicht gesehen, aber sie ist sich sicher«, redet Jutta weiter.

»Mhm.« Ich beäuge Jutta misstrauisch von der Seite. Sie gehört doch nicht etwa zu denjenigen, die sich auf Kosten von Margot an mich heranmachen wollen? Oder hat sie einfach nur zu viel Fantasie? Letzteres ist, gepaart mit ihrem Hang zur Selbstdarstellung, eine brisante Mischung.

»Der Angriff auf den Schaffner kam von hinten«, schreckt die Frau Doktor auf. »Ein kleiner mieser Schläger und überall dieses Kaninchenfell. Ekelhaft.« Sie gähnt.

Die Frau Doktor ist gerade nicht sonderlich hilfreich.

»Margot ist einen ganzen Kopf kleiner als Selma. Hannelore auch. Siehst du«, fährt Jutta mich an. »Das passt doch.«

Sie schaut mich mit durchdringendem Blick an. »Dass du fast dein ganzes Leben an der Seite einer Mörderin verbracht hast, kannst du nicht mehr wegdrücken, lieber Helmut. Es wird immer wahrscheinlicher. An dir ist es jetzt, die Konsequenzen daraus zu ziehen.«

Das wird sich noch zeigen, denke ich.

Jutta hält noch immer meine Hand und beginnt nun, mich mit ihrem Daumen zu streicheln. Ich bin nicht prüde, aber das geht mir zu weit.

»Wollt ihr nicht wissen, was sie noch gesagt hat?«, fragt sie aufgekratzt in die Runde.

Ich schaue zur Frau Doktor. Sie ist kopfmäßig immer noch anderweitig unterwegs. Ich kann also keine Unterstützung erwarten und muss für uns beide einstehen. Wenn wir auf ein harmonisches Miteinander aus sind, dann sollten wir auf diese Information erpicht sein.

»Mhm«, lautet meine euphorische Reaktion.

»Jetzt spucken Sie es verdammt noch mal aus«, fordert die Frau Doktor. »Was kostet der Einzelfahrschein? Mein Mann und ich wollen zu einem Kongress und wir haben nicht den ganzen Tag Zeit.«

Haben wir. Aber das ist jetzt nebensächlich.

Jutta beugt sich ein wenig zu mir herüber. Sie fasst wieder nach meiner Hand, aber ich bin schneller. »Helmut, du musst jetzt ganz tapfer sein«, sagt Jutta mit bedeutungsschwangerer Miene.

Ich wäre lieber mit Herbert im Park.

Jutta macht eine gewichtige Pause und schlägt die Lider nieder. »Selma bittet dich eindringlich darum, dass du dich ihres Freundes Kai-Uwe annimmst.« Sie schnauft. »Jetzt, wo du quasi allein bist und eine neue Aufgabe brauchst.«

Ich schlussfolgere daraus, dass mit der »alten« Aufgabe Margot gemeint ist. Meine Frau mag eine alte kratzbürstige Nervensäge sein, aber gegen Kai-Uwe will ich sie trotzdem nicht tauschen. Auch wenn ich Selma gegenüber niemals ein böses Wort über ihren Freund verloren habe, war sie klug genug, meinen Argwohn gegenüber diesem Kerl zu bemerken. Entsprechend hätte sie von mir niemals ein derartiges Opfer verlangt. Meine Heimkollegin Jutta ist eine Scharlatanin. Ich mag es nicht, wenn jemand mich für dumm verkaufen will, und werde wütend.

»Die Heilsarmee sitzt auch am Bahnhof«, verkündet die Frau Doktor.

Ich danke ihr im Geiste für diesen passenden Einwurf. Ich sollte Kai-Uwe die Adresse geben.

Jutta rümpft die Nase. »Na ja, wenn das alles ist, was euch dazu einfällt.«

Ich kenne jemanden beim Sozialamt. Den könnte ich wegen Kai-Uwe auch anrufen. Aber womöglich ist mein alter Kontakt auch schon ausgemustert.

»Selma hat für dich noch eine letzte Flasche Bier mitgebracht, in ihrem Rucksack«, entfährt es Jutta trotzig.

Ich bin baff.

Sie scheint diesen Augenblick zu genießen und nutzt ihn umgehend aus, indem sie sich an mich krallt, als würde sie ertrinken. »Bitte nimm dir das nicht zu Herzen. Es ist eine wunderbare Geste unter Freunden.« Sie nickt mir aufmunternd zu. »Ein letzter Gruß, wenn du verstehst.«

Den Gruß habe ich lange vernommen. Aber woher weiß Jutta davon? Wenn Selma ihr das tatsächlich gerade eben geflüstert hat, dann könnte auch alles andere aus ihrem Mund stammen? Ich starre auf das Blumenbouquet und hoffe, dass Selma noch einmal daraus spricht und alles klarstellt. Das tut sie nicht. Stattdessen steht Gerhard unerwartet im Zimmer und zieht ein Gesicht, als säße ihm ein Gallenstein quer.

Ich bin in mein Appartement zurückgekehrt. Das ist doch irgendwie bequemer, zumal ich mich ungewohnt breitmachen kann. Margot wird einige Tage in U-Haft zubringen. Das ist bei der erdrückenden Beweislage ziemlich sicher. Mir soll es recht sein. Was danach kommt, wird man sehen. Wenn es wirklich so ist, wie es sich momentan darstellt, sieht es schlecht für Margot aus, auch ohne Selmas Botschaft aus dem Jenseits.

Ich gebe zu, ich bin, was die Bedeutung von Selmas postmortaler Aussage angeht, noch unschlüssig. Der Hinweis mit dem Bier war korrekt. Und da das Selmas und mein kleines Geheimnis war, konnte Jutta es unmöglich wissen. Was ist, wenn sie doch diese besondere Fähigkeit hat, die ich eigentlich für vollkommen absurd halte? Dann war Selmas Mörder eine Frau. Aber was noch viel schlimmer ist: Ich habe Kai-Uwe an der Backe. Denn einer Toten, noch dazu einer Freundin, kann man nichts abschlagen, zumindest ein ehrenhafter Mann wie Helmut Katuschek nicht. Diese Bürde setzt mir ein wenig zu.

Jedenfalls habe ich erwogen, mich abzulenken und Margots Abwesenheit dazu zu nutzen, das Zimmer ein wenig umzugestalten. Nur ein paar Kleinigkeiten, das Foto von meiner Ernennung zum Kriminalhauptkommissar oder die ein oder andere Jubiläumsurkunde würden sich an der Wand statt der einfältigen Südseekunstdrucke ganz hervorragend machen, vorausgesetzt, Weidmann gibt mir meine Sachen schleunigst zurück.

»Ich habe dich auch wirklich nicht bei irgendetwas Wichtigem gestört?«, will Gerhard wissen. Er wollte unbedingt mit mir reden, unter vier Augen, wie er mehrfach betont hat, und so habe ich ihn geradewegs mit zu mir genommen. Margot ist es zwar nicht recht, dass die anderen in unser Appartement kommen, aber sie ist ja nicht da. Abgesehen davon glaube ich nicht, dass Gerhard unsere Möbel verschleißt oder Flecken macht. Margot übertreibt dahingehend sicherlich etwas. Ich habe ihm trotzdem ein Handtuch untergelegt. Und so sitzt er nun auf der vorderen Kante von Margots rückenfreundlichem Sessel und schaut mich nervös an. »Wenn ich ungelegen komme…«, sagt er aufgewühlt.

Ich winke ab und warte, was Gerhard mir zu sagen hat.

Er will aber, wie mir scheint, nicht so recht mit der Sprache herausrücken, sondern schaut sich erst einmal nach allen Seiten um. »Nett hast du es hier, alles neue Möbel.« Er nickt anerkennend.

Ich knirsche mit den Zähnen beim Gedanken an die Rechnung für den Kram. Noch dazu mochte ich unsere alten Sachen. Man gewöhnt sich ja auch an die Dinge, irgendwie. Nehmen wir nur einmal meinen Fußhocker. Den haben uns meine Eltern zur Hochzeit geschenkt. Da hängen doch Erinnerungen dran, auch schöne, wie zum Beispiel an die Fußballweltmeisterschaft 1974. Während das Siegtor gefallen ist, lagen meine Füße darauf. Der war noch tadellos, als ich ihn ins Sozialkaufhaus bringen musste. Und alles nur, weil Margot noch einmal ganz neu durchstarten wollte. Was daraus geworden ist, sieht man jetzt.

»So was Modernes gefällt ja allgemein«, fährt Gerhard fort, wobei seine letzten beiden Worte durch einen Huster ein wenig undeutlich werden. »Entschuldige, aber mir liegt etwas auf der Lunge«, erklärt er und legt seine flache Hand auf seine Brust, um sein Leiden zu verdeutlichen. »Vor allem Frauen mögen ja schicke Sachen. Teure auch.«

Ich schätze diese allfälligen Unterhaltungen nicht besonders, aber hier drin sind sie leider an der Tagesordnung. Ich nicke Gerhard nur zu und sage nichts.

»Allein schon mit der Einrichtung kannst du dir jede nehmen«, fährt Gerhard fort. »Und so alt bist du ja auch noch nicht. Da geht noch einiges bei dir.« Gerhard schaut nun ein wenig bedröppelt. »So viel Glück hatte ich nicht, mhm, einfach zu lange hingewartet. Ich war fast achtzig, als meine Frau gestorben ist. Dann macht man nicht mehr viel.«

»Mhm.« Das soll ein Männergespräch werden, alles klar. Allerdings weiß ich nicht, ob ich eines führen möchte, vor allem nicht in einer Seniorenresidenz.

»Wie ist nun dein Plan?«, fragt Gerhard und hüstelt erneut. »Wirst du dich neu verpartnern, nach einer Anstandsfrist, meine ich?«

Spontan würde ich sagen, ich verkaufe den ganzen Ramsch, rufe beim Sozialkaufhaus an, ob noch etwas von meinen Sachen da ist, suche mir eine Wohnung in der Innenstadt und melde mich bei einem Schachverein an. Aber ich glaube, das wollte Gerhard nicht hören. Ich zucke mit den Schultern und frage mich, wieso die Sache mit Margots Verurteilung hier irgendwie besiegelt zu sein scheint. Ansonsten würde Gerhard mich doch so etwas nicht fragen. Und wieso sollte es auch bei inhaftierten Ehefrauen eine Anstandsfrist geben? Ich dachte bisher, das gelte nur nach dem Tod des Ehepartners.

»Ich würde mal sagen, ich lasse alles auf mich zukommen«, sage ich ausweichend.

Gerhard nickt verständnisvoll. »Da hast du auch wieder recht. Hier brennt dir ja nichts an. Ich meine, die Frauen warten auf dich, ganz sicher.«

Von dieser Warte habe ich es noch überhaupt nicht betrachtet. Immerhin hätte er ja auch fragen können, wie ich die Verhaftung Margots verkrafte, oder nicht? Womöglich hätten wir auch über Selma reden können? Schließlich hat sie Gerhard das Leben gerettet, und so etwas verbindet doch irgendwie. Ich schaue auf seine noch immer schwarzen Fingerkuppen. Dabei fällt mir ein braunes Armband an seinem Handgelenk auf. Offenkundig hat Lennox Bergmann sein Seniorenüberwachungsprojekt bereits gestartet. Gerhard bemerkt meinen interessierten Blick.

»Toll, was einem hier so alles geboten wird«, sagt er und hebt den Arm mit dem Band. Mitten in der Bewegung zuckt er leicht zusammen und lässt ihn langsam wieder sinken. »Die Arthrose«, sagt er mit schmerzverzerrtem Gesicht. »Welche Farbe hast du genommen? Ich würde tippen, du bist der Blautyp. Blau hat etwas Frisches.«

Mir wird nichts geboten, denke ich. Und ich bin auch kein Blautyp, was immer das bedeutet. Dann wird mir das zu bunt.

»Sag mal, nimmt dich das mit Selma gar nicht mit?«, frage ich ihn. »Du mochtest sie doch.«

Gerhard schaut mich mit großen Augen an und sieht aus, als hätte ich ihn mit meiner Frage an einem wunden Punkt getroffen. Es dauert eine Weile, bis er mir antworten kann. »Das mit den Armbändern ist schon nicht schlecht, also wenn noch einmal so etwas passiert. Man fühlt sich damit irgendwie sicherer.«

Ich kann das nicht nachvollziehen, aber ich habe auch keines dieser Dinger. Ich habe es ja nicht einmal bis zu schwarzen Fingerkuppen gebracht. Womöglich sollte ich mich deswegen ausgegrenzt fühlen? Eventuell sehen das die anderen tatsächlich so? Zähle ich damit schon als Mobbingopfer? Auch Ruheständler können grausam sein. Sehr grausam, vor allem, wenn es Frauen sind.

Gerhard schaut mich nicht mehr an. Stattdessen fummelt er an diesem albernen Armband herum. »Das mit der Ortung merkt man gar nicht, aber wenn man hier draufdrückt, bekommt man sofort Hilfe. Für einen alleinstehenden Mann wie mich hat das eine große Bedeutung.«

»Ich dachte, du hast dich mittlerweile daran gewöhnt«, sage ich, um etwas Teilnahmsvolles von mir zu geben. Man kann doch auch als Single ein zufriedenes Leben führen. Dafür muss man nicht einmal Witwer sein. Es genügt schon, wenn die eigene Ehefrau lebenslänglich im Knast sitzt. Die Rente läuft doch weiter.

Gerhard nickt andächtig. Mittendrin hält er inne und schaut mich mit großen Augen an. »Ist das eine offizielle Unterhaltung?«

Ich habe keine Ahnung, wie offiziell das Gespräch zwischen zwei unwichtigen Greisen in einer Seniorenresidenz sein kann, noch dazu, wenn einem davon ein a. D. anhängt.

»Ich dachte nur«, fügt Gerhard wenig erhellend an. »Alle reden darüber, und da muss man ja wissen, woran man ist. Man will sich ja nicht in irgendein Fettnäpfchen setzen.«

»Worüber reden alle?«, frage ich erstaunt nach.

Gerhard windet sich sichtbar. »Ach, Helmut«, murmelt er. »Du weißt schon.«

Weiß ich nicht.

»Na, von deinem geheimen Auftrag«, redet Gerhard zögerlich weiter. »Dass sie dich und die Frau Doktor hier eingeschleust haben, um den Mord an Selma aufzuklären.«

»Ich wohne seit über einem halben Jahr hier«, entgegne ich einigermaßen perplex. »Selma ist erst zwei Tage tot.«

»Ach, doch schon so lange«, antwortet Gerhard. »Da siehst du mal, wie die Zeit hier drin rast.« Er haut sich auf die Schenkel und erhebt sich mühevoll. »Na ja, ich muss dann. Die Physiotherapeutin will sich mal meinen Arm ansehen. Ich habe eine falsche Bewegung gemacht.«

»Gerhard!«, sage ich ungehalten. »Ich bin kein alter Narr, also behandle mich nicht wie einen.«

Er tut sich schwer. Das sehe ich. »Sie sagen, du bist der lange Arm der Polizei in unserer Residenz. Monika Löwe behauptet das zumindest. Sie will ein Gespräch zwischen dir und Frau Mehltau mitgehört haben.« Lange Pause. »Du bist einer von uns. Dir kann man vertrauen.«

Gerhard gibt sich zwar Mühe, die Fragezeichen hinter den letzten beiden Sätzen nicht allzu deutlich werden zu lassen, aber er schafft es nicht. Wie sehr vertraut man jemandem, bei dem es den Anschein hat, dass er seine eigene Frau und deren Freundin binnen achtundvierzig Stunden in den Knast gebracht hat? Unsinn. Gerhard ist zu anständig, um die Wahrheit auszusprechen. Hier drin vertraut mir kein Mensch. Deswegen tun sie, während ich zugegen bin, auch so, als wäre nichts passiert. Keiner will sich in die Nesseln setzen oder auch nur ansatzweise einen falschen Eindruck erwecken. Aber hinter vorgehaltener Hand laufen alle zu Hochform auf, vor allem die Frauen.

Im Umkehrschluss bedeutet das, dass niemand offen mit mir reden wird. Aber das ist nicht neu für mich. Abgesehen davon habe ich die Befragungen meiner Mithäftlinge ohnehin komplett Weidmann überlassen. Ich wollte mir nichts anmaßen. Ich sehe meine Rolle hier eher in der eines verdeckten Ermittlers ohne Rang und Kompetenz. Außerdem muss ich auch nach Abschluss der Ermittlungen noch hier wohnen bleiben, zumindest, wenn Margot nicht als Mörderin überführt wird. Da muss man entsprechend vorsichtig sein.

»Nichts für ungut«, sagt Gerhard im Gehen. »Ich will noch mal nach Ingeborg schauen. Sie hat Angst, seit ein Mörder hier umgeht.«

»Sie hat doch Rolf Jürgen«, rutscht es mir heraus und ich erhebe mich ebenfalls.

Gerhard winkt ab. Er wischt sich mit der flachen Hand einmal quer über sein Gesicht. Erst jetzt fällt mir auf, dass der ansonsten so gepflegte Gerhard heute noch keinen Rasierer in der Hand hatte, gestern sicherlich auch nicht. Na ja, bei jedem von uns kommt einmal der Tag, an dem die Bequemlichkeit über die Konventionen siegt.

»Das ist ein Mann mit einer sehr einseitigen Interessenlage, wenn du verstehst«, sagt er und fügt leiser an: »Ganz wie unser Kai-Uwe.«

Das scheint Ingeborg aber zu gefallen, denke ich. Und Gerhard macht den Ausputzer. Jeder, wie er es mag, auch jenseits des achtzigsten Lebensjahres. Wieso eigentlich Kai-Uwe?

»Eigentlich ist das aber auch alles egal«, murmelt Gerhard leise. Er steht schon im Türrahmen und greift nach der Klinke. Ein leichtes Hüsteln erfasst ihn. Er bringt es hinter sich und stapft ohne ein Wort der Verabschiedung aus dem Zimmer.

»Gerhard? Was ist mit …?«, rufe ich ihm noch nach.

Meine Frage bleibt ungehört. Gerhard dreht sich nicht einmal mehr um. Da er vergisst, die Tür hinter sich zu schließen, gehe ich ihm nach. Zu meinem Erstaunen biegt er jedoch nicht in Richtung Ingeborgs Zimmer ab, sondern nimmt den Fahrstuhl ins Erdgeschoss. Das mit der Physiotherapie hat er sich dann wohl auch anders überlegt, denn dafür müsste er noch eine Etage tiefer. Ich hinterfrage die spontane Planänderung meines Tischnachbarn nicht. Zwischen umdisponiert und vergessen liegen jede Menge Möglichkeiten, vor allem in unserem Alter.

Ich begebe mich zurück in *mein* Appartement und beschließe, mir die paar Minuten bis zum Abendessen noch auf dem Balkon die Sonne auf die Nase scheinen zu lassen. Für gewöhnlich sind diese drei Quadratmeter allein Margots Reich, und wie ich da so am Geländer lehne, erfasst mich ein Gefühl von Freiheit, wie es nur Kate Winslet und Leonardo DiCaprio am Bug der Titanic empfunden haben können. Das ist Margots Lieblingsfilm, und ich gehöre zu den Menschen, die ihn zwei Dutzend Mal sehen mussten. Im Gefängnis gibt es sicherlich auch Videorekorder. Ich sollte dann daran denken, ihr die Kassette einzupacken.

Während ich tief Luft hole und mich an der grünen Natur erfreue, steigt mir ein süßlicher Geruch in die Nase. Jetzt kiffen die Leute schon am helllichten Tag auf offener Straße, denke ich und halte nach dem unweit vom Haus liegenden Gehweg Ausschau. Aber bis auf eine junge Frau, die eine Kindergruppe führt und dabei laut singt, ist die Straße leer. Sie wird doch nicht …? Ein flüchtiger Blick zur Seite sagt mir, dass ich sie zu Unrecht verdächtigt habe. Das Problem sitzt nebenan, auf dem Balkon von Appartement vier. Dort nämlich dreht sich unser Azubi Peter Bause gerade einen Joint, während Kai-Uwe seinen bereits durchzieht. Irgendwo zwischen den Drogenkonsumenten, dem Skelett und den meterhohen Haschischpflanzen sitzt die

Frau Doktor und liest in einem Telefonbuch. Ich möchte nicht hämisch klingen, aber ich denke, das wäre ein guter Moment für einen Schnappschuss für die neue Hausbroschüre. Aber sei's drum. Mir ist der Appetit vergangen und ich beschließe, Lennox Bergmann aufzusuchen. Der scheint der einzige junge Mann im Heim zu sein, der gerade keine regenbogenfarbenen Einhörner fantasiert.

»Herr Katuschek, Sie verpassen ein reichhaltiges, gesundes Abendessen!«, flötet Lennox Bergmann mit meinem Eintreten in sein Büro.

Schwarzbrot, Streichkäse und eine halbe Tomate. Ach nein, heute ist Donnerstag, da sind die Gurken dran. Und statt Pfefferminztee gibt es irgendein Gesöff aus Hagebutten. Er weiß das genau, denn er ist für den Einkauf zuständig. Da Margot nicht in der Nähe ist und es nicht erfahren wird, könnte ich ihn einmal fragen, ob er den Kram auch selbst isst. Vielleicht würde ihm dann aufgehen, dass er mich nicht für dumm verkaufen braucht. Stattdessen sage ich nur trocken: »Mir ist heute nicht nach Parmaschinken, danke.«

Lennox Bergmann ist abgebrüht, gleichgültig oder was auch immer. Jedenfalls übergeht er meine spitze Bemerkung galant.

»Wollen Sie sich das wirklich entgehen lassen? Herr Katuschek? Ich bitte Sie!« Er lächelt überaus freundlich und neigt seinen Oberkörper nach hinten, um seine Verwunderung über meine Renitenz zu unterstreichen. Dabei drängt sich mir bei dem Getue fast schon zwangsläufig der Eindruck auf, dass er mich schleunigst loswerden will. Zweifelsohne steht sein Feierabend bevor.

Das Schöne am Altern ist, dass proportional zu den Lebensjahren auch der Grad der Gelassenheit steigt. Entsprechend begebe ich mich zu dem erstbesten Stuhl und lasse mich seelenruhig darauf nieder. Um dem Ganzen noch die Krone aufzusetzen, schlage ich ein Bein über das andere. Zugegeben, mit Pantoffeln an den Füßen verliert diese Geste ein wenig an Souveränität, aber selbst ein erfahrener Kommissar muss an seinem a. D. noch arbeiten.

»Stimmt irgendetwas nicht, Herr Katuschek?«, fragt Bergmann und ich muss ihm zugestehen, dass er trotz meiner Unhöflichkeit nichts von seinem nahezu herzlichen Tonfall eingebüßt hat. »Gibt es Anlass zur Beschwerde? Dann ist das sehr richtig, dass Sie umgehend zu mir gekommen sind. So etwas muss man unter Männern besprechen.« Da ich noch immer nicht reagiere, hält er inne. »Ist es wegen Ihrer Frau?«, fragt er nun deutlich leiser.

Der junge Mann, der sich mittlerweile auf den Stuhl mir gegenüber platziert hat, hat nun so gar nichts mehr von dem professionellen Jungmanager, den er gerade noch gegeben hat. Er schaut mich mit leicht schräg gelegtem Kopf von unten an, und wenn jeden Moment seine Unterlippe vor Betroffenheit zu zittern anfinge, würde es mich nicht verwundern. Lennox Bergmann ist von einer erstaunlichen Wandlungsfähigkeit, und wenn ich nicht Helmut Katuschek wäre, dann könnte er womöglich sogar einen Enkeltrick bei mir abziehen.

»Das tut mir alles sehr, sehr leid, Herr Katuschek. Das müssen Sie mir glauben. Für mich als Heimleitung ist das nicht weniger schwer als für Sie.« Er streckt doch nun tatsächlich seine Hände nach mir aus und versucht, damit nach meinen zu greifen. Glücklicherweise bin ich noch agil genug, um meine beiden Arme schleunigst aus seiner Reichweite zu nehmen und sie neben meinen Oberschenkeln herunterbaumeln zu lassen.

Wenn man sich überlegt, der arthritische Gerhard wäre an meiner statt, dann hätten wir hier nun Ringelpiez mit Anfassen. Es ist schon erstaunlich, wie sehr sich das Leben jenseits der siebzig verändert. Ein Aspekt davon ist dieses unsägliche Gegrabsche, dem man im fortgeschrittenen Alter ausgesetzt ist. Jeder scheint sich bemüßigt zu fühlen, mit Senioren in Körperkontakt zu kommen. Ob sie einem dabei nur die Hand auf die Schulter legen, die Hände streicheln oder mit einem Klammergriff den Ellenbogen umfassen, ist dabei fast egal. Es ist, als müssten sie zwanghaft unsere Körpertemperatur testen oder die Vitalzeichen prüfen. Ich für meinen Teil finde das widerwärtig und weigere mich, meinen Leib für Derartiges herzugeben.

Lennox Bergmann schnallt das sofort und lässt von mir ab. Er lehnt sich zurück und schaut mich an. Die Leidensmiene hat er immer noch.

»Haben Sie schon etwas gehört?«, hebt er an. »Ich meine, wird Ihre Frau bald zu uns zurückkommen? Das würde uns ausgesprochen freuen.«

»Kann ich so lange auf Einzelzimmer umbuchen?«, frage ich, wobei ich zugeben muss, dass es möglicherweise vernünftiger gewesen wäre, diese Frage nicht ganz so direkt zu stellen.

Er stutzt. Ich scheine ihn mit meiner Abgebrühtheit ein wenig aus dem Konzept gebracht zu haben. Zu meinem Bedauern fängt er sich jedoch erstaunlich schnell wieder.

»Herr Katuschek, wenn Sie das alles zu sehr mitnimmt, dann könnte ich Ihnen auch einen Seelsorger bestellen, bei dem Sie sich die Last von der Seele reden können. Oder wie wäre es mit einem leichten Beruhigungsmittel«, sagt er voller Mitgefühl. »Ein solches Ereignis kann einen ziemlich mitnehmen. Es ist ja nicht so, dass einem jeden Tag die eigene Frau wegen Mordes von der Polizei abgeführt wird und dabei die Beweise so fürchterlich niederschmetternd sind.«

Gut informiert ist er, das muss man ihm lassen. Er steht auf, geht zum Telefon und greift nach dem Hörer. Dabei fallen mir seine schwarzen Fingerkuppen auf. Weidmann war gründlich, das muss man ihm zugutehalten.

»Pfarrer oder Valium?«, fragt Bergmann mit einer Spur von Ungeduld in der Stimme.

Das sind durchaus ernst zu nehmende Alternativen. Aber nicht für mich. Ich sage es ja, der Junge kann mich nicht schnell genug loswerden.

»Ich komme zurecht, danke«, erwidere ich kurz angebunden. Beiläufig nehme ich die Brille von der Nase und beginne damit, sie mit dem Stoff meines T-Shirts zu polieren. Ich kann dabei absolut akribisch vorgehen, was sich zwangsläufig auf das Tempo meiner Bewegungen auswirkt. Kurzum, ich setze auf Zeitlupe, um Lennox Bergmann zu knacken.

»Was kann ich denn sonst für Sie tun, Herr Katuschek?«, fragt er mit leicht genervtem Unterton und einem flüchtigen Blick auf seine Armbanduhr. »Irgendetwas muss es doch geben.«

»Mhm.« Ich würde darüber nachdenken, aber erst muss ich meine Brille wieder blitzblank bekommen. Das Manko der Jugend ist, dass sie die Zeit zu wichtig nimmt und deswegen ständig meint, sie müsste hinter ihr herrennen. Dabei kann sie nur verlieren. »Sie haben hier so viel zu tun, da will ich Ihnen keine Umstände machen«, erkläre ich bedeutungsschwanger.

»Da haben Sie wohl recht, Herr Katuschek«, entgegnet Bergmann und lässt sich demonstrativ wieder hinter seinem Schreibtisch nieder. »So eng mit Menschen zu arbeiten, in jeder Lebenslage für sie da zu sein, das ist ein Fulltime-Job.«

Während er den Satz aus seinem Führungskräftelehrbuch herunterleiert, stiert er schon wieder auf seinen Computerbildschirm. So eng sind wir demnach dann doch nicht.

»Da muss man rund um die Uhr auf Abruf sein. Keine geregelten Arbeitszeiten, wenig Privatleben und an ausreichend Schlaf ist auch nicht zu denken. Man weiß ja nie, wann man nachts gerufen wird.«

Er schaut an seinem Bildschirm vorbei zu mir herüber und hebt die Braue. »Für die Nachtschicht im Bereich der Pflege haben wir Extrapersonal. Ich gehöre zum Leitungsbereich.« Eine herablassende Geste unterstreicht das eben Gesagte. »Wir können uns nicht mit so profa…« Er hält sich mit beiden Händen an der Tischplatte fest, stößt sich samt Schreibtischstuhl, so weit seine Arme reichen, ab und zieht sich umgehend wieder heran. »Wir kümmern uns um den ordnungsgemäßen Ablauf in der Residenz, also aus verwaltungstechnischer Sicht. Das ist auch wichtig, aber dafür genügt der Tag.«

Der profane alte Mann registriert zufrieden, dass er der Sache näher kommt. »Sie müssen also nicht nachts ab und zu ins Haus?«, frage ich scheinbar arglos und lächle dabei leicht debil. »Dann haben Sie einen wirklich tollen Job. Kompliment. Mein Urgroßvater hat immer gesagt, wer vor acht und nach acht auf der Straße ist, hat bei der Berufswahl etwas falsch gemacht.«

»So ist es, Herr Katuschek«, bestätigt er selbstgefällig. »Ich arbeite tagsüber hart genug. Und irgendwelche Privilegien muss mein Studium ja auch mit sich bringen, und wenn es nur ein gesunder Lebensrhythmus ist.« Er zwinkert mir ein wenig hölzern zu. »Und wenn ich nach zwölf Stunden harter Arbeit auch noch zu nachtschlafender Zeit hier anrücken müsste ...« Er macht dicke Backen. »Dafür bin ich ehrlich gesagt nicht der Typ.«

»Dann waren Sie das nicht, den ich in der Nacht von Mittwoch auf Donnerstag bei uns im Foyer gesehen habe«, sage ich betont naiv und knete mir ausgiebig den Nacken. »Na ja, wer weiß, was meine trüben Augen mir vorgegaukelt haben.« Ich schüttle den Kopf. »In meinem Alter sitzt man da so mancher Täuschung auf.«

Seine Mimik bleibt erstaunlicherweise unverändert. »Nein, definitiv nicht«, sagt er durchaus überzeugend.

Ich weiß, was ich gesehen habe. Er spekuliert offenbar auf das Gegenteil. Sonst würde er sicherlich anders reagieren.

»Das ist auch richtig so. Man muss ja auch noch Zeit für ein Privatleben haben, vor allem, wenn man so jung ist wie Sie.« Ich blinzle zweideutig. Meine Güte, wie ich derartige Anspielungen hasse, aber es muss sein.

Bergmann ist schlau genug zu wissen, was ich meine. »Die Arbeit geht vor«, beschwört er mich förmlich. »Die Frau muss ich erst noch finden, die mein Credo bricht.« Er lacht selbstgefällig.

Jede Frau schafft das, denke ich bei mir. Aber das soll der junge Bursche selbst rausfinden.

»Das mit unserer Selma ist eine schlimme Sache«, wechsle ich abrupt das Thema.

Bergmann sieht mich an wie einen alten Mann, der zu wenig Ansprache bekommt und deswegen alles auf einmal loswerden muss, was ihm auf der Seele liegt. Er nickt andächtig.

»Ganz schlimm, ja.«

»Und wir waren alle so gut wie dabei.« Ich nestle nach dem Taschentuch, das meine Verehrerinnen mir vorsorglich eingepackt haben, und tupfe meine Augenwinkel, als könnte ich die Tränen nicht zurückhalten. Ein Helmut Katuschek weint nicht, erst recht nicht in der Öffentlichkeit. Sogar mit acht Jahren, das war das letzte Mal, dass mich dieser Drang überkommen hat, habe ich mich dafür diskret auf den Abort meiner Großeltern zurückgezogen. Dabei ging es damals nur um den Schokoladenpudding, den die Katze gefressen hatte. Jetzt geht es um meine liebe Selma.

»Mhm. Das muss sehr belastend für Sie alle sein«, entgegnet Bergmann.

»Für Sie nicht?«, frage ich und schnäuze mich übertrieben.

»Der Tod von Selma Scherschmidt ...«, sagt er.

Er nennt sie beim vollständigen Namen, wie man es nur bei Fremden tut. Dabei hat niemand hier ihren Nachnamen jemals benutzt. Für alle war sie immer nur Selma. Ein interessantes Detail. Auch dass er tatsächlich über seine emotionale Betroffenheit erst einmal nachdenken muss, passt in dieses Bild.

»Doch, doch. Natürlich«, legt er eilig nach. »Ein schreckliches Ereignis, das uns alle noch lange beschäftigen wird.« Er schaut mich prüfend an.

»Sie mochten sie nicht sonderlich?«, will ich wissen.

»Ich?« Er legt sich mit einer schnellen Bewegung seine flache Hand auf die Brust. »Aber, lieber Herr Katuschek. In einer professionellen Mitarbeiterführung geht es doch nicht um Sympathien und Antipathien. Selma Scherschmidt war eine äußert fähige Mitarbeiterin. Das ist alles, was zählt.«

Ich erwidere nichts. Er mochte sie nicht. Das liegt auf der Hand.

»Ich war übrigens zu Tisch, außer Haus, als es passiert sein muss«, schiebt er eilends nach. »Als ich gegangen bin, hat sie gerade das Essen aufgetragen und mit meiner Rückkehr ... Na ja. Das Ergebnis kennen wir.« Er beugt sich mit einer zackigen Bewegung nach vorn. »Meinen Sie, meine Anwesenheit hätte dieses Unglück verhindert?«

Jetzt schmiert er mir aber ordentlich einen drauf. Wie er wohl reagiert, wenn ich ihm sage, dass ich davon überzeugt bin? So eine böse Flunkerei gehört sich nicht. Schon gut. Nicht einmal, obwohl der Kerl gerade offen zugegeben hat, dass er für die Nahrungsaufnahme das Haus verlässt und nicht an den Brotkrumen nagt, die man uns hier so hinwirft. Das war ja klar.

Betont langsam stehe ich auf. »Schön, dass wir uns mal unterhalten haben«, sage ich. »So von Mann zu Mann.« Es ist besser, hier abzubrechen. Bergmann ist einfach zu schlau. Noch dazu weiß er unter Garantie von meiner Nebenbeschäftigung. Und damit meine ich nicht das Schachspielen. Ich muss sehen, dass ich bezüglich seines Alibis Weidmann auf den Zahn fühle. Irgendetwas gefällt mir an dem Ganzen hier nicht.

Er nickt zögerlich, wobei er sich nicht einmal vordergründig zu fragen scheint, was nun eigentlich der Zweck meines Besuchs bei ihm war. Eher fiebert er darauf hin, dass ich verschwinde.

»Sagen Sie, Herr Bergmann, eine Sache wäre da schon noch«, hebe ich an. Selma, wenn du das jetzt mitbekommst, bitte entschuldige, aber ich habe keine andere Wahl. Sollten wir uns jemals in Juttas Trockenblumenstrauß wiedertreffen, werde ich es dir erklären. Ehrenwort.

Seinen tiefen Atemzug hätte sogar Rolf Jürgen ohne seine Hörgeräte mitbekommen. »Ja?«

»Dieser junge Mann, der im Fernsehraum wohnt, hat der einen dauerhaften Mietvertrag mit festem Tagessatz?«, frage ich. »Einer meiner alten Kollegen sprach mich dieser Tage darauf an. Es gibt wohl eine Anzeige gegen ihn, da er angeblich in der Fußgängerzone sein Lager aufgeschlagen haben soll. Wenn er natürlich einen festen Wohnsitz bei uns nachweisen kann, dann wäre diese Anschuldigung haltlos, und wir wollen ja nicht, dass der junge Mann ungerechtfertigt in Misskredit kommt.«

Lennox Bergmann will das auch nicht. Das steht ihm auf der Stirn geschrieben.

Der alte Fuchs Helmut Katuschek hat die Hühner aufgeschreckt. Nun kann die Jagd beginnen.

Ich liege mit offener Pyjamahose in meinem Sessel und gucke hemmungslos den Sportkanal, während ich Kartoffelchips esse, in aufmüpfiger Revoluzzermanier direkt aus der Tüte. Der Widerstand tobt, wenn die Diktatur nicht hinschaut. Es ist die letzte Tüte, die ich mir aus meinem freien Leben herübergerettet habe, und sie war für besondere Anlässe bestimmt. So etwas wie Margots U-Haft zum Beispiel. Zu meinem perfekten Glück fehlt nun nur noch eine Flasche Bier, aber diese unerfüllte Sehnsucht werde ich in den nächsten Tagen angehen. Ich erwäge ernsthaft, einen Spaziergang zum Bahnhofskiosk zu unternehmen. Da Jankos ungarische Kneipe nur unweit davon entfernt liegt, würde ich dieser in meinem Übermut ebenfalls einen Besuch abstatten. Er hat mir ohnehin noch so einiges zu erklären, und vielleicht ist das außerhalb dieser Mauern etwas zwangloser. Wie gesagt, so eine U-Haft kann dauern. Das ist nicht der Anfang der greisenhaften Verlotterung des Helmut Katuschek. Das ist mein neues, selbstbestimmtes Leben.

Durch die Balkontür strömt mittlerweile nur noch die wohltuend warme Luft eines Frühsommerabends herein, woraus ich schließe, dass die Haschischfreunde von nebenan nun auch ein Ende gefunden haben. Da ich nicht zum Abendessen gegangen bin, konnte ich bezüglich dieses neuen Freizeitangebots bei uns im Haus auch nicht nachfragen. Die Frau Doktor wird für alles schon ihre Gründe haben, selbst wenn sie ihr ab und zu mal durchflutschen.

Im Heim herrscht Totenstille, was nichts mit dem Zustand seiner Bewohner, sondern mit der vorgerückten Stunde zu tun hat. Kurz nach zehn beginnt die offizielle Nachtruhe, und womöglich sollte ich noch dankbar dafür sein, dass sie nicht den Strom in den einzelnen Appartements abstellen, um diesen Punkt der Hausordnung durchzusetzen. Aber hier leben durchweg alte Menschen und die wissen mit Disziplin und Gehorsam noch etwas anzufangen, was derartige Maßnahmen überflüssig macht. Ich für meinen Teil habe nur darauf gewartet, dass sich die Nacht über unsere Residenz legt. Denn die hilft mir, meinen Plan umzusetzen.

Ich lasse die leere Tüte auf den Teppich fallen, wische mir die Hände an den Hosenbeinen ab, stehe auf und gehe zum Kleiderschrank. Helmut Katuschek hat eine Mission, und dafür braucht er seine Winterhandschuhe. Diese zu finden ist keine große Sache, wenn man für seine Klamotten insgesamt nur über vier Fächer und eine halbe Kleiderstange verfügt. Manche Dinge haben eben auch ihr Gutes. Im Nu habe ich die Teile am Mann, ziehe sie über und schleiche mich auf Strümpfen aus dem Zimmer. Mein Ziel ist Hannelores Appartement. Angeblich sollen sie und Margot Komplizinnen sein. Nun, nach mehr als vier Jahrzehnten, möchte ich behaupten, Margot einigermaßen zu kennen, aber was Hannelore angeht, bin ich ein unbeschriebenes Blatt. Bislang war ich damit absolut zufrieden, aber so, wie die Dinge gerade liegen, hätte ich gern gewusst, wer meine Frau in einen Mord hineinzieht. Margot ist in puncto Fleischgabel bisher noch nie auffällig geworden und ich suche nach Antworten.

Im Flur brennt nur die Notbeleuchtung. Aus Sicherheitsaspekten kann man dafür durchaus Verständnis haben, aber mich deprimieren die Funzeln eher ein wenig. Das orangegelbe Licht erinnert mich an eine Razzia, die wir einmal in einem illegal betriebenen privaten Hausfrauenbordell in der Nordstadt durchgezogen haben. Damals war das mediterrane Ambiente schwer angesagt, auch bei uns zu Hause, also in dem Reihenhäuschen, aus dem ich zwangsausgesiedelt wurde. Dass diese Mode allerdings so durchschlagend und vor allem in ihrer Ausprägung dermaßen ähnlich war, davon hatte ich keine Ahnung. Kurzum, die leichten Hausfrauen bevorzugten derzeit das Dekoangebot des gleichen

Baumarktes wie meine Frau, und als ich mit meinen Leuten den Laden stürmte, war ich mir im ersten Moment wahrhaftig nicht sicher, ob ich nicht gerade in meinem eigenen Hausflur die Teppiche umdrehte und Margot jeden Moment im Bademantel herangepest kommen und mich wegen meiner schmutzigen Schuhe ausmeckern würde.

Diese Erfahrung hatte etwas äußert Einprägsames, zumindest stand sie mir mit meiner ersten Nacht hier im Haus unversehens wieder vor Augen, was mir die Eingewöhnung zusätzlich erschwert hat. Dass Margot mich anfänglich auch noch mit ihrer blöden Farbpsychologie zu ködern versucht hat, war dabei ebenfalls nicht gerade hilfreich. Warum man den Flur eines Seniorenheims in stimulierenden und lustfördernden Farben streichen und ausleuchten muss, erschließt sich mir bis heute nicht. Aber Hauptsache, Margot gefällt es. Die war bei der Puffrazzia ja auch nicht dabei.

Ich stelle mich auf Zehenspitzen und versuche, mich so leise wie möglich fortzubewegen. Es dauert nur ein paar Sekunden, bis mir klar ist, dass ein über Siebzigjähriger das nicht mehr tun sollte. Die Gelenke kapitulieren. Es muss also auch so gehen. Hannelores Zimmer liegt am anderen Ende des Ganges. Das sind nur wenige Meter und die sollten mir ohne viel Aufhebens gelingen.

Nach dem Passieren der Zimmertür der Frau Doktor hat sich dieser gute Vorsatz schon mal verflüchtigt. Helmut Katuschek a. D. muss vor lauter Aufregung aufs Klo. Angenehmerweise hatten die Innenarchitekten über ihren Totalausfall bei der Farbgestaltung hinaus auch eine wirkliche Eingebung. Auf jeder Etage gibt es zwei Toiletten, was bei dem Seniorenüberschuss in diesem Haus eine enorme

Erleichterung darstellt. In doppelter Hinsicht. Ich unterbreche also meinen Schnüffelvorsatz und biege kurz ab.

Herr im Himmel! Tut das denn Not, einen alten Mann so zu erschrecken? Vor dem Waschbecken der Männerklosetts steht Kai-Uwe. Seine Körperhaltung ist so ungewöhnlich, dass ich kurz brauche, um zu begreifen, was hier gerade geschieht. Der Junge steht auf einem Bein, während er den Fuß des anderen Beins im Waschbecken geparkt hat und Wasser darüberlaufen lässt. An den Fernsehraum schließt sich keine Nasszelle an, wie es bei den anderen Appartements der Fall ist, und irgendwo muss er sich die Füße waschen. Dennoch, der Bursche hat seltsame Marotten. Und er ist noch immer im Haus. Ich hätte Lennox Bergmann eine größere Durchsetzungskraft zugetraut. Aber womöglich habe ich mich mit meiner kleinen Trickserei verspekuliert.

Kai-Uwe jedenfalls scheint sein Fußbad zu genießen. Zumindest singt er leise dabei, und wenn ich die Bewegung seiner Arme richtig deute, spielt er dazu Luftgitarre. Der Gleichgewichtssinn verzeiht nicht alles, vor allem bei vorangegangenem Drogenkonsum. Ich werde mich allerdings hüten, ihn darauf anzusprechen. Er hat mich bis jetzt nicht bemerkt und ich bin nicht böse, wenn das so bleibt. Auf leisen Sohlen schleiche ich mich in die nächstgelegene Kabine. Als ich wieder rauskomme, ist er verschwunden. Hervorragend! Die Lage bleibt auch ansonsten entspannt und ich erreiche unbemerkt Hannelores Kleinwohnung.

Ich war noch nie in dieser Ecke des Korridors, geschweige denn bei ihr zu Hause, und so habe ich keine Ahnung, was mich hier erwartet. Wenn sie allerdings mitten in ihrer Bude einen Sarg zur Eingewöhnung aufgestellt hätte, würde mich das nicht wirklich wundern. Wie ich bereits vermutet hatte, ist die Tür trotz Hannelores Abwesenheit nicht verschlossen, denn unsere Heimleitung sieht diese Form des Vertrauens und der Offenheit gern. Ich persönlich halte diesen Leichtsinn für dämlich, denn es gibt auch bejahrte Langfinger, aber auf mich hört wie immer niemand. Ich rege mich trotzdem nicht auf. Für den Insassen, der hier mit Abstand die wenigsten persönlichen Habseligkeiten sein Eigen nennt, ist das verschenkte Energie. Und Hannelores Kram interessiert mich nicht. Wieso aber Weidmann bei einem begründeten Mordverdacht die Wohnung nicht versiegelt hat, bleibt sein Geheimnis. Mich hätte das bisschen aufgeklebte Staatsmacht nicht abgeschreckt, aber insgesamt ratsam und vor allem vorschriftsmäßig wäre es schon gewesen.

Ich schiebe die Tür auf und schlüpfe hinein. Hannelores Reich wird von den gleichen Lichttönen illuminiert, wie ich sie gerade auf dem Flur hinter mir gelassen habe. Ich weiß, dass alle Wohnungen im Haus mit diesem Notlicht ausgestattet sind, aber unseres habe ich gleich am ersten Tag deaktiviert. Wo kommen wir denn da hin, wenn ich nachts aufs Klo muss und dabei das Gefühl habe, durch einen ausgehobenen Puff zu wandeln? Hannelore scheint das nichts auszumachen, aber sie teilt auch nicht meine diesbezüglichen Erfahrungen.

Immerhin sorgen die Lichtquellen im Zusammenspiel mit den Straßenlaternen dafür, dass ich alles ausgezeichnet erkennen kann. Die Möbel sind einfach, fast schon ein wenig spartanisch, und erinnern eher an das Wartezimmer eines Arztes als an den Wohnbereich einer alten Frau, wenn man diesen mit Spitzendeckchen, Enkelbildern und diversem Nippes verbindet. In der Gesamtschau scheint mir das alles sehr praktisch zu sein, zumindest für die, die nach Hannelores Ableben für die Entsorgung zuständig sind. Diese wird weder aufwendig noch zeitintensiv. Das raumeinnehmende Element ist das TV-Gerät, was erklärt, warum Margot lieber da reinguckt als in unseren winzigen Fernseher, noch dazu, da sie als konsequente Brillenverweigerin hier auch wirklich etwas erkennen kann.

Wundersam ist allerdings, dass Hannelore in diesem Zimmer zu leben und zu schlafen scheint, obwohl sie zwei Räume zur Verfügung hat. Wird einem bei Teilnutzung des Appartements etwas von der Miete erlassen? Womöglich hat sie auch untervermietet? Ich sollte dahingehend mal nachfragen. Durchaus gespannt auf das, was mich erwartet, steuere ich die andere Hälfte von Hannelores Domizil an. Die Tür ist nicht verschlossen. Aber anstatt auf einen leeren Raum oder einen blinden Passagier zu treffen, stehe ich vor einem riesigen Berg an Umzugskartons, Kisten und Säcken. Dass Hannelore in punkto der uns angebotenen Lebensmittel lange Finger macht, dessen war ich mir bewusst. Aber sie wird doch nicht arglose Senioren beklauen, womöglich noch als Kopf einer riesigen Diebesbande?

Bei den Mengen, die hier lagern, ist das nicht unwahrscheinlich. Ich nehme mir die erste Kiste vor und stoße auf Hunderte weiße Papierservietten. Seltsame Beute. Im nächsten Karton geht es mit Zahnstochern weiter. Auf welchem Schwarzmarkt will sie denn die anbieten? Dass sie das alles selbst benutzen will, ist ausgeschlossen, wo sie doch lieber heute als morgen den Löffel abgeben würde. Und selbst wenn sie ihren Hundertsten feiern darf, kann sie das Zeug niemals aufbrauchen. Nicht einmal unsere gesamte Truppe könnte das. In höchstem Maße irritiert, wühle ich mich weiter durch und stoße dabei auf einen Fleischwolf, Metallschüsseln, Messer, Küchenbeile, künstliche Schweinedärme und eine Kuttermaschine. Sogar ein Bolzenschussgerät ist dabei und, herrje, ein Sortiment an Fleischklopfern, auf das jede Großküche neidisch wäre.

Ich weiß zwar nicht, was Hannelore einmal beruflich gemacht hat, aber wenn das keine Hehlerware ist, dann würde ich auf Fleischermeisterin tippen. Das Zeug scheint ihr jedenfalls wichtig zu sein, oder wieso sonst opfert sie dafür fast die Hälfte ihrer Bleibe? Die Frau Doktor hat dahingehend schon einen besonderen Tick, aber das hier übertrifft alles. Bei der Auswahl an Fleischklopfern brauchte Hannelore nicht auf Jankos Utensilien zurückzugreifen. Sie konnte einfach hier reingehen und sich den schönsten aussuchen. Gleiches gilt sicherlich auch für die Fleischspieße. Ich frage mich wirklich, warum Weidmann das nicht alles konfisziert hat. Das könnten zweifelsfrei Beweismittel sein. Hauptsache, er schleppt meine Andenken auf das Kommissariat. Dieser Blödmann.

Nebenan klappert eine Schranktür. Da wird doch nicht noch jemand auf die Idee gekommen sein, bei einer vermeintlichen Mörderin zu spionieren! Behutsam fasse ich nach dem Türrahmen und spähe um die Ecke. Also das schlägt dem Fass doch den Boden aus! Kai-Uwe steht vor einem der Schränke und kramt in den Schubfächern.

»Suchen Sie etwas Bestimmtes?«, frage ich, aus dem Schatten der Tür hervortretend.

»Die Nussschokolade«, entgegnet er ohne erkennbare Regung. Auch scheint er keinen Anlass zu sehen, sich nac demjenigen, der sich mit ihm im Zimmer befindet, umzudrehen. Der Junge ist ganz offenkundig frei von jeglichem

Schuldbewusstsein, was ich größtenteils auf seinen Drogenkonsum zurückführe. »Oder irgendetwas Essbares. Ich habe Hunger.« Er nimmt sich den nächsten Schubkasten vor. »Gab es heute zum Abendessen Fleischsalat?«, will er wissen.

Hier gab es noch nie Fleischsalat. Wo lebt der denn? »Ich weiß es nicht«, antworte ich wahrheitsgemäß.

»Ich nehme auch Mettwürstchen oder so«, sagt Kai-Uwe. »Aber die hat sie in der Kommode da drüben.« Ohne mich anzusehen, wackelt er zum nächsten Schrank und setzt seine Suche fort.

Der Junge kennt sich aus, was mich darauf schließen lässt, dass er öfter auf Diebestour unterwegs ist. Ich sage es ja, Vertrauen ist Dummheit. Wer weiß, was er sonst schon so geklemmt hat.

»Hannelore ist nicht zu Hause«, sage ich.

»Ist klar«, entgegnet er ungerührt. Dann scheint er etwas gefunden zu haben, was ihm gefällt, und schiebt es unter seine Jacke. Wenn das Mettwürstchen sind, schreibe ich eine Eingabe an die Heimleitung. Dass Hannelore die großzügig kredenzt bekommt und wir nicht, kann nicht angehen. »Mhm. Lecker«, ruft Kai-Uwe aus. »Mettwürstchen.«

»Machen Sie das öfter?«, frage ich entrüstet nach.

»Nur wenn ich Hunger habe«, erklärt er. »Die Alten bunkern so viel, das verdirbt nur, wenn ich nicht mithelfe. Vor allem Hannelore. Die lässt viel Wurst aus der Küche mitgehen. Ich glaube nicht, dass sie den Überblick darüber behält.«

In der Küche bedient sie sich auch, interessant zu hören. Darüber könnte sich Janko auch einmal bei der Heimleitung beschweren. Ich frage mich, ob wir in unserem

Appartement auch Lebensmittel lagern, außer meinen Kartoffelchips. Da die illegale Ware sind, in meinem Binnenverhältnis zu Margot zumindest, habe ich jedoch für eine sichere Verwahrung gesorgt, zumindest war ich bislang in dem Glauben.

»Das ist Diebstahl«, sage ich.

»Nein, das Essen ist in der Miete drin, die hier alle monatlich abdrücken müssen«, antwortet Kai-Uwe und packt weiter ein. »Wow!«, ruft er erfreut aus. »Seit wann gibt es hier sogar Alki?« Da die Pulle nicht unter seine Jacke passt, parkt er sie auf der Anrichte. Ich meine, den Kaffeelikör zu erkennen, den Margot ihrer Freundin zum Geburtstag geschenkt hat. Dass sie im Gegenzug an ihrem Jubeltag nur ein paar Kreuzworträtselheftchen bekommen hat, habe ich auch nicht vergessen – benutzte wohlgemerkt. Aber wenn man konsequent mit Bleistift schreibt und diesen dann ausradiert, passt das schon.

»Sie bestehlen Hannelore«, erkläre ich. »Noch dazu dringen Sie ohne ihr Wissen in ihre Privatsphäre ein.«

»Nix da!«, widerspricht Kai-Uwe. »Hannelore sieht das nicht so eng. Abgesehen davon, bekommt sie es sowieso meistens nicht mit. Kein Wunder bei den Mengen, die die hier lagert. Die steht echt auf Wurst und so. Voll krass. Margot sagt, das liegt an ihrem alten Beruf.«

»Fleischfachverkäuferin?«, frage ich wie nebenbei.

»Volle Punktzahl! Wie bist du draufgekommen?«, will Kai-Uwe wissen.

»Zufall«, entgegne ich. »Trotzdem ist das hier Diebstahl.«

»Wenn die nicht alle wollen würden, dass jemand sie besucht, wären die Türen verschlossen. Außerdem geben die alle gern. Ich bekomme sogar regelmäßig Geld zugesteckt.«

»Auch von der Rothaarigen mit der kurzen Dauerwelle?«, entfährt es mir.

»Margot? Klaro, Mann«, erwidert er. »Die sind alle echt easy drauf in dem Laden hier, also die Weiber zumindest.«

Ich gleich nicht mehr. Aber da Kai-Uwe es nicht einmal ansatzweise zu interessieren scheint, mit wem er hier so zwanglos plaudert, nutze ich die Chance und spreche ihn auf Bergmann an.

»Na ja, Lennox Bergmann würde ich das Attribut nicht zuschreiben«, sage ich.

»Was?«, fragt Kai-Uwe nach.

»Vor Bergmann muss man sich in Acht nehmen«, sage ich. »Der ist nicht ohne.«

»Ach«, entgegnet Kai-Uwe, »der ist halb so gefährlich, wie er tut.« Er dreht sich das erste Mal um und schaut mich an. Dabei macht er nicht den Eindruck, als wäre ihm bewusst, dass wir bereits miteinander gesprochen haben. »Hat er dich angemacht, weil du nachts zu Hannelore ins Zimmer schleichst?« Er grinst schmierig. »Du bist ihr Stecher, was?«

Das ist doch wohl eine bodenlose Unverschämtheit! »Er macht hier auf Bestimmer«, sage ich. »Alles soll nach seinen Regeln laufen und wenn nicht, dann fliegt man raus …«

Kai-Uwe fängt an, fröhlich zu kichern. »Ich nicht.«

»Warum nicht?« Das ist die Frage, die mir seit Selmas Tod unter den Nägeln brennt.

Ich höre, wie er irgendetwas aufreißt. Im gleichen Moment verbreitet sich ein würziger Duft nach Geräuchertem.

»Man muss sich immer absichern, weißt du«, sagt Kai-

Uwe kauend. »Dann ist man auf der sicheren Seite. Und man muss es clever angehen. Wenn ich nicht will, kriegen die mich mein Lebtag nicht mehr aus dieser Hütte raus«, verkündet er stolz. »Nimm das als guten Rat, falls du es genauso machen willst.«

Ich glaube, da liegen meine Prioritäten etwas anders.

Und wo ist Gerhard?« Jutta träufelt spielerisch mit einem kleinen Löffel Honig auf ihre Scheibe Buttertoast. Währenddessen schaut sie mich mit großen fragenden Augen an. Seit wann trägt sie eigentlich diesen auf mich ein wenig impertinent wirkenden feuerroten Lippenstift?

»Ich habe Ihnen doch gesagt, dass Herr Katuschek nicht so einer ist«, wirft die Frau Doktor ein und nimmt einen Schluck von ihrem Kaffee. Sie scheint heute Morgen einen wachen Verstand zu haben und ich freue mich für sie. Und für mich, denn das könnte mich in der Sache weiterbringen.

»Guten Morgen«, sage ich und setze mich an den Tisch.

»Das nächste Mal, wenn ihr Knaben um die Häuser zieht, nehmt ihr mich aber mit«, fordert Rolf Jürgen nachdrücklich, fasst neben sich an den dort stehenden Rollator, mit dem er heute unterwegs ist. »Ich kenne die schärfsten Puppen in der Stadt. Da ist auch für euch was drin.« Er leckt sich mit der Zunge über die Lippen, was wenigstens einen Teil der dort haftenden Butterspur beseitigt.

»Könnte mich bitte jemand aufklären?«, frage ich und betrachte unseren leeren Nachbartisch. Der Aufenthaltsort von Margot und Hannelore bietet wenig Interpretationsspielraum, aber was ist mit Gerhard?

»Wenn das bis jetzt noch keiner gemacht hat«, freut

sich Rolf Jürgen diebisch. »Dann ist dir was entgangen, du armes Schwein.« Er lacht wie ein kleiner Junge, dem man einen Riegel Schokolade geschenkt hat.

»Die hypochondrische Tranfunzel ist abgängig«, antwortet die Frau Doktor schnörkellos.

»Seit wann?«, hake ich nach und nehme mir die letzte noch im Körbchen verbliebene Brotscheibe. Seit ich mir mit Rolf Jürgen das Nahrungsangebot teile, muss ich wirklich sehen, wo ich bleibe. Die Neunzigjährigen sind die neuen Sechzigjährigen, habe ich neulich irgendwo gelesen. Rolf Jürgen wirkt aber eher wie jemand mit einem pubertären Wachstumsschub, zumindest, was seinen Appetit angeht. Und sein Verlangen nach … ach lassen wir das.

»Den Nachmittagstee bei Ingeborg hat er zumindest verpasst«, weiß Jutta.

Rolf Jürgen grinst schadenfroh, sodass man meinen könnte, er hätte den Satz verstanden.

Reflexartig schaue ich zu Ingeborg hinüber. Sie plaudert angeregt mit ihrer Tischnachbarin, bemerkt schließlich meinen Blick, senkt die Lider und lächelt verstohlen. Zügig schwenke ich wieder auf Rolf Jürgen um. Der bekommt meine Aufmerksamkeit nicht einmal mit, und wenn, dann würde er nichts hineininterpretieren. Habe ich mich getäuscht oder ist Ingeborgs Mund heute ebenfalls besonders angemalt? Ich schaue noch einmal hin, um mich zu vergewissern. Das erweist sich als schwerer Fehler, denn Ingeborg interpretiert meinen erneuten Blick als Aufforderung zu einem lasziven Mienenspiel. Ich bin ein Mann, der mühelos über so etwas hinwegsehen kann. Aber dass alle Frauen, außer der Frau Doktor, heute irgendwie besonders herausgeputzt sind, das kriege schon mit. Hat irgendjemand Geburtstag? Ein Jubiläum? Habe ich irgendetwas verpasst?

Ich schaue die Frau Doktor an und warte, was passiert, aber alles wirkt wie immer.

»Ingeborg hat ein wenig Problemchen mit den neuen Gegebenheiten hier«, plappert Jutta darauflos. Sie beugt sich über den Tisch und flüstert: »Ihr wisst schon, die Sache mit Selma.« Sie lehnt sich wieder zurück und redet in normaler Lautstärke weiter. »Ihr Zimmer befindet sich nun einmal am nächsten an der Küche. Deshalb kommt Gerhard immer mal gucken.« Die Zweideutigkeit hätte ich auch begriffen, wenn sie nicht zusätzlich mehrfach hintereinander gezwinkert hätte.

Frau Doktor Böttcher zieht die rechte Braue hoch und sieht mich an. Ich weiß, was sie meint. Die Wohnräume und der Versorgungstrakt liegen auf unterschiedlichen Etagen. Aber wenn die beiden einen Grund brauchen, sich zu treffen, dann passt das schon.

»Hat man seine Leiche schon gefunden?«, fragt die Frau Doktor, und man kann fast schon sehen, wie sie sich erwartungsfroh die Hände reibt. Einer Frau wie ihr macht der Leerlauf hier zu schaffen, das merkt man sofort. Wenn Gerhard etwas zugestoßen sein sollte, würde mir das leidtun, obwohl er natürlich bei ihr in den besten Händen wäre.

Jutta schüttelt den Kopf. »Monika Löwe hat bereits gestern Abend das ganze Haus abgesucht«, weiß sie zu berichten.

»Na dann.« Die Frau Doktor winkt ab. »Wenn das Bett eines erwachsenen Mannes kalt bleibt, ist er entweder tot oder bei einer anderen Frau. Zumindest war das bei meinem

Karl Heinz so. Irgendwann ist man so weit, dass man sich freut, wenn Ersteres der Fall ist.« Sie schenkt sich Kaffee ein. Dann kratzt sie sich die Butter mit einem mitgebrachten Skalpell auf das Brot. Die Frau Doktor lässt sich nun einmal nicht so einfach kaltstellen. Recht so.

»Frau Doktor!«, empört sich Jutta mit dem üblichen dramatischen Gehabe. »Sie machen es sich zu einfach. Ich habe es Ihnen gesagt. Die Sterne stehen ungünstig und auch ansonsten sind die Schwingungen miserabel.« Sie legt den fertigen Toast auf Rolf Jürgens Teller und wendet sich mir zu. »Gerhard ist verschwunden, seit gestern Abend«, sagt sie betroffen. »Und es gibt ja wohl noch schlimmere Dinge als den Tod.«

»Einen betrunkenen Taxifahrer«, wirft Rolf Jürgen ein und macht sich über sein Frühstück her. »Die Mausi hier macht immer noch die besten Schnitten.«

Ich mutmaße, dass Jutta ihm seine Hörgeräte wieder überlassen hat, und stufe das als schweren Fehler ein.

»Und du weißt wirklich nichts?«, fragt Jutta und schaut mich mit großen Augen an. »Wir dachten, da auch du unentschuldigt beim Abendessen gefehlt hast …«

»Blödsinn«, fährt die Frau Doktor sie an. »Herr Katuschek zieht nicht nächtens um die Häuser.«

Leider.

»Wenn ein Mann wie er um seinen Schlaf gebracht wird, dann liegt es an einem dringenden Ermittlungseinsatz«, fügt Frau Doktor Böttcher noch an. »So etwas kann man nicht vorher anmelden. Wo kämen wir denn da hin? Außerdem ist er uns keine Rechenschaft schuldig.«

Mitunter habe ich den Eindruck, dass sie mich besser kennt als meine Frau. Denn ich habe über meinen Besuch in Hannelores Wohnung bis jetzt niemandem gegenüber ein Wort verloren.

»Ach so«, antwortet Jutta erleichtert, um im nächsten Moment wieder umzuschwenken. »Aber Gerhard?«

Ich zucke nur mit den Schultern. Es war etwa halb fünf, als er mich gestern verlassen hat. Aber er ist ein erwachsener Mann, auch mit Mitte achtzig. Und er ist nicht verwirrt oder so etwas, zumindest nicht mehr als üblich. Bei ihm würde ich nicht einmal nach achtundvierzig Stunden zur Sorge neigen. Das Leben ist kurz – unseres sowieso.

»Vielleicht hatte er einfach irgendetwas außerhalb dieses Heims vor?«, sage ich.

»Ausgeschlossen!«, widerspricht Jutta. »Außerdem hätte er sich dann abmelden müssen.«

»Wenn er eine aufgerissen hat, dann wird es Tage dauern, bis wir ihn wieder zu Gesicht bekommen«, mutmaßt Rolf Jürgen. »Dann muss er erst einmal anständig…«

»Du hast Honig um die Nasenlöcher«, herrscht Jutta ihn an, und drückt ihm gleichzeitig mit Schmackes ihre Blümchenserviette ins Gesicht, sodass seine Schlüpfrigkeiten darin untergehen.

»Das hier ist keine Kaserne«, werfe ich ein.

»Angesichts der Umstände«, erklärt Jutta naserümpfend, »ist es eine Frage des Anstands, seinem Wohnkollektiv Bescheid zu sagen. Immerhin wäre es ja nur menschlich, wenn wir über sein Verschwinden beunruhigt wären.«

Wohnkollektiv? Warum nicht gleich Siechenkommune? Und überhaupt. Wir sind also nicht beunruhigt. Ich ohnehin nicht. Und so, wie Ingeborg in meine Richtung mit den Augen rollt, scheint sie sich um Gerhard auch nicht groß Gedanken zu machen. Ich für meinen Teil wünsche

Gerhard, dass ihm gerade das Abenteuer seines Lebens widerfährt. Dass dies nur außerhalb dieser Mauern stattfinden kann, versteht sich von selbst.

»Man wird ihn entführt haben«, sagt die Frau Doktor ohne erkennbare Gemütsregung. »Heutzutage klaut man vor Einkaufszentren angebundene Pinscher. Wieso sollte dann nicht irgendeiner Interesse an einem Greis haben?«

Diese Möglichkeit habe ich noch nicht in Betracht gezogen. Immerhin verfügen einige von uns über ordentlich finanziellen Spielraum. Soweit ich weiß, auch Gerhard. Ob das allerdings den Aufwand rechtfertigt, den man mit einem alten Menschen hat, bezweifle ich.

»Dann muss er vorher von seinem Kidnapping gewusst haben«, wendet Jutta ein. »Oder wieso sonst hat er bei Monika Löwe die Reinigung seiner Kleidung storniert?« Jutta reckt wichtig ihr Kinn in die Luft, was uns verdeutlichen soll, wie unwissend wir sind. »Sie musste ihm sogar die dreckigen Socken zurückgeben.«

»Dafür kann es unzählige Gründe geben«, entgegne ich. »Angefangen damit, dass er bei sich eine Allergie auf das Heimwaschmittel festgestellt hat.«

»Eventuell hat er sich auch selbst umgebracht und vorher einfach klar Schiff gemacht. Kein Mensch braucht nach dem Ableben saubere Strümpfe«, ergänzt die Frau Doktor wie nebenbei. »Schön wäre es, wenn alle welche tragen würden, aber nein, das ist nicht die Realität.«

»Oh!«, ruft Jutta aus und klatscht dabei in die Hände. »Dass ich nicht eher darauf gekommen bin. Wollen wir nicht eine kleine Vortragsreihe machen, über Ihre Arbeit mit den Toten. Sie könnten etwas aus dem Nähkästchen plaudern. Das würde hier jeden interessieren.«

Das glaube ich, so nah, wie wir alle an der Abfahrt sind.

Die Frau Doktor lässt dieses Angebot an sich abprallen. Sie hat früher auf internationalen Kongressen gesprochen, da wird sie ihr Wissen nicht vor ausgemachten Laien präsentieren wollen, die alle paar Minuten wegnicken.

»Wie stehen die Chancen für Selbstmord nun?«, hakt die Doktorin stattdessen nach.

Ich will sie gerade darüber in Kenntnis setzen, dass Gerhard das nie tun würde, weil er damit fremden Leuten zur Last fallen könnte, und dass wir vielleicht noch einmal die Residenz nach ihm absuchen sollten, da ergreift Jutta das Wort.

»Auf dem Dachboden war ich schon, in seinem Appartement und auf den Männertoiletten auch«, sagt sie. »Die Räumlichkeiten in der Residenz geben nicht mehr her.« Sie beginnt damit, einen Apfel zu schälen. »Und andere Orte wären für Gerhard niemals infrage gekommen.«

»Sollten für derartige Fälle nicht diese Dinger, also diese Notfallarmbänder greifen?«, frage ich scheinbar arglos. »Gerhard trägt seines, soweit ich weiß, sehr konsequent, zumindest würde ich das aus seiner Begeisterung dafür schließen.«

»Du irrst, mein lieber Helmut«, widerspricht Jutta. »Gerhards Band liegt in seinem Zimmer.«

»Klassischer Fall von Fehlanwendung«, witzelt die Frau Doktor.

Ich sehe meine Skepsis gegenüber diesem neumodischen Kram bestätigt. Wenn man seine Senioren nicht verlieren will, dann muss man ihnen einen Chip einpflanzen, wie bei Haustieren. Sobald man vergisst, die lebensrettende Technik umzuschnallen, nützt sie nichts.

»Wenn Gerhard nach Ungestörtheit ist, legt er das Band ab«, weiß Jutta.

Es wird immer alberner. Allerdings zeigt mir das wieder einmal, wie hervorragend informiert Jutta über alles ist. So zügig, wie sie alle Eventualitäten abcheckt, könnte man meinen, sie hätte ein dringliches persönliches Interesse an den Vorgängen hier. Verheimlicht sie uns etwas? Oder bezieht sich das nur auf Gerhard? Die alte Schnüffelnase in mir wird misstrauisch. Vor allem, weil sie sich um mich dahingehend scheinbar überhaupt keine Gedanken gemacht hat. Immerhin galt ich bis vor wenigen Minuten ebenfalls als verschwunden. Aber bei mir hat nicht einmal jemand an die Zimmertür geklopft.

»Wieso versuchst du nicht einfach, Kontakt zu ihm aufzunehmen, also mit diesen Kräften, die du da haben willst, die du meinst zu haben… äh, die du hast?«, frage ich und muss zugeben, dass ich dabei möglicherweise ein wenig barsch klinge.

»Weil er nicht tot ist«, blafft mich Jutta voller Entrüstung an. Dann kullern ein paar spontane Tränen über ihre runden Wangen.

Das ist ein Argument, dem ich nichts entgegenzusetzen habe.

»Ihr nehmt meine Gabe nicht ernst«, jammert sie. »Und ihr behandelt mich wie ein fünftes Rad am Wagen, nur, weil ich nicht aus eurem Stall komme.« Sie nimmt einen Zipfel ihres Schals und tupft sich das Gesicht trocken. »Denkt bloß nicht, ich kriege euer Misstrauen nicht mit, vor allem deines, Helmut.«

»Dann wussten Sie also, meine Liebe, quasi als Erste vom Tod dieser Selma?«, will die Frau Doktor wissen. Die Frage ist naheliegend und ich freue mich, dass jemand sie endlich stellt. Dass sie Juttas emotionalen Ausbruch übergeht, finde ich ebenfalls prima.

Jutta neigt unentschlossen den Kopf. »Das könnte man so sagen, unter Umständen, vielleicht.«

»Was denn nun?«, fährt die Frau Doktor sie an. »Wenn Sie es wussten, wäre es Ihre Pflicht gewesen, Herrn Katuschek umgehend zu informieren. Immerhin ist er der leitende Ermittler.«

Ich genieße den Klang dieses Titels in vollen Zügen.

Jutta schnauft unzufrieden.

Sie ist eine Rosstäuscherin. Ich wusste es.

»Wissen ist vielleicht das falsche Wort.« Sie greift mit den Fingern ihrer rechten Hand in die Luft, als ob sie imaginäre Kirschen pflücken würde. »Ich spüre die negative Energie«, sagt sie in diesem weichen Singsang, in den sie öfter verfällt. »Das Böse hinterlässt eine Spur im Universum.«

»Shakespeare lässt grüßen«, ruft die Frau Doktor aus und schaut entnervt in Richtung Zimmerdecke. »Sie hatten also keine Ahnung.«

Jutta schiebt die Augenbrauen zusammen. »Ich bin ein zutiefst sensibler Mensch.« Sie schaut mich an, als müsste ich das bestätigen. Ich nehme mir einen Pfirsich. Ich mag diese Frucht nicht sonderlich, aber irgendetwas muss ich ja tun. Und Kiwi ist nicht im Angebot. »Während unserer Zusammenkunft habe ich etwas aufgefangen. Es war so schlimm, dass ich mit mir allein sein musste.« Ihr Blick ruht noch immer auf mir. »Irgendwann stand dann Monika Löwe da …«

»Wo?«, frage ich dazwischen.

Jutta wirkt verdattert. »Wie meinst du das?«

»Wo hast du Monika getroffen?«, wiederhole ich.

Jutta hat die Antwort nicht sofort parat. »Ich war so aufgewühlt«, sagt sie und fährt sich nervös durch ihre Mähne. »Ich … Sie kam aus dem Fernsehraum. Genau. Monika Löwe kam aus dem Fernsehraum.« Sie hebt erleichtert die Mundwinkel.

Ich rekapituliere: Jutta läuft auf der Suche nach Einsamkeit über die Flure der einzelnen Etagen. In einem Seniorenheim. Da kann man genauso gut versuchen, in einer Hotellobby Entspannungsyoga anzubieten. Aber was noch viel erstaunlicher ist: Monika Löwe findet gegen vierzehn Uhr eine tote Kollegin. Den Notruf an die Polizei setzt sie erst etwa gegen halb drei ab, auf Aufforderung von Frau Mehltau, als ich zugegen war. In der Zwischenzeit sucht sie nach mir.

Dass sie aber glaubt, mich im Fernsehraum zu finden, nehme ich ihr beim besten Willen nicht ab. Seit ich hier kaserniert bin, habe ich dieses Zimmer genau einmal betreten, und das war vorletzte Nacht. Monika ist eine zutiefst empathische Person, sodass ihr dies unmöglich entgangen sein kann. Nach meinem Dafürhalten hat sie nach jemand anderem gesucht, von dem sie dachte, er müsste das mit Selma umgehend erfahren – oder den sie eventuell sogar warnen wollte. Und bei diesem Jemand handelt es sich ganz eindeutig um Kai-Uwe. Aber warum nimmt sie den Jungen wichtiger als die Polizei, also quasi als mich?

»Nachdem Sie so umtriebig waren, meine Liebe«, hebt die Frau Doktor an, »was haben Sie über Kai-Uwes vermeintliches Alibi herausbekommen?«

Sie hat es noch drauf. Keine Frage. Und wir senden noch immer auf einer Welle. Ich kann überhaupt nicht sagen, wie glücklich mich das macht.

Jutta ist eine Meisterin des Schmollens. »Er hat keins, also nicht ganz so, wie es sein müsste«, murmelt sie in ihre Teetasse hinein, um lauter hinzuzufügen: »Wenn es ums Spionieren geht, bin ich wieder gut genug für euch.«

»Sag es noch einmal, Mausi«, fordert Rolf Jürgen weithin hörbar. »Was ist mit Kai-Uwe?«

Juttas Groll wendet sich blitzartig gegen ihn. »Wenn du unsere Ermittlungen konterkarierst, nimmst du ab sofort deine Mahlzeiten auf dem Toilettenstuhl in der Abstellkammer ein«, faucht sie mit feurigen Augen und knallt ihm ein Viertel des Apfels auf den Teller. »Ohne Extraservice.« Um ihre Worte zu unterstreichen, senkt sie den Kopf, schaut ihn von unten an und richtet den Zeigefinger ihrer rechten Hand auf ihn. »Hast du das verstanden, du vermodertes Gerippe?!«

Schlagartig begreife ich, wie es diese Frau auf drei geschiedene Ehemänner bringen kann.

Rolf Jürgen hat scheinbar so mannigfaltige Erfahrungen mit dem anderen Geschlecht, dass er keine zweite Ansage braucht.

Jutta richtet ihren voluminösen Schal und lächelt die Frau Doktor übertrieben entspannt an. »Kai-Uwes Gesangsbruder sagt, er ist am Mittwochnachmittag eine ganze Weile weg gewesen und er hat keine Ahnung, wieso und weshalb, zumal das nicht abgesprochen war.«

»Zur Tatzeit?«, frage ich nach.

»Bin ich eine Anfängerin?«, kontert Jutta. »Natürlich zur Tatzeit. Der Kerl hat unseren leitenden Ermittler angelogen.«

Aus Juttas blutrotem Mund klingt das gleich überhaupt nicht mehr schön.

Ich denke an Kai-Uwes Lebenssituation. Er hängt an Selma wie eine Klette an einer Wollhose. Sie sorgt für sein Auskommen, die Unterkunft, die Verpflegung und was weiß ich noch. Dann verlässt sie ihn. Normalerweise sollte man meinen, dass dies das Ende all seiner Annehmlichkeiten sein sollte, aber das ist es nicht. Selma kümmert sich auch weiterhin um ihn. Angeblich, weil sie so ist, wie sie ist.

Seit Jutta dieses Argument vorgebracht hat, frage ich mich, ob es wirklich trägt. Selmas Gutmütigkeit ist die eine Sache, aber sie für blöd zu halten, eine andere. Außerdem hatte sie mir auf die Trennung von diesem Schmarotzer ein Bier ausgegeben, so erleichtert war sie darüber, die Angelegenheit hinter sich gebracht zu haben. Dass sie ihn weiterhin jeden Tag um sich haben wollte, vor allem an ihrem Arbeitsplatz, bezweifle ich stark. Noch dazu, da sie spätestens seit Montag den Verlust ihres Jobs zu befürchten hatte. Sie könnte ihm das gesagt haben. Womöglich hat sie ihn sogar gebeten zu verschwinden. Er hat nichts dergleichen getan. Zwei Tage später ist sie tot.

Mir ist noch immer nicht klar, inwiefern Kai-Uwe von Selmas Ableben hätte profitieren können, zumal er mit Janko Varga und Lennox Bergmann mindestens zwei weitere Feinde im Haus hatte. Spätestens nach ihrem Tod wäre für diesen Kerl dann der Moment gekommen, sich eine neue Bleibe suchen zu müssen, aber wieder passiert nichts. Stattdessen scheint er felsenfest davon überzeugt, dass ihn hier niemand vor die Tür setzen kann. Nicht einmal das schlechte Gewissen oder eine vermeintliche Schuld scheint ihn wegzutreiben. Von ehrlicher Trauer um den Menschen, der ihn ein halbes Jahr durchgefüttert hat, sehe ich auch keine Spur, da kann er so viele Tränen vor mir abdrücken, wie er will. Und genau das ist der Knackpunkt.

»Kai-Uwe hat irgendetwas gegen unsere Heimleitung in der Hand«, spreche ich die Schlussfolgerungen aus meinen Überlegungen laut aus. »Deswegen macht er keine Anstalten, uns zu verlassen. Das würde auch erklären, wieso Lennox Bergmann nichts bei ihm ausrichten konnte, und warum er nicht einmal über das Stöckchen gesprungen ist, das ich ihm hingehalten habe.«

»Welches Stöckchen?«, will Jutta wissen. »Verschweigst du uns etwas, Helmut Katuschek?«

Die Frau Doktor nickt anerkennend und übergeht Juttas Einwurf.

»Es wäre auch höchst unwahrscheinlich gewesen, dass Selma für den Fall ihres Todes für ihn vorgesorgt hat«, erklärt sie überzeugt.

»Vor allem nicht, wenn sie kurz davorstand, ihren Job wegen ihm zu verlieren«, ergänze ich und gebe kurz zum Besten, was mir Frau Mehltau verraten hat.

Juttas fragender Blick wechselt zwischen uns hin und her. Niemand geht auf sie ein. Sie registriert das und ändert eilig ihre Strategie.

»Aber das sind doch so reizende Personen«, sagt sie. »Mit was kann man die denn erpressen?«

»Kai-Uwe verbringt den überwiegenden Teil des Tages hier im Haus. Da kriegt man so einiges mit«, entgegne ich. »Und hier wird es schon noch fettere Grauzonen als den Betrug mit dem Fertigkuchen geben.«

Jutta belustigt das. »Dass wir keine echte Konditorware bekommen, weiß doch jeder. Wer erwartet denn so etwas?«, flötet sie und rümpft dabei die Nase. »Außerdem glaube ich nicht, dass Kai-Uwe informationstechnisch besser ausgestattet ist als ich. Immerhin ist er nur in einer Sphäre unterwegs.«

»Mhm.« Wenn ich darauf meine Meinung sage, ist sie nur wieder beleidigt.

»Nein, das glaube ich nicht.« Jutta schüttelt energisch den Kopf. »Jemand, der erpresst wird, muss etwas Unrechtes tun. Bei unserem hervorragenden Personal wäre das nichts weiter als eine boshafte Unterstellung. Ich bitte euch, wir reden über einen so feinen Mann wie unseren Lenni oder so eine liebenswürdige Person wie Frau Mehltau.«

»Den dieser Kai-Uwe bei einem Mord beobachtet haben könnte«, gibt die Frau Doktor zu bedenken. »Das wäre mal ein anständiger Erpressungsgrund.«

»Unser Lenni?«, kreischt Jutta entsetzt.

»Herr Lennox!«, ruft Rolf Jürgen voller Inbrunst aus. Er lächelt wie ein Großvater, der seinen Enkel nach Wochen das erste Mal wiedertrifft.

Ich fahre erschrocken herum und sehe den Assistenten unserer Heimleitung schnurstracks auf uns zukommen. Um nicht weiter aufzufallen, wende ich mich wieder meinem unversehrten Pfirsich zu. Nebenbei streift mein Blick Rolf Jürgen. Er schmunzelt still in sich hinein.

»Auch er ist nur ein Opfer« murmelt Rolf Jürgen salomonisch, als er meinen fragenden Blick bemerkt. »Wie wir alle.«

»Gin Tonic?« Die Frau Doktor wartet nicht einmal auf eine Antwort, sondern erhebt sich aus dem Korbstuhl und verschwindet in ihrer Wohnung.

Ich bleibe allein zwischen den üppigen Hanfgewächsen

zurück. Das Kraut ist so hoch gewachsen, dass man bis auf das darüber hinausragende Skelett von der Straße aus nicht viel erkennen kann. Ich gebe zu, trotz meiner Antipathie gegenüber Drogen gefällt mir diese grüne Oase der Abgeschiedenheit. Die Frau Doktor ist auf eine herzerfrischende Art und Weise unkonventionell.

»Wieso haben Sie eigentlich keine Geranien?«, frage ich mit einem Seitenblick auf Margots spärliches Blumenkastenarrangement nebenan, als sie mit zwei Gläsern in den Händen wieder auf dem Balkon erscheint. Wir hatten früher immer Geranien, so viele, dass man annehmen musste, die Flora hätte nichts anderes zu bieten. Margot liebt oder hasst Dinge, dazwischen gibt es nichts. Und Geranien liebt sie. Dabei fällt mir ein, wenn sie länger aushäusig ist, sollte ich den Blumen wohl mal etwas Wasser spendieren.

»Für wen halten Sie mich denn, Herr Katuschek?«, entgegnet sie amüsiert. »An Ihrer Spießigkeit wird unsere Gesellschaft noch einmal zugrunde gehen. Dann doch lieber Karl Heinz, umgeben von diesen wunderschönen Hanfpflanzen.« Sie setzt sich und reicht mir mein Getränk. »Ich habe Ihnen gleich einen Doppelten verpasst.«

Karl Heinz? Sie wird sich doch nicht schon wieder geistig von mir verabschieden? Bitte nicht, Frau Doktor, ich brauche Sie.

Sie scheint mir meine Unsicherheit anzusehen. »Karl Heinz heißt der Herr hier.« Sie zeigt auf das Gerippe zu ihrer Rechten.

Ich lächle erleichtert. »Sie haben ihn nach Ihrem Mann benannt?«

»Es ist mein Mann«, entgegnet sie, ohne eine Miene zu verziehen.

Mir bleibt der Mund offen stehen.

»Schon gut, ich habe sein Knochengerüst nach seinem Tod vermessen und es eins zu eins nachgebaut. Sogar die Fraktur seines linken Wadenbeins. Sehen Sie.« Sie greift sich das Bein von Karl Heinz und zeigt mir die nachgezeichnete Bruchstelle. »Das stammt von einem Skiunfall in Davos aus dem Jahr 1982. Da hat er sich an die Kellnerin rangemacht, worauf ich ihm meinen Skistock in die Speichen geknallt habe, wenn Sie verstehen. Na ja, mit dem Gipsbein wollte die junge Dame ihn dann auch nicht mehr.« Diese Erinnerung scheint sie zutiefst zu befriedigen.

Ich staune, was die Frau Doktor schon alles erlebt hat. Bei uns ging es dahingehend deutlich ruhiger zu, wenn man von Margots Temperamentsausbrüchen absieht.

»Menschliche Modelle bauen war mal ein Hobby von mir, wissen Sie. Und da es in diesem Land ja verboten ist, seinen eigenen Mann auseinanderzunehmen und seine Einzelteile zu konservieren, musste ich mir halt so helfen.«

»Aha.«

»So ist er immer in meiner Nähe, und wenn ich schlecht auf ihn zu sprechen bin, schiebe ich ihn auf den Balkon«, erklärt sie weiter. »Da steht er eigentlich meistens.«

Ich denke an Margot und muss grinsen.

Sie prostet mir zu.

Ich proste zurück. Ohne mir dessen bewusst zu sein, schaue ich auf meine Uhr. Das Frühstück liegt kaum eine halbe Stunde hinter uns. »Es lebe die Freiheit!«, rufe ich aus. Seit meiner Pensionierung habe ich keine so große innere Zufriedenheit mehr verspürt.

Ihrem Gesichtsausdruck nach zu urteilen, versteht sie meine Anspielung.

»Ich untersuche die Wirkung von Gin bei der Verlangsamung einer demenziellen Symptomatik«, erklärt sie in einem vertrauten Tonfall und nimmt einen tiefen Schluck. »Im Selbstversuch.« Sie zwinkert mir zu.

»Vor oder nach den Haschplätzchen?«, will ich wissen. Meine Mutter hat immer gesagt, dem Tod schlägt man nur mit Humor ein Schippchen. Ich sollte das in meinem neuen Lebensabschnitt ein wenig mehr beherzigen.

Die Frau Doktor erfreut sich an meinem frechen Spruch.

»Eigentlich wollte ich nur testen, wann die mich hier rauswerfen, aber die Hausordnung scheint enorm dehnbar zu sein.« Sie lächelt verschmitzt. »Ich werde noch einen draufsetzen und um Drogenverkauf erweitern. Ich könnte Monika Löwe bitten, einen Aushang am schwarzen Brett zu machen. Auf zwei Dauerabnehmer kann ich schon zählen, aber es steht zu befürchten, dass die eher auf kostenfreie Probepackungen spekulieren oder mich beklauen.«

Mein Lachen kommt aus tiefstem Herzen. Dabei beschleicht mich das Gefühl, dass dies überhaupt nicht als Witz gemeint war.

»Auf das Gesicht meines Sohnes bin ich schon gespannt. Die schreiben hier doch bestimmt so blaue Briefe«, redet sie weiter. »Sie erinnern sich, lieber Katuschek, wie in der Schule, wenn man sich einen Tadel eingehandelt hat oder nicht versetzt worden ist. Jedenfalls wird er sich schrecklich für mich schämen, dieser alte Biedermann. Das geschieht ihm recht.« Ein paar Zornesfalten legen sich auf ihre Stirn, verflüchtigen sich jedoch schnurstracks wieder. »Aber wenn ich nicht hier wäre, wer weiß, ob wir uns in diesem Leben noch einmal über den Weg gelaufen wären. So hat eben alles sein Gutes.«

»Ich bin heilfroh, dass es so ist«, sage ich und proste ihr zu. »Meine Umsiedlung geschah auch unter Zwang.«

»Dabei sehen Sie total fit aus, eigentlich wie immer. Und Ihrer Frau scheint auch nichts zu fehlen«, erwidert sie.

»Mhm.« Ich möchte nicht darüber reden und erhebe lieber noch einmal mein Glas. »Jedenfalls bereichern Sie mein Dasein hier ungemein.«

»Ich glaube, das haben Sie in den letzten Tagen bereits erwähnt, aber da man bei mir nicht sicher sein kann, was ich mitschneide, tun Sie gut daran, es zu wiederholen«, entgegnet sie. »Dennoch, kommen wir zur Sache. Was haben Sie herausbekommen?«

Ich zücke mein Notizheft, aber noch ehe ich antworten kann, hebt sie erneut an. »Ich verstehe, dass Sie Ihre Erkenntnisse nicht am gemeinschaftlichen Frühstückstisch kundtun wollten, aber meinen Sie nicht, wir sollten Jutta auch zu uns bitten? Immerhin ...«

»Freitag, neun Uhr ist Wasser-Aerobic«, sage ich zugegeben etwas zu eilig. Jutta mag durchaus ihre Vorzüge haben, aber ich kenne sie noch immer zu wenig, um sie in alles vertrauensselig einbinden zu können. Eine Mordermittlung ist nun mal keine Freizeitbeschäftigung für alte Leute.

Die Frau Doktor schmunzelt allwissend. »Na, dann spannen Sie mich nicht länger auf die Folter und beeilen Sie sich, denn ich weiß nie, wann meine Telefonbuchphase wieder von mir Besitz ergreift.«

Also berichte ich lieber von meinen diversen Gesprächen und meinem Besuch in Hannelores Gruselkabinett nebst Aufeinandertreffen mit Kai-Uwe.

Die Frau Doktor hört sich alles höchst aufmerksam an. »Sie haben mittlerweile diesen Kai-Uwe verstärkt im Visier?«

»Er nistet sich bei uns ein, lügt, stiehlt und vermutlich erpresst er jemanden«, entgegne ich. »Da würde ein Mord auch noch reinpassen. Abgesehen davon bietet die Liebe, selbst wenn sie erloschen ist, immer ein starkes Motiv. Wir dürfen nicht vergessen: Selma hat ihn verlassen.« Der Gin ist ganz hervorragend und er tut seine Wirkung, zumindest was die Durchblutung meiner Beine angeht. Ein herrliches Gefühl!

»Offenkundig spielte es für ihn keine Rolle, ob Selma hier noch arbeitet oder nicht«, wirft die Frau Doktor ein.

»Nein. Er muss einen eigenen Weg gefunden haben, seine Interessen durchzusetzen«, antworte ich. »Losgelöst von Selma. Das hat er mir mehr oder weniger deutlich zu verstehen gegeben.«

»Und das wird nichts sein, was mit Altenpflege zu tun hat«, kontert die Frau Doktor.

Ich grinse und fahre fort. »Aus meiner Sicht wird Lennox Bergmann von den meisten hier, eigentlich von allen außer mir, kolossal fehleingeschätzt. Und auch die anderen Angestellten sind nur Menschen. Sie verstehen.«

Natürlich tut sie das. »Womöglich wusste Selma sogar von Kai-Uwes Treiben und es war ihr nicht recht«, sagt die Frau Doktor. »Wenn sie so war, wie alle sagen, wird sie mit seinen Spielchen nichts am Hut gehabt haben. Das hätte ihr nur noch mehr schaden können. Womöglich hat sie sich auch für ihre Kollegen verantwortlich gefühlt.«

Ich nicke zustimmend. »Die beiden haben sich darüber gestritten und er hat die Nerven verloren ...« Meine Gedanken schweifen zu Selma ab. Ich kann nicht abschätzen, wie lange wir geschwiegen haben, aber irgendwann bemerke ich, dass die Frau Doktor das mittlerweile leere Glas in meiner Hand durch ein neues ersetzt hat.

»Aber womit erpresst er dann Lennox Bergmann? Andersherum würde ein Schuh draus, also wenn Bergmann den Mord beobachtet hätte. Aber so?« Die Frau Doktor runzelt die Stirn.

»Es sind noch viele Fragen offen«, antworte ich ausweichend.

Schließlich sagt sie: »Man hat nicht mehr viele Freunde in der Einlaufkurve zum Hades. Trinken wir auf die wenigen verbliebenen!«

Das tun wir. »Und auf Selma«, sage ich und wir lassen die Gläser klirren. »Der Fleischklopfer, der in der Küche nicht fehlt, stattdessen aber in Hannelores Appartement in verschiedenen Ausführungen herumliegt«, hebe ich in einem für mich ungewöhnlichen Stakkato an, »der ungehinderte Zugang zu Hannelores Eigentum und Kai-Uwes Kenntnis von alldem.«

»Beruhigen Sie sich, mein lieber Katuschek«, unterbricht mich die Frau Doktor.

Ich atme tief und fahre bemüht langsam fort. Womöglich bin ich einfach den starken Alkohol nicht mehr gewohnt, oder die Euphorie.

»Es könnte für ihn ein Leichtes gewesen sein, sich unbemerkt die Mordwaffe zu beschaffen. Wenn er clever genug war, dabei Handschuhe zu tragen, was ich ihm mal unterstelle, hat er keine Fingerabdrücke hinterlassen. Dass Hannelore ihre eigenen Sachen irgendwann auch in den Händen hatte, ist anzunehmen, ohne Handschuhe, versteht sich. Das würde erklären, wieso die Kollegen ihre Spuren gefunden haben.«

»Und Sie meinen, der Junge hat das einkalkuliert?«, fragt Frau Doktor Böttcher dazwischen.

»Ganz klar. Oder wieso sonst sollte er die Mordwaffe nicht nach der Tat aus dem Haus schaffen? Stattdessen läuft er dorthin, wo sich Margot und Hannelore die meiste Zeit aufhalten und … Halten Sie das für Zufall?«

»Ich verstehe schon«, wiegelt die Frau Doktor ab. »Sie versuchen, Ihre Frau da rauszuhauen.«

Ich bin ein wenig verdutzt über den Eindruck, der entstanden ist. »Ich versuche, einen Mord aufzuklären«, sage ich aus tiefster Überzeugung, dass ich absolut unvoreingenommen agiere.

»Für den Ihre Frau nebst Freundin in Untersuchungshaft sitzen«, entgegnet die Frau Doktor.

»Mhm.«

»Das ehrt Sie, mein lieber Katuschek, wirklich, vor allem bei der Frau«, sagt die Frau Doktor. »Kai-Uwe müsste sich nach meinen Erkenntnissen aber gebückt haben, um seine Freundin zu erschlag…«

Ihre Worte werden durch den jählings auf dem Balkon auftauchenden Weidmann unterbrochen.

»Äh, guten Morgen, Chef«, sein Blick wechselt zwischen mir, der Frau Doktor und dem uns umgebenden Grün. Zu allem Überfluss scheint er nun auch noch mein Notizbuch und den Alkohol entdeckt zu haben. »Äh, Frau Doktor … ich wollte … ich hätte …«, stammelt er und läuft dabei zusehends rot an. Unter seinem Arm entdecke ich voller Erleichterung die Überbleibsel meines längst vergangenen Lebens. Ohne etwas dazu zu sagen, legt er den Karton vor mir auf dem kleinen Tischchen ab. Ich brenne darauf nachzusehen, ob meine Habseligkeiten vollständig sind, lasse es aber bleiben. Ich möchte nicht, dass er merkt, wie wichtig mir das ist.

»Gin Tonic?«, fragt die Frau Doktor und setzt sich schon in Bewegung.

Weidmann scheint die Antwort im Hals stecken geblieben zu sein, denn er zuckt nur hektisch mit den Achseln.

»Sie dürfen uns gern Gesellschaft leisten«, sage ich in einer wohl im Alkohol begründeten Überschwänglichkeit.

Weidmann kann nicht reagieren, denn das Anstarren meines Notizheftes schränkt seine Aufnahmefähigkeit ein. Ich könnte jetzt anbringen, dass es nicht so ist, wie es aussieht, aber das wäre glatt gelogen. Ich nippe also an meinem Mixgetränk und hülle mich in Schweigen. Wer nicht redet, kann auch nichts Falsches sagen. Als die Frau Doktor wieder auftaucht, steht er noch immer unschlüssig neben mir. Weidmann war schon immer eher der schüchterne Typ.

»Also wirklich, junger Mann«, beschwert sich die Frau Doktor. »Setzen Sie sich doch bitte. Sie verscheuchen ja die Vögel.« Sie reicht ihm ein Glas, von dem ich annehme, dass es ebenfalls ordentlich Alkohol enthält, und ermuntert ihn zum Trinken.

Weidmann ist unter Garantie niemand, der irgendjemanden verscheuchen will, nicht einmal ein paar Vögel. Noch dazu will er nicht unangenehm auffallen und tut, was man ihm sagt. Derweil schaut er sich verstohlen nach allen Seiten um.

»Möchten Sie was zu rauchen?«, fragt die Frau Doktor provokant. »Ich flankiere den Alkohol gern mit Tabak, nach dem Motto ›wenn schon, denn schon‹. Angeblich soll man bei richtiger Dosierung über hundert Jahre alt werden.«

Ich muss mir das Lachen verkneifen. Die einstige Koryphäe der Pathologie versucht, ihr Gras an den Mann zu bringen. Und das bei der Polizei. Das Pensionärsdasein enthemmt ungemein, wie ich entzückt feststelle.

Weidmann stürzt seinen Drink hinunter. Der scheint seine Fassungslosigkeit ein wenig zu dämpfen, zumindest kann er nun wieder sprechen. »Nein, nein.« Er wiegelt ab.

Pause.

»Ich wäre nicht abgeneigt«, sage ich. Ich bin noch immer kein Raucher, erst recht nicht, wenn es um dieses Kraut geht, aber auch einen Helmut Katuschek sticht einmal der Hafer, insbesondere, wenn die Luftlinie zwischen ihm und seiner Angetrauten mindestens fünf Kilometer beträgt.

Weidmann kippt die Kinnlade nach unten.

Die Frau Doktor lässt sich nicht zweimal bitten. Allerdings lässt sie die Hanfpflanzen unberührt. Sie holt ein Kästchen heraus und reicht mir eine Zigarre von beachtlicher Größe. Da ich nicht sofort danach greife, zieht sie ihren Arm wieder zurück, riecht einmal genüsslich daran, steckt sie sich in den Mund und zündet sie an. Kurz darauf bläst sie voller Wonne eine dicke Rauchschwade in die Luft.

»Kein Problem«, sagt sie und hält mir das Teil erneut hin. »Mein Mann konnte sich seine auch nie selbst anmachen.« Sie wartet, bis ich ihr das Exemplar abgenommen habe, und zündet sich eine eigene an.

Es ist Freitagmorgen im Seniorenheim. Kriminalhauptkommissar a. D. Helmut Katuschek sitzt angedüdelt mitten in einer Hanfplantage und raucht die erste Zigarre seines Lebens, während seine Frau auf unbestimmte Zeit in Untersuchungshaft sitzt. Halleluja!

»Chef«, höre ich irgendwann Weidmanns Stimme. Richtig, er ist auch noch da.

»Weidmann.«

»Ich habe Ihnen Ihre Sachen wieder mitgebracht«, sagt er. »Alles vollständig. Sie können sich auf mich verlassen.« Er klopft mehrfach hintereinander mit seiner flachen Hand auf mein Kästchen. »Ich wusste ja überhaupt nicht, dass Sie so kurz vor Ihrer silbernen Jubiläumsleiche standen. Dann kam das mit Ihrer Pensionierung wirklich zeitlich etwas ungelegen, vor allem, weil wir drei Tage nach Ihrer Verabschiedung die zwei Wasserleichen gefunden haben. Das war ein kniffliges Ding, das sage ich Ihnen. Sie hätten Ihre Freude daran gehabt.« Er schaut mich an, als erwartete er meine Zustimmung. »Gibt es eigentlich eine Urkunde oder so was, wenn man die fünfundzwanzig schafft?«, will er schließlich wissen. »Geld? Einen Gutschein?«

So sind sie, die jungen Leute. Für alles wollen sie eine Belohnung. Ich bedanke mich brav bei Weidmann, aber insgeheim ärgere ich mich, dass er sich meine Sachen wirklich so akribisch angesehen hat. Dabei brennt mir eine Frage unter den Nägeln.

»Wieso haben Sie die Kiste eigentlich mitgenommen?«

Er hält kurz inne. »Weil Ihre Frau gesagt hat, wir finden die Antwort auf unsere Fragen da drin«, sagt er dann. »Und ich habe angenommen, Sie hätten … da wäre … Frau Scherschmidt.«

Weidmann wollte Liebesbriefchen, Fotos und weiß der Teufel was von Selma und mir finden. Und Margot wollte einfach nur ihren Polizistenehemann vor den alten Kollegen bloßstellen, als kleine Rache quasi. Der sentimentale alte Mann, der all seine Fallnotizen und die Fotos der Abschiedsfeier aufhebt. So ein Biest.

Betretenes Schweigen.

»Chef. Ich brauche Ihre Hilfe«, sagt Weidmann zaudernd.

Und ich benötige kurz, um seine Worte zu verarbeiten. Dann geht der Satz runter wie Öl. Entsprechend genieße ich ihn ausgiebig, bevor ich mich Weidmann zuwende.

»Was gibt es denn?«, frage ich in altväterlicher Manier, aber schwer bemüht, nicht selbstgefällig zu klingen und mich vor allem nicht an dem Rauch zu verschlucken.

Weidmann beißt sich auf die Unterlippe. »Es geht um Ihre Frau«, flüstert er zaghaft.

Natürlich, um wen denn sonst?

»Sie weigert sich auszusagen«, erklärt Weidmann.

»Mhm.«

Weidmann lässt das Kinn auf die Brust sinken und fängt an, sein leeres Glas zwischen den Fingern kreisen zu lassen. »Sie sagt, ich solle Sie fragen.« Er holt tief Luft. »Und dass Sie für alles verantwortlich sind.«

»Mhm.«

Die Frau Doktor bläst die Wangen auf, aber dabei lässt sie es auch bewenden.

»Was soll ich Ihnen sagen, Weidmann?«, frage ich und bemerke, dass er wieder mein Notizbuch fixiert. »Ich habe meiner Aussage nichts hinzuzufügen.« Man soll es nicht glauben, aber diesen Satz sage ich gerade das erste Mal in meinem Leben. Da soll noch einer behaupten, das Alter halte keine Überraschungen bereit.

Er schnaubt und klingt dabei irgendwie verzweifelt. Ich kann das nachvollziehen. Margot löst das auch in mir aus.

»Wenn sie nicht aussagt, dann ...«

»Was hatte denn diese Hannelore zu berichten?«, fragt die Frau Doktor dazwischen. »Immerhin soll sie es gewesen sein, die den eigentlichen Tötungsakt vollzogen hat. Frau Katuschek hat dabei doch wohl eher eine Nebenrolle gehabt.«

»Ach.« Weidmann scheint insgesamt nicht weitergekommen zu sein. »Diese Frauen …« Er seufzt.

Ich weiß sehr gut, was er meint.

Er überlegt kurz und scheint dann zu dem Schluss zu kommen, dass er uns vertrauen kann.

»Was soll's? Sie beide gehören ja irgendwie immer noch dazu«, sagt er und legt los. »Alles passt auf den ersten Blick ganz hervorragend zusammen, aber auf den zweiten stehe ich vor einem riesigen Rätsel. Der Fleischklopfer, also die Mordwaffe, gehört dieser Hannelore und ihre Fingerabdrücke sind darauf. Beides hat sie sogar unumwunden zugegeben. Ich meine, welche Ausrede hat sie, wenn ihr halbes Appartement mit diesem Fleischerkram vollgestellt ist …?« Er holt tief Luft. »Dann wiederum will sie keine Ahnung haben, wie das Teil in das Kosmetikstudio gekommen ist, obwohl alle behaupten, sie verbringe den halben Tag dort. Aber das Schlimmste ist: Sie hat kein Motiv. Und auf die Frage danach, warum sie Selma ermordet hat, sagt sie lediglich so etwas wie ›Mir war langweilig‹, ›Ich habe nichts zu verlieren‹, ›Ich wollte es mal ausprobieren‹. Das ist doch Bullshit!« Das letzte Wort ist noch nicht verklungen, da zuckt Weidmann schon zusammen und schaut mich besorgt von der Seite an. »Entschuldigung, Chef, ich weiß, ich soll nicht fluchen.«

Ich winke ab. Geschenkt. »Hannelore will sich nur wichtigmachen«, sage ich.

Er nickt eilig. »Den Eindruck habe ich auch. Sie scheint es förmlich zu genießen, im Mittelpunkt zu stehen. Gestern hat sie sogar einen der Wachhabenden gebeten, die Zeitung zu kontaktieren. Angeblich will sie ein Interview geben.« Er schaut in die Runde und fügt mit hoher Stimme noch an: »Aus der U-Haft!«

»Typisch«, antworte ich.

»Mhm. Wenn sie diese Nummer nicht fährt, dann macht sie auf gebrechliche alte Frau, die in irgendetwas hineingeraten ist, was …« Er zögert. »Na ja, im Grunde beschuldigt sie Ihre Frau, sie angestiftet zu haben, indirekt, aber doch durchaus deutlich.«

»Einen so unmündigen Eindruck hatte ich von dieser Hannelore überhaupt nicht«, wirft die Frau Doktor ein.

Weidmanns Gesichtszüge verfinstern sich. »Sie hält uns zum Narren. Dabei nimmt sie in Kauf, Ihrer Frau massiv zu schaden. Ich weiß nur nicht, warum sie das tut. Angeblich sind die beiden doch Freundinnen, zumindest haben das alle Heimbewohner ausgesagt.«

»Freundinnen.« Aus dem Mund der Frau Doktor klingt dieses Wort wie eine Bezeichnung aus dem letzten Jahrhundert.

»Haben Sie eine Erklärung dafür?«, fragt Weidmann. »Sie kennen die Dame doch länger und wissen vielleicht, ob etwas zwischen den beiden Frauen vorgefallen ist.«

Jetzt pumpe ich meine Wangen auf. »Das letzte Mal habe ich die beiden am Mittwochnachmittag gesehen. Sie kamen gemeinsam von der Fußpflege und schienen so innig wie immer«, sage ich. »Zumindest war das mein Eindruck.«

»Irgendetwas muss zwischen den beiden gewesen sein, und zwar nach der Tat. Es wäre ja nicht das erste Mal, dass Komplizen sich über ein gemeinsam begangenes Verbrechen entzweien«, spricht Weidmann seine Gedanken laut aus. »Aber auch dazu schweigt Frau Katuschek. Sie tut, als ginge sie das alles nichts an. Und sie beschwert sich permanent über das Essen. Dabei ist das doch gar nicht so schlecht, nicht wahr, Chef?«

Sie hat Streichkäseentzug, denke ich, spare es mir aber, das laut zu sagen. Ich möchte nicht, dass Weidmann denkt, ich zöge das Ganze ins Lächerliche.

»Mir ist noch immer das Motiv von Frau Katuschek nicht klar«, bemerkt die Frau Doktor. »Wenn ich jemanden zum Mord anstifte, dann sollte ich einen Grund dafür haben.«

Weidmann reißt die Augen weit auf und verschluckt sich an seiner eigenen Spucke. Augenscheinlich hofft er auf eine Erklärung von mir, aber die kann ich ihm nicht liefern. Ich weigere mich, etwas so Absurdes auch noch breitzutreten.

»Eifersucht«, haucht er und klingt dabei, als ob ihn seine Stimmbänder jeden Moment im Stich ließen. Wie auf Knopfdruck steht seine Stirn voller Schweißtropfen.

Die Frau Doktor ist nicht blöd. Sie schnallt sofort, wie der Hase läuft. Juttas Hinweis auf meine Parkspaziergänge mit Selma, kombiniert mit Weidmanns spontanem Unwohlsein, lassen wohl kaum einen anderen Schluss zu.

»Wenn das so ist, erschlage ich die vermeintliche Nebenbuhlerin selbst und hole mir nicht eine Grufti-Oma zu Hilfe, noch dazu, wenn sie so wenig kalkulierbar ist wie diese Hannelore. Eine eifersüchtige Frau muss ihre Rachegelüste selbst ausleben, das funktioniert nicht über eine Stellvertreterin.« Sie legt ihren Kopf in den Nacken und trinkt in großen Schlucken. Als ihr Glas leer ist, sagt sie: »Ich weiß das aus eigener Erfahrung. Die ersehnte Genugtuung stellt sich nur dann ein, wenn man selbst aktiv wird.«

»Meinen Sie?«, fragt Weidmann unsicher.

»Sind Sie noch nie auf eine eifersüchtige Frau getroffen?«, will die Frau Doktor wissen.

Er fährt sich mit der Hand durch das Haar. »Ich denke nicht.«

»Wie bedauerlich. Darauf trinken wir noch einen«, beschließt die Frau Doktor, sammelt unsere Gläser ein und verschwindet.

Weidmann schaut ihr nach. »Die Kollegen sagen, sie ist nicht mehr ganz …« Er verdeutlicht mit einer Handbewegung, was er meint. »Dabei wirkt sie auf mich wie immer.«

Ich denke an das Telefonbuch. »Nichts als üble Nachrede«, entgegne ich und ärgere mich insgeheim, dass man auf diese Weise über sie tratscht. Ich möchte nicht aufzählen müssen, wie viele Leute auf dem Kommissariat verrückter sind als sie, aber die sind alle noch im Dienst.

»Wenn Ihre Frau wenigstens sagen würde, dass sie es nicht war«, fährt Weidmann fort.

Wir wissen beide, dass das nichts ändern würde.

»Es gibt da noch etwas«, hebt Weidmann an.

Jetzt bin ich aber mal gespannt.

»In dem Zeitraum zwischen dem Mord und dem Eintreffen der Kriminaltechniker gibt es in der Küche eine unklare Spurenlage«, sagt er. »Und es wäre höchst ungewöhnlich, um nicht zu sagen, unwahrscheinlich, wenn die allein auf den Mörder zurückginge. Dass bei der Ankunft der Kollegen von der KTU das Siegel an der Tür defekt war, welches ich eigenhändig angebracht habe, deutet unweigerlich darauf hin, dass sich jemand Zutritt verschafft haben muss.« Er macht eine Pause und wartet offenkundig auf meine Reaktion. Ich versuche, so unschuldig wie möglich dreinzublicken. »Nach meinem Dafürhalten könnte das der Mörder gewesen sein, der noch einmal zurückgekommen ist, um Spuren zu beseitigen«, fährt Weidmann fort.

Ich würde gern erwidern, dass es allein deswegen Sinn ergibt, am Tatort zu warten, bis die Kollegen eintreffen, aber angesichts meiner Lage halte ich lieber die Klappe. Dann wird mir doch tatsächlich ein wenig mulmig. Ohne Weidmann aus den Augen zu lassen, presse ich meine Hand auf mein Notizheft und versuche, es unbemerkt zwischen meinem Schenkel und der Armlehne des Sessels verschwinden zu lassen. »Ich kann nicht folgen«, sage ich mit fester Stimme.

»Nun, wie ich gestern erwähnte, haben wir direkt neben der Leiche winzige Reste von einer Schokoladenbuttercreme gefunden. Eine entsprechende Torte hat die Heimleitung aber erst nach ihrer Entdeckung spendiert«, antwortet Weidmann.

»Sie meinen, irgendjemand hat die Versiegelung aufgerissen und ist mit seinem Kuchenteller in die Küche spaziert, um sich eine Tote anzusehen.« Oh, Helmut Katuschek, du solltest dich für dieses Schmierentheater bis zu deinem Lebensende schämen.

»Das ist blöd, oder?«, entgegnet Weidmann.

Ich zucke mit den Schultern. »Wir sind in einem Seniorenheim.«

»Auch wieder wahr.« Weidmann scheint doch tatsächlich ein wenig beruhigt.

Die Frau Doktor ist wieder zurück und ich kann es kaum erwarten, mein Glas in der Hand zu halten. Weidmann hingegen scheint sich vor seinem zu fürchten, zumindest würde ich seine Körpersprache so deuten.

»Dann gibt es noch diverse Fingerabdrücke«, fährt er fort.

Jetzt hört der Spaß auf. Die Frau Doktor und ich haben während Selmas Obduktion Handschuhe getragen.

»Die Kühlschranktür war übersät mit Spuren von diesem Kai-Uwe, also dem Ex-Freund der Ermordeten«, fährt Weidmann fort.

Ich nicke wohl etwas zu energisch, worauf er mich fragend ansieht.

»Irgendetwas stimmt mit dem Stoffwechsel des Jungen nicht«, sage ich zur Erklärung. Wenn Kai-Uwe auch in der Küche so ungeniert geklaut hat, verstehe ich Jankos Beschwerde bei der Mehltau. Allerdings frage ich mich, wieso er das nicht mit Selma direkt lösen konnte. Stattdessen fordert er ihre Kündigung, was auf mich wirkt, als würde jemand mit Kanonen auf Spatzen schießen.

Weidmann nimmt das so hin. »Auch wenn es wohl alle normal finden, dass der junge Mann hier wohnt, obwohl er nicht hier arbeitet, gefällt mir der Zeitpunkt seines Erscheinens in der Küche nicht.«

»Er war nach Selmas Ableben und vor der KTU dort«, schlussfolgere ich einigermaßen geplättet.

»Seine Fingerabdrücke liegen über denen von Selma, genau«, antwortet Weidmann. »Also entweder hat er sich irgendwann vor ihrem Tod am Kühlschrank bedient und sie ist nicht mehr dazugekommen, die Tür ebenfalls anzufassen oder …«

»Sie hat schon auf dem Boden gelegen, während er nebenan seinen Heißhunger gestillt hat«, vollende ich den Satz.

»Genau!«, freut sich Weidmann.

So ungewöhnlich das ist, aber ich muss Weidmann recht geben. Und ich muss meine Gedanken sortieren. Wenn Kai-Uwe vor Selmas Tod in der Küche war, dann erst, nachdem Janko sich gegen zwölf verabschiedet hat. Die Chuzpe besitzt nicht einmal Kai-Uwe, nach dem Stress mit der Mehltau dort während Jankos Arbeitszeit einzumarschieren, und wenn doch, dann wäre er niemals bis zum Kühlschrank gekommen. Allein schon deswegen würde ich darauf schwören, dass der Junge nach Selmas Tod da war. Sie hat es offenkundig nach dem Geschirrabräumen nicht mehr geschafft, die übrig gebliebenen Lebensmittel wegzuräumen. Das war mir beim Entdecken der Blutwurstreste sofort klar. Dass Kai-Uwe sich diese Wurst geholt hat, weiß ich auch sicher, denn er hat sie mitten in der Nacht vor meinen Augen gegessen. Bislang habe ich jedoch aus irgendeinem Grund angenommen, er hätte die Küche erst nach dem Verschwinden der Polizei betreten. Womöglich bin ich dahingehend nicht abgebrüht genug oder schlichtweg zu normal.

»Haben die Kollegen Blutwurst am Tatort gefunden?«, frage ich in Richtung Weidmann.

Er merkt verwundert auf. Dann scheint ihm einzufallen, dass ich vor ihm bei der Leiche war. »Nein. Nur schmutziges Geschirr, keine Lebensmittel.« Weidmann schaut mich erwartungsvoll an.

»Dann war Kai-Uwe definitiv nach Selmas Tod in der Küche«, erkläre ich. »Ich war etwa gegen halb drei am Tatort, da stand die Wurst noch da.« Gegen vier auch, aber das muss Weidmann nicht wissen. Dann könnte ich ihm auch gleich erzählen, dass ich im Alter so unprofessionell geworden bin, einen Tatort mit Buttercreme zu kontaminieren.

»Wer schleicht um eine Leiche und sucht sich Essen zusammen?«, fragt die Frau Doktor. »Der Junge war mir von Anfang an suspekt.«

»Kai-Uwe bringt sie um, geht zurück und räumt den Kühlschrank aus …?«, formuliere ich meine Gedanken laut.

»Der Junge war am Mittwochnachmittag in der Küche«, sagt Weidmann. »In jedem Fall muss er Hunger gehabt haben.«

Den letzten Satz streiche ich, denn das ist ein typischer Weidmann. Fakt ist, Kai-Uwe wusste von Selmas Tod bereits, als ich ihn in der Nacht damit konfrontiert habe, dieser Schauspieler.

»Die Kollegen prüfen noch sein Alibi, aber Kai-Uwe steht auf meiner Liste der Verdächtigen ganz weit oben, also hinter Ihrer Frau und dieser Hannelore«, sagt Weidmann.

Die Frau Doktor und ich wechseln einen schnellen Blick. Selma starb zwischen zwölf und eins, so weit würde ich den Tatzeitraum mittlerweile einschränken. Ansonsten wäre die Küche nicht in dem unaufgeräumten Zustand gewesen. Eine Selma Scherschmidt ist keine Trödlerin. Kai-Uwe hat sich irgendwann am Nachmittag aus der Fußgängerzone weggestohlen, aber wenn ich den Zeitpunkt am vermeintlichen Blutwurstdiebstahl festmachen würde, dann kann dies nur zwischen vier und fünf Uhr gewesen sein. Da war Selma lange nicht mehr am Leben. Das muss natürlich nicht bedeuten, dass er vorher nicht schon einmal in der Küche war, und auch nicht, dass er sie nicht umgebracht haben kann. Kann ein Mensch so hungrig sein, dass er nach der Ermordung eines anderen noch einmal den Tatort aufsucht, um sich mit Lebensmitteln zu versorgen, noch dazu, da das Risiko einer Entdeckung mittlerweile viel zu hoch ist?

»Aber wissen Sie, Chef«, redet Weidmann weiter, »wenn

er der Täter ist, hätte ich an seiner Stelle Handschuhe getragen und nicht ausgiebig den Kühlschrank betatscht. Das ergibt doch keinen Sinn.

Ich horche auf. »Was haben Sie noch?«

Weidmann beginnt, mit den Fingern herunterzuzählen. »Lennox Bergmann, Monika Löwe und Peter Bause. Und Frau Mehltau. Die vier konnten wir bislang anhand der Fingerabdrücke an der Küchentür einwandfrei identifizieren.«

»Mhm.«

»Frau Löwe hat die Leiche gefunden«, ergänzt er. »Peter Bause war auf der Suche nach seiner Chefin, zumindest hat er das so ausgesagt.«

»Das ist korrekt«, falle ich ihm ins Wort. »Ich war dabei.«

Er nimmt das zur Kenntnis. »Aber was hat Lennox Bergmann dort gemacht? Auf mein Nachfragen jedenfalls kann er sich nicht erinnern, am Tattag überhaupt in der Küche gewesen zu sein. Dieser Kai-Uwe will übrigens auch nicht dort gewesen sein.«

»Weidmann, ich bitte Sie«, sage ich. »Alle hier im Haus dürfen sich frei bewegen, sogar wir. Der Gang in die Küche ist nichts Ungewöhnliches.«

»Lassen Sie ihn ausreden, Katuschek«, fordert die Frau Doktor ungeduldig.

Weidmann wirft ihr einen dankbaren Blick zu und fährt fort. »Monika Löwe betritt gegen vierzehn Uhr die Küche. Sie öffnet die Tür und schließt sie von innen wieder. Dann sieht sie die tote Selma Scherschmidt und holt Hilfe…« Weidmann macht eine kurze Pause und seine Augen ruhen dabei auf mir. »So weit deckt sich das alles mit den Spuren, die wir gefunden haben. Um halb drei kommen Sie nebst

Frau Löwe, diese Jutta und etwas später auch Frau Mehltau an den Tatort.«

Ich wage es nicht, ihn zu drängeln, obwohl es mich in den Fingern juckt. »Korrekt. Monika Löwe hat die Tür für uns geöffnet. Frau Mehltau kam dann wenige Minuten später nach.«

Weidmann nickt, als wäre er dabei gewesen. »Halb vier treffe ich ein, begutachte die Fundsituation und die Tote und versiegle den Raum«, redet er weiter. Weidmann klingt wieder einmal, als wäre er der wichtigste Mann in diesem Unterfangen. Dabei hat er sich bis jetzt nicht sonderlich mit Ruhm bekleckert.

»Eine Stunde, genau. Ich habe eine Stunde im Foyer auf Sie gewartet«, werfe ich durchaus vorwurfsvoll ein.

Er hat meine Kritik augenscheinlich verstanden. »Um fünf ist dann die KTU da«, sagt er und hört sich gleich nicht mehr so bedeutend an.

Wenn man bedenkt, dass die Frau Doktor und ich kurz vor fünf die Küche verlassen haben, war das echt knapp.

»Aber dann«, sagt Weidmann endlich. »Lennox Bergmann muss auch noch in der Küche gewesen sein. Seine Fingerabdrücke sind die letzten an der Küchentür. Aber er hat die Klinke nur von außen angefasst.«

»Er wollte in die Küche, öffnet die Tür und sieht Selma daliegen«, sage ich. » Und wenn er die Tür nicht hinter sich geschlossen hat, muss er die Türklinke auch nicht von innen anfassen.«

»Möglich«, erwidert Weidmann. »Und er verschwindet wieder.«

»Ohne jemanden zu alarmieren«, ergänze ich. »Oder sonst irgendetwas zu veranlassen.«

»Sehen Sie, und genau das meine ich«, bestätigt Weidmann. »Das macht doch kein Mensch.«

»Na ja, jemand Neugieriges schon. Oder jemand, der nicht weiß, was ihn erwartet. Es kann so einige Gründe geben«, murmle ich nachdenklich.

»Chef?« Weidmann schaut, als hätte er mich auf frischer Tat ertappt, aber er sagt nichts.

»Egal.« Ich winke ab.

»Ich vermute, dass Monika Löwe nach dem Auffinden der Leiche wie von der Tarantel gestochen durch das Haus gefegt ist und die Heimleitung informiert hat. Darauf ist Bergmann in die Küche marschiert, quasi um sich selbst von ihrer Entdeckung zu überzeugen.«

»Mhm.« Ich neige den Kopf erst nach links und dann nach rechts. »Auch das macht kein normaler Mensch. Außerdem wären dann seine Fingerabdrücke nicht obenauf. Bergmann ist zu schlau, um bei einem Mord Spuren zu hinterlassen und …«

»Chef?«

»Es ist einfach unwahrscheinlich«, fahre ich fort. »Denn die Löwin hat die Heimleitung erst auf meine Bitte hin informiert. Das war so gegen halb drei. Und so, wie die Dinge hier laufen, würde sie immer erst zu Frau Mehltau gehen und warten, was die sagt. Bergmann ist ihr suspekt und ich glaube, sie hat auch ein wenig Angst vor ihm.«

»Er könnte es trotzdem mitbekommen haben«, widerspricht Weidmann.

»Ganz sicher nicht. Da passt Monika schon auf«, lege ich nach.

Die Doktorin pfeift zwischen den Zähnen. »Sauber!«, kommentiert sie anerkennend.

»Mhm.« Weidmann weiß offenkundig nicht weiter. »Dann wird er wohl zufällig dort gewesen sein. Aber das hätte er mir doch erzählen können? Das ist doch nichts Schlimmes.«

Offenbar sieht er das anders, denke ich. Kai-Uwe auch, denn der hüllt sich dazu ebenfalls in Schweigen.

»Kai-Uwe und Lennox Bergmann, interessant«, sage ich. Wenn das mal nicht zum Himmel stinkt.

»Und ein Kaninchenfell«, ergänzt Weidmann.

»Was?«, frage ich und meine, mich verhört zu haben. Dann haben die Synapsen der Frau Doktor uns doch keinen Streich gespielt, als sie das Kaninchenfell im Zusammenhang mit Selmas Leiche erwähnte. Wenn das so ist, weiß ich nun überhaupt nicht mehr … Oje! Vermutlich hätte ich nur einmal nachfragen müssen. Und jetzt hat Weidmann den Treffer gelandet. Wie ärgerlich.

»Der Küchenfußboden war förmlich bedeckt mit Fusseln von Kaninchenfell«, erklärt Weidmann. »Ich kann mir keinen Reim darauf machen und hatte gehofft, dass Sie als Insider …« Er verschluckt den letzten Teil des Satzes. Das ist wohl auch besser für ihn. Insider, was für ein grässliches Wort!

»Und Sie, lieber Katuschek, beschweren sich, dass das Speisenangebot über Schnitzelvariationen nicht hinausgeht. Stattdessen gibt es einen anständigen Karnickelbraten«, sagt die Frau Doktor, erhebt sich und holt ihr Telefonbuch.

Jetzt bin ich wohl beim Rätsel um das Fell wieder auf mich allein gestellt.

Weidmann ist weg. Die Frau Doktor auch, aber nicht körperlich. Sie studiert ihr Telefonbuch, während ich meine

Zigarre zu Ende rauche und nachdenke. Lennox Bergmann kann zufällig in die Küche gegangen sein. Das wäre nicht ungewöhnlich, wenn man Lust auf einen Kaffee oder irgendetwas anderes hat. Da das Polizeisiegel noch intakt war, als Frau Doktor Böttcher und ich kamen, gehe ich davon aus, dass er vor Weidmann dort gewesen sein muss. Die spannende Frage ist jedoch, wieso verschweigt er dann seine Anwesenheit in der Küche der Polizei?

»Ah, da seid ihr ja!« Juttas rot leuchtender Kopf taucht unerwartet in der Balkontür auf. Sie lächelt über das ganze Gesicht, stellt diesen Ausdruck der Freude aber schlagartig ein, als sie das Notizbuch auf meinem Schoß erblickt. »Habt ihr ohne mich eine Dienstbesprechung abgehalten?«, fragt sie zutiefst vorwurfsvoll.

Ich drehe meinen Kopf in Richtung der Frau Doktor, die noch immer im Telefonbuch versunken ist. Dann wende ich mich wieder Jutta zu.

»Entschuldige, Helmut«, säuselt sie nun leise. »Ich dachte nur …« Sie winkt ab. »Egal. Irgendjemand muss ja nach ihr schauen, wenn sie so ist.«

»Mhm.«

Juttas Zurückhaltung hält nicht lange an. »Ich weiß nun, von wem das Sperma ist«, jubiliert sie ohne jegliche Diskretion.

Zwischen den Pflanzen hindurch kann ich ein paar Fußgänger erkennen, die stehen bleiben und irritiert nach oben schauen. Ich würde ihnen gern entgegenrufen, dass so die neuen Alten sind, aber ich weiß mich zu benehmen, auch nach vier Gin Tonic vor dem Mittagessen. Außerdem bin ich nicht sicher, ob ich nicht schon ein wenig lalle, was mir peinlich wäre.

Die Frau Doktor hebt kurz ihren Kopf. »Ach, Sie sind schwanger. Wie schön.«

Jutta erwidert freudestrahlend ihren Blick, sodass man meinen könnte, die Frau Doktor würde damit richtigliegen. Dann platzt es aus ihr heraus. »Selma war mit Janko zusammen.«

»Unsinn«, knurre ich.

Sie hüpft ausgelassen auf mich zu und kommt mir schließlich so nahe, dass ich meine, das Chlorwasser auf ihrer Haut zu riechen. Dann zieht sie Selmas Handy hinter ihrem Rücken hervor, tippt eiligst darauf herum und hält mir das Ergebnis unter die Nase. Ich starre auf Janko, an dessen Wange Selmas Wuschelkopf lehnt. Beide lächeln so verliebt in die Kamera, dass es sogar einem alten Zausel wie mir auffallen muss.

»Na, Helmut, was sagst du nun?«, freut sich Jutta diebisch.

Nicht mehr viel. Eigentlich hätte ich nur gern gewusst, wieso keiner der beiden mir davon erzählt hat. Ich hätte mich gefreut – für beide.

»Das Foto ist vom Sonntag«, vermeldet Jutta. »An den Bildern stehen immer das Datum und die Uhrzeit, weißt du?« Sie ruft noch ein paar Schnappschüsse für mich auf. Überall sieht man, wie glücklich sie waren.

»Ja«, presse ich zwischen meinen Zähnen hervor. »Ich hatte schon mal so ein Gerät in der Hand.«

»Aber das mit dem Code hast du nicht hinbekommen«, strahlt Jutta. »Dafür brauchtest du mich.«

»Mhm.« Ich ziehe an meiner Zigarre, aber die ist mittlerweile ausgegangen. Mürrisch lege ich sie in den Aschenbecher.

»Es war Selmas Geburtsdatum«, vermeldet Jutta. »Ganz einfach, und ich bin darauf gekommen.«

»Ja doch«, entgegne ich. »Du und nicht deine Enkel.«

»Ach die. Nicht einmal angeschiedene Enkel haben Zeit.« Jutta macht eine wegwerfende Handbewegung. »Selbst ist die Oma.« Sie schickt sich an zu gehen, dreht sich aber mitten in ihrer Bewegung noch einmal um. »Kommst du, es ist Zeit für das Mittagessen und so, wie du nach Alkohol riechst, hast du das bitter nötig.«

Freitags gibt es Fisch und ich erhebe mich langsam.

»Haben Sie den Vater Ihres Kindes ausmachen können?«, fragt die Frau Doktor, während Jutta ihr aufhilft.

»Nein, ich suche noch«, entgegnet Jutta vorwitzig.

»Das freut mich für Sie«, antwortet die Frau Doktor. »Vielleicht wollen Sie dazu einmal in mein Telefonbuch schauen.«

Ich komme zu spät zum Mittagessen. Das ist nicht weiter schlimm, denn mein Magen fühlt sich ohnehin so flau an, dass ich sicher bin, den Fisch nicht hinunterzubekommen. Ich klinge schon wie Gerhard, ich weiß. Aber was bei Gerhard pure Einbildung ist, steigert sich bei mir gerade zu einer handfesten Enttäuschung. Die einzigen beiden Menschen in dieser Einrichtung, die mir halbwegs nahestanden, haben mir offenbar nicht vertraut, oder wieso sonst sollten sie mir ihr Geheimnis verschwiegen haben? Das nagt an mir. Gewaltig.

Dass Janko als Selmas Freund damit in den Kreis der Verdächtigen rücken könnte, stört mich ebenfalls. Weidmann jedenfalls wird auf diesen Trichter kommen, wenn er das mit dem Techtelmechtel spitzkriegt. Auch wenn Janko ein Alibi hat, wird das für ihn kein Sonntagsspaziergang. Noch dazu hat er sich hinter Selmas Rücken über sie bei der Hausleitung beschwert. Nach meinem Dafürhalten hat er niemals damit gerechnet, dass Selma tatsächlich fliegt. Ich würde mittlerweile eher darauf tippen, dass er ihr einen Denkzettel verpassen wollte wegen fehlgeleiteter Gutmütigkeit und Hilfsbereitschaft. Gleichzeitig wollte er Kai-Uwe vom Hals haben, aber das ist nichts, was ich ihm ankreiden kann.

Unzufrieden mit mir und der Welt, steige ich die Treppen von meinem Appartement ins Erdgeschoss hinunter. Bevor ich zu den anderen aufschließe, habe ich noch etwas Dringendes zu erledigen. Ich werde Selmas Sachen, die ich gründlich von Juttas Fingerabdrücken befreit habe, in den Fernsehraum legen. Irgendwie müssen die Dinge ihren Weg zur Polizei finden. Der Kurs über Kai-Uwe ist dafür, wenn ich auf meinen Instinkt vertraue, nicht der Schlechteste, zumal ich sie auch dort gefunden habe. Ganz korrekt ist das nicht, das weiß ich wohl. Aber Weidmann ist nach allem, was wir gerade besprochen haben, sensibilisiert genug, noch einmal bei Kai-Uwe vorbeizugehen. Mit den Fotos von Janko findet er einen weiteren Puzzlestein in diesem Fall. Blöd nur, dass Janko mit seiner Taktik des Verschweigens ziemlich dumm dasteht, aber da muss er durch. Weil die anderen alle ihrem Fischteller entgegenfiebern, habe ich freie Bahn. Zwei Minuten später geselle ich mich zu ihnen und mime den arglosesten Rentner, den man sich vorstellen kann.

»Ach, Helmut«, ruft mir Jutta aus einiger Entfernung schon ausgelassen entgegen. »Du glaubst nicht, was gleich passieren wird.« Dabei schwingt ihr ganzer Körper.

Wenn es sich nicht um meinen Auszug handelt, interessiert es mich nicht.

»Ingeborg und unser Rolf Jürgen hier«, sie knufft ihn mit so viel Wucht in die Seite, dass man Sorge haben muss, dass er gleich in sich zusammenfällt, »die werden sich gleich verloben, gemeinsam mit uns allen. Kinder, es gibt ein Fest!«, jubiliert sie. »Das ist die allererste Verlobung in diesem Haus. Ich bin so aufgeregt.«

»Wie traumhaft«, entgegne ich mürrisch.

Jutta straft mich mit ihrem Blick und einer tiefen Furche zwischen ihren Augen. »Auch wenn man selbst nicht so viel Glück hat, muss man gönnen können«, belehrt sie mich.

»Mhm.«

Die Frau Doktor lacht wie ein kleines Mädchen, wobei ich felsenfest überzeugt bin, dass sie nicht weiß, warum.

»Ich habe die Mausi in der Falle«, erklärt Rolf Jürgen mit stolzgeschwellter Brust.

Ich könnte ihn fragen, was wohl seine Uschi oder sogar der Gesetzgeber dazu sagt, aber das entspricht nicht meinem Wesen. Aber wenn Margot hier wäre, die hätte es gemacht, da bin ich sicher.

»Helmut, bitte schön.« Janko serviert heute das Essen. Er sieht dabei nicht nur extrem mitgenommen aus, sondern schaut mich auch ununterbrochen äußerst seltsam an. Möglicherweise bilde ich es mir nur ein, aber ich glaube, er braucht bei mir auch viel länger als bei den anderen. Jedenfalls rückt er noch zweimal an meinem Teller herum und beäugt mich dabei verlegen von der Seite. »Ich hoffe, es schmeckt dir«, sagt er noch und scheint auf irgendeine Reaktion von mir zu warten.

Helmut Katuschek ist angetrunken. Und beleidigt.

»Helmut?«, fragt er. »Ich wollte dich gestern besuchen, aber du warst nicht zu Hause.«

»Mhm. Danke«, presse ich mühevoll zwischen meinen Lippen hervor. »Für das Essen, meine ich.«

Janko bleibt unschlüssig stehen. Offenbar würde er mir gern noch etwas sagen, oder erwartet er etwas von mir? Gerade, als er sich umdrehen will, fällt mir etwas ein. »Janko!«

»Ja, Helmut.« Sein Körper strafft sich und er schaut mich mit erwartungsvollem Blick an.

»Wann hast du eigentlich deinen letzten Kaninchenbraten gemacht?«, frage ich, als wäre das etwas, was mich schon mein ganzes Leben brennend interessiert.

Jutta hebt vorwurfsvoll eine Augenbraue. »Mein Gott! Ist das denn jetzt so wichtig«, mault sie. »Wie kann man denn so kurz vor einem so großen Moment nur ans Essen denken? Männer!«, empört sie sich.

Mir ist es gleich, was Juttas Männer erleiden mussten. Mein Blick ruht weiter auf Janko.

Er macht eine wegwerfende Geste. »Viel zu teuer für euch«, entgegnet er, augenscheinlich geknickt, dass ich nichts anderes von ihm wollte.

»Ragout?«, hake ich nach.

»Tzzz.« Jutta mischt sich schon wieder ein.

Janko lacht gequält auf. »Vergiss es. Solange du hier isst, wirst du das nicht bekommen.« Er belässt es dabei.

Mhm. Von einem Kaninchenbraten stammt das Fell in der Küche also nicht. Es hätte mich auch gewundert, wenn Janko den Tieren selbst das Fell abziehen würde, noch dazu in unserer Küche, aber in ihm schlägt auch ein ungarisches Herz, und mit den Sitten und Gebräuchen dort kenne ich mich nicht aus.

»Janko, Liebes!« Jutta löst diese seltsame Situation auf, indem sie ihm nachruft. »Ich glaube, wir sollten uns nachher mal unter vier Augen unterhalten. Ich möchte dir einen Vorschlag machen, den du nicht ablehnen kannst.« Sie klimpert mit den Wimpern.

Janko nickt leicht verstört und verschwindet mit hängenden Schultern wieder in der Küche.

Kaum ist er nicht mehr zu sehen, lehnt sie sich zu mir herüber. »Er sollte sich wenigstens anständig von seiner Geliebten verabschieden können. Das will ich gern für ihn bewerkstelligen.« Sie nickt mir mit der für sie typischen Gönnermiene zu. »So was mache ich dann auch kostenlos.«

Margot zahlt also auch noch für diesen Kokolores.

»Der Ungar ist doch schwul«, wirft Rolf Jürgen ein.

Juttas Fischmesser kommt seiner eingefallenen Nase verdammt nahe. »Mischen wir uns in Dinge ein, die uns nichts angehen?«, keift sie.

»Ich liebe temperamentvolle Frauen«, entgegnet Rolf Jürgen und raunt mir zu: »Schwul ist er trotzdem.« Er kichert. »Weiß der Teufel, wie so etwas geht.«

Erst jetzt bemerke ich, dass Kai-Uwe am Nachbartisch Platz genommen hat. Ohne auf jemand anderen zu achten, nimmt er sein Besteck und schaut erwartungsvoll in Richtung Küche. Ich spüre, wie mein Missmut zunimmt. Der Kerl verhöhnt uns. Und Selma. Just in dem Augenblick kommt Janko mit zwei Tellern in den Händen aus der Küche. Er entdeckt Kai-Uwe, steuert direkt auf ihn zu, worauf der Bursche prompt dümmlich grinst, stellt mit Karacho die Teller ab und …

Der Schlag hat gesessen! Janko schaut sich das Resultat nicht einmal an, reibt sich kurz über die Fingerknöchel seiner rechten Hand, nimmt das Essen wieder auf und serviert es, als wäre nichts geschehen. Die Genugtuung, die sich sogleich in mir breitmacht, ist nicht anständig, aber in diesem speziellen Fall passt das schon.

Kai-Uwe liegt mitsamt seinem Stuhl auf dem Fußboden und rührt sich nicht.

»Lucky Punch«, schmatzt Rolf Jürgen und schiebt sich einen dicken Löffel Kartoffelsalat in den Mund. Mehr gibt es dazu nicht zu sagen. Und das ist schon viel im Vergleich zu den Reaktionen der anderen. Die nehmen nämlich keinerlei Notiz von Kai-Uwe. Nicht einmal Jutta, die gestern noch Unterschriften für ihn sammeln wollte, zuckt. Stattdessen starrt sie wie gebannt auf ihr Fischfilet. Die Sympathien sind also neu verteilt. Da soll noch einer mitkommen. Mürrisch werfe ich meine Serviette auf den Tisch und stehe auf.

Kai-Uwe ist bei Bewusstsein. Er hat sich auf die Seite gedreht und befühlt seine Nase, aus der dicke Blutstropfen über seinen Arm auf das Linoleum herabrinnen. Ich schwanke zwischen Nächstenliebe und Rücksicht auf meine störanfällige Bandscheibe. Der Knorpel macht das Rennen. Zumal Weidmann unerwartet neben mir auftaucht. Aus dem Augenwinkel registriere ich zufrieden, dass er Selmas Rucksack bei sich hat. Erstaunlicherweise scheint es Weidmann auch im Kreuz zu haben. Zumindest macht auch er keinerlei Anstalten, dem Jungen aufzuhelfen.

»Wenn Sie dann so weit wären, würde ich mich gern noch einmal mit Ihnen unterhalten«, sagt er zu Kai-Uwe und wirft mir einen verschwörerischen Seitenblick zu. »Auf dem Kommissariat.«

»Erst esse ich«, entgegnet Kai-Uwe näselnd, während er

im Begriff ist, sich mühevoll aufzurichten. »Scheiß Polizeistaat.«

Ich bin baff angesichts seiner Dreistigkeit. Weidmann augenscheinlich auch, denn wir bleiben beide stehen und schauen Kai-Uwe an. Da kommt Rolf Jürgen mit seinem Rollator angefahren. Er stoppt direkt vor Kai-Uwe und bremst dabei so scharf, dass die Gummireifen quietschen. Mit einem Ruck fliegt die Sitzbankabdeckung nach oben. Er fasst in das darunter liegende Körbchen und holt einen Teller Fischfilet mit Kartoffelsalat heraus. Er spendiert dem Jungen tatsächlich sein Essen, denke ich, und schaue, verwundert über diese ungewohnte Form der Großzügigkeit, in Richtung unseres Tisches. Rolf Jürgens Portion steht noch an ihrem Platz. Nur meine ist verschwunden. Ich wende mich ihm wieder zu, aber da ist es schon zu spät. Mein Fisch liegt auf Kai-Uwes Schoß, während mit Mayonnaise überzogene Kartoffelscheiben über sein Gesicht rutschen und sich auf der Höhe der Nase mit dem Blut vermischen.

»Man redet nicht so mit der Staatsmacht«, blafft Rolf Jürgen. »Respekt ist eine Tugend.« Er hält den Teller noch immer umgedreht über Kai-Uwes Kopf und wartet, bis das letzte bisschen herabgetropft ist. Dann drückt er Weidmann das Geschirr in die Hand und zuckelt mit seinem Gefährt davon. Im Gehen begriffen, dreht er sich noch einmal um und sagt: »Und Männer tragen Kurzhaarfrisuren samt akkuratem Scheitel, merk dir das endlich, verlauster Hippie.«

Die Massen johlen, mit Ausnahme der Frau Doktor, die ihren Kartoffelsalat akribisch in seine Bestandteile zerlegt.

Weidmann scheint das Ganze ebenfalls zu genießen. Er

braucht jedenfalls einige Zeit, um aktiv zu werden. Schließlich fordert er Kai-Uwe nochmals auf, ihn zu begleiten. Dieser befolgt seine Ansage sichtlich angefressen. Wenn er wirklich noch ein Hungergefühl verspürt, kann er die Häppchen ja unterwegs von seinen Klamotten absammeln. Mir soll es recht sein. Hauptsache, wir sind den Kerl endlich los.

Ich gehe zurück an meinen Platz, an dem umgehend Janko mit einer neuen Portion für mich erscheint.

»Es ist kompliziert, Helmut«, raunt er mir zu.

Nein, ist es nicht, denke ich, und nicke ihm trotzdem bestätigend zu. Er kann sich denken, dass ich hinter sein Geheimnis gekommen bin, und nun hat er ein schlechtes Gewissen. Da muss er jetzt durch. Einen Helmut Katuschek führt man nun einmal nicht hinters Licht. Es reicht schon, wenn meine Frau das tut.

Dann passiert etwas, mit dem ich nicht gerechnet habe. Lennox Bergmann kommt herein und läuft Weidmann und Kai-Uwe direkt in die Arme. Er hat nicht einmal Zeit zu realisieren, was hier gerade passiert. Kai-Uwe ist schneller.

»Das wirst du noch bereuen! Dich und diesen ganzen Scheißladen hier mache ich fertig«, schreit er aus voller Kehle.

Lennox Bergmann wartet nicht, was Kai-Uwe noch zu sagen hat. Er grinst schadenfroh, dreht sich einfach um und geht.

Rolf Jürgen versucht gar nicht erst, seinen selbstzufriedenen Rülpser zu unterdrücken. Mit der Genugtuung eines Mannes, der gleich zu seiner x-ten Verlobung schreitet, blickt er in die Runde. »Ich haue mich jetzt ein wenig aufs Ohr, und wenn ich zurück bin, lassen wir die Puppen tanzen«, erklärt er und greift mit zittriger Hand nach der Tischkante, um sich aufzurichten. »Ihr drei«, sein flüchtiger Blick zu der Frau Doktor ist nicht zu übersehen, »schafft das ab jetzt auch ohne mich.« Seine Stimme holpert ein wenig, so sehr scheint ihm das Aufstehen Mühe zu machen.

»Natürlich, Häschen«, säuselt Jutta, die noch immer mit ihrem Fisch kämpft. »Du kommst, wenn wir die Braut hübsch gemacht haben.« Sie zwinkert ihm keck zu.

»Ich nehme sie auch so. In meinem Alter tastet man hauptsächlich«, entgegnet Rolf Jürgen, und sein dreckiges Lachen schallt noch ein paar Minuten später aus dem Foyer zu uns herüber.

»Ich bin mir nicht sicher, ob die rosa Girlanden, die Ingeborg sich ausgesucht hat, auch zu den Kerzen passen«, erklärt Jutta, als gäbe es nichts Wichtigeres auf der Welt. »Sie hat, was Farben angeht, kein so glückliches Händchen. Auch die Tischdecken …« Sie seufzt. »Und wenn ich erst daran denke, was sie wieder anhaben wird. Wie soll man denn eine zu den dicken braunen Stützstrümpfen passende fröhliche Sommerblume finden? Wenn wir Herbst hätten, ja dann, da könnte man sich mit Kastanien behelfen, aber so … Meine Güte, was für ein Stress!«

»Nehmen Sie doch einfach ein paar Geranien von Frau Katuschek«, bemerkt die Frau Doktor wie nebenbei. »Die passen garantiert.«

Diese Kopfkrankheit der Frau Doktor wird mir so langsam unheimlich. Bissige Bemerkungen jedenfalls scheint sie nicht zu betreffen. Aber das empfinde ich eher als Vorteil.

Während Jutta sich weiter ihren Überlegungen zu der aus ihrer Sicht schlecht inszenierten Verlobungsfeier hingibt, denke ich über das soeben Geschehene nach. Die Drohung von Kai-Uwe gegenüber Lennox Bergmann war unmissverständlich. Bergmann ist also tatsächlich derjenige, den unser Heimnomade in der Hand zu haben glaubt. Erstaunlicherweise hat ihn das offenkundig nicht die Bohne gekratzt. Dass Kai-Uwe allerdings allein aufgrund der freundlichen Einladung von Weidmann öffentlich die Nerven verliert, hätte ich nicht zu hoffen gewagt. Der Knabe fühlt sich in die Ecke gedrängt. Sein Drogenkonsum hilft ihm dabei auch nicht. Da sieht man es mal wieder, Cannabis macht aggressiv und unberechenbar. Na ja, Weidmann wird damit umzugehen wissen. Er versteht sich ja auch mit Margot.

»Wir müssen zur Sicherheit das Alibi von Bergmann überprüfen. Dringend«, fordere ich, während Jutta den vorletzten Bissen Kartoffelsalat in ihren Mund schiebt. »So ruhig, wie Bergmann auf den Angriff von Kai-Uwe reagiert hat, glaube ich zwar nicht mehr, dass er etwas zu verbergen hat, aber man kann ja nie wissen.«

»Ich habe dir gleich gesagt, dass Lenni niemals etwas Unrechtes tun würde«, erklärt Jutta selbstzufrieden. »Ihm geht es nur um unsere Residenz. Image ist alles und da gebe ich ihm recht.«

Und ein Mord verdirbt das Image, denke ich. Das von unserem Heim in jedem Fall, denn wer gibt schon Oma und Opa in einer Mördergrube ab? Mord ist schlecht fürs Geschäft. Und Lennox Bergmann achtet auf selbiges und natürlich auch auf seinen makellosen Ruf. Das ist es, womit ihn Kai-Uwe kriegen wollte. Der Junge wollte womöglich zur Zeitung gehen, wenn er überhaupt weiß, dass es so etwas gibt. Zumindest wird er sich mit dem Internet auskennen. Das genügt auch schon. Kai-Uwes Strategie ist klar. Seine Verschwiegenheit gegen das Wohnrecht. Dass die Rechnung nicht aufgeht, liegt auf der Hand.

»Die Alibiüberprüfung. Jetzt«, sage ich.

»Sofort?«, erwidert sie schmatzend. »Noch vor der Feier?« Sie tupft sich die Lippen mit ihrer Serviette ab. »Hat das nicht noch etwas Zeit? Ich werde hier gebraucht.« Jutta kann überaus renitent sein. »Außerdem speise ich noch.«

Ich kann so nicht arbeiten. Dann hätte ich auch Weidmann behalten können.

»Es duldet keinen Aufschub. In dieser Sache wurde schon viel zu lange getrödelt«, entgegne ich unzufrieden. Juttas fehlende Disziplin macht sie für den Polizeidienst ungeeignet. Ich werde dies ihr gegenüber derzeit nicht äußern, aber im Hinterkopf behalten und meine Konsequenzen ziehen. »Er will außer Haus gewesen sein, zum Essen.«

»In der Pizzeria am Markt, ja, ja«, entgegnet Jutta ein wenig gelangweilt. »Dort geht er immer hin.« In Zeitlupe schiebt sie sich noch einen Löffel Salat in den Mund.

»Aha!« Jutta kennt sogar die Vorlieben des Personals. Erstaunlich.

»Ist ja schon gut«, mault sie, lässt Messer und Gabel auf ihren leeren Teller fallen, als hätte sie sich daran die Finger verbrannt, und zieht schmollend und schimpfend von dannen. »Er war tausendprozentig dort, aber nein, ich muss das überprüfen. Wie würde der Laden hier nur ohne mich laufen? Überhaupt nicht. Das ist es ja, überhaupt nicht. Normalerweise müssten die mir alle hier noch etwas dafür zahlen. Im normalen Leben ging das jedenfalls so nicht.«

Das normale Leben liegt lange hinter uns, denke ich, und bin froh, sie endlich los zu sein.

»Die klaut jetzt Ihre Geranien«, freut sich die Frau Doktor.

Meinetwegen auch das. Kai-Uwe ist ein billiger Gauner, der nach dem Tod seiner Ex-Freundin nichts Besseres zu tun hat, als diesen für sich auszuschlachten. Je länger ich darüber nachdenke, desto plausibler erscheint mir meine Theorie. Da der Junge so tickt, wie er tickt, wittert er die Chance auf ein unbefristetes, kostenloses Wohnrecht in der Residenz, indem er eine Erpressernummer fährt. Aber warum hat sich Bergmann das immerhin zwei Tage gefallen lassen? Er könnte Kai-Uwe mühelos vor die Tür setzen. Ich atme tief. Aber natürlich nur mit Erlaubnis von Frau Mehltau. Das ist es. Das erklärt auch den nächtlichen Zettel, den er für Kai-Uwe im Fernsehraum hinterlassen hat. Er wollte ihm drohen, damit er freiwillig verschwindet, ohne dass es großartig Aufsehen erregt. Frau Mehltau war es wichtig, einen möglichst sozialen Rauswurf zu haben. Der hätte sich, so, wie sie gestrickt ist, noch Monate hinziehen können. So viel Zeit wollte sich Bergmann nicht nehmen.

Warum auch? Er hat sich eine Strategie überlegt und gehandelt, leider bislang ohne Erfolg.

Und Kai-Uwe fühlt sich mit dieser miesen Erpressung auch noch im Recht. So ein Blödmann. Er ist nun mal nicht die hellste Kerze auf der Torte, auch ohne Dope. Hat einen erst die kriminelle Energie gepackt, kann man sich ihr nur schwer wieder entziehen. Ich für meinen Teil frage mich, wie Kai-Uwe das deichseln will, wenn er einmal erwachsen ist, also so richtig. Zum Beispiel, wenn er eine Familie gründen will. Gott bewahre! Sollen seine Kinder sich dann auch die Füße im Waschbecken einer öffentlichen Toilette waschen? Womöglich sogar bei uns hier? Ich kann nur hoffen, dass Kai-Uwe das mit dem Nachwuchs sein lässt oder zur Vernunft kommt, aber beides geht mich nichts an. Ich habe so oder so nicht mehr lange hier abzusitzen und werde es mit etwas Glück nicht miterleben.

»Ich bin jetzt fertig«, vermeldet die Frau Doktor in meine Überlegungen hinein und schiebt ihren Teller von sich weg. Ich kann nicht sagen, ob sie etwas davon gegessen hat, aber dafür hat sie alles fein säuberlich seziert. Die Kräuter, die Mayonnaise, die Kartoffeln, ja sogar die Panade des Fischs, bilden extra Häufchen. Niemand kann aus seiner Haut.

Ich will sie gerade fragen, ob ich sie in ihr Institut begleiten soll, da taucht Monika Löwe auf. Sie hat sich ebenfalls etwas zu essen geholt, aber sie will es offenkundig nicht, wie sonst immer, in der Küche zu sich nehmen. Das kann man verstehen. Ich winke sie freundlichst zu uns heran. Sie sieht mich und versucht sich an einem Lächeln, was eher wie eine ängstliche Grimasse daherkommt. Unentschlossen lässt sie ihren Blick umherwandern. Aber entweder sind die Tische noch voll besetzt oder sie würde allein irgendwo sitzen. Letzteres kann sie sich in Anbetracht meiner freundlichen Einladung kaum erlauben. Sie kommt mir nicht aus und dass sie das weiß, sieht man ihr an.

»Herr Helmut, Frau Doktor«, sagt sie, als sie neben uns steht, »ich möchte Sie nicht stören. Wirklich nicht. Sie haben sicherlich Wichtiges zu bereden.« Sie schnappt nach Luft. »Außerdem dürfen wir uns eigentlich nicht zu den Gästen setzen, aber...« Ihr verstohlener Blick zur Küche bestätigt meine Vermutung.

Ich betrachte die Frau Doktor, die offenbar gerade ihren Mittagsschlaf begonnen hat, und bedeute Monika mit einer Handbewegung, dass sie mir gern Gesellschaft leisten kann. Sie tut das sichtbar widerwillig, sodass ich mich frage, ob es ihr wirklich nur um den Verstoß gegen die Heimregeln geht oder ob ihr meine Anwesenheit unangenehm ist. An der Frau Doktor kann es jedenfalls nicht liegen, von der geht ausnahmsweise keine Gefahr aus.

Es vergeht keine Minute, da hält Monika Löwe mein Schweigen nicht mehr aus. »Der Fisch ist ganz hervorragend«, sagt sie. »So zart und wirklich schmackhaft gewürzt.«

Ich bin kein großartiger Kantinenredner, war ich noch nie. Wenn ich früher einmal mit den Kollegen zu Tisch gegangen bin, dann nicht, um mich über so Belangloses wie das Essen auszutauschen. Das führt doch zu nichts. Wenn ich in der Kantine war, dann nur, um etwas zu bekommen, was Margot für mich niemals gekocht hätte. In einer Ehe muss man sich seine Nischen suchen, und die Polizeikantine war die meinige, mal abgesehen vom Schachverein. Heute heißt meine Nische Herbert Grusche. Der sinnentleerten Plauderei während der Nahrungsaufnahme kann ich jedenfalls noch immer nichts abgewinnen Aber wenn es Monika Löwe hilft, ihre Beklemmung mir gegenüber abzubauen, dann will ich das gern über mich ergehen lassen.

»Ja, sehr gut«, gebe ich zurück.

»Ich esse ja sonst lieber Lachs, aber der Zander ist auch nicht schlecht«, redet sie weiter, ohne von ihrem Teller aufzusehen.

»Ach, Zander, sieh an«, entgegne ich.

»Die Kartoffeln scheinen neu zu sein, schön bissfest, wie man sie für Kartoffelsalat landläufig nimmt.« Monika Löwe schiebt die Gabel mit einem solchen Tempo in den Mund, dass man meinen könnte, sie hätte es eilig. Wenn sie weiter so zulangt, dann ist ihr Teller leer, bevor wir gesprächstechnisch bei den Zutaten für die Mayonnaise, respektive der Güteklasse der darin enthaltenen Eier, angekommen sind.

»Mhm, ja, neu«, antworte ich. Wie gesagt, ich bin der Falsche für solche Gespräche.

»Ich mag Kartoffelsalat eigentlich lieber ohne Mayo, dafür mit Fleischbrühe und Schinkenwürfeln«, erklärt sie. Der Platz, an dem der Fisch lag, ist schon leer.

»Geschmackssache«, entgegne ich kurz und mustere meine Tischnachbarin unauffällig. Monika ist extrem angespannt, das würde ich auch ohne ihren Wortschwall und das Hinunterschlingen ihrer Mahlzeit erkennen. Allein, dass sie Messer und Gabel miteinander verwechselt, dies zwischendurch bemerkt, das Besteck dann hektisch tauscht, um den Vorgang daraufhin wieder rückabzuwickeln, verdeutlicht ihre Stimmungslage. Noch dazu kann sie mir nicht mal eine Sekunde in die Augen sehen.

»Fast Food kann verräterisch sein«, wirft die Frau Doktor offenbar leicht erzürnt, aber mit geschlossenen Augen ein. »Man riecht die Liebelei mit der Pommes-Mamsell gegen den Wind. Dann doch lieber Mayosalat.« Sie stampft mit dem Fuß auf.

Monika Löwe schaut irritiert zu ihr hinüber, scheint dann aber beruhigt, als die Frau Doktor friedlich bleibt, und kaut weiter. »Herr Rolf Jürgen isst ihn auch lieber mit Mayonnaise«, sagt sie irgendwann. »Das hat uns Frau Ingeborg verraten, und an einem solchen Tag …«

»Wieso sind Sie eigentlich am Mittwoch nicht direkt zu mir gekommen, nachdem Sie Selma gefunden haben?« Meine Frage schlägt bei der braven Monika ein wie eine Bombe. Sie schaut mich vollkommen entgeistert an und bemerkt nicht einmal, dass ihr das Besteck aus der Hand gerutscht ist. Dabei ist das Klirren, das es beim Aufprall auf das Porzellan verursacht, nicht zu überhören.

»Ich … aber … sofort … Ich bin sofort zu Ihnen«, stammelt sie. Schon kullert die erste Träne über ihr Gesicht.

»Der Weg zu Juttas Appartement, in dem ich mich aufhielt, führt nicht über den Fernsehraum«, kontere ich mit strengem Blick.

Monika schluckt hörbar. »Nicht?«, fragt sie konsterniert.

Ich räuspere mich, lehne mich langsam auf meinem Stuhl zurück und verschränke die Arme vor der Brust. »Sie haben geschlagene zwanzig Minuten von der Küche bis zu Juttas Appartement gebraucht«, sage ich. »Man könnte fast meinen, Sie hätten mich im ganzen Haus gesucht, aber das haben Sie nicht, weil Sie nämlich wussten, dass ich den Ersatz für Gerhard geben musste. Er selbst hat es Ihnen erzählt.« Ich habe keine Ahnung, ob das so war, aber die Wahrscheinlichkeit ist wegen Gerhards Redseligkeit hoch – und sie steigt mit jeder Sekunde, die ich Monika Löwe nun in die Augen schauen kann.

»Gerhard, natürlich. Zwanzig Minuten. Wirklich? Das habe ich gar nicht bemerkt«, entgegnet sie und wird zusehends unsicherer.

»Was wollten Sie im Fernsehraum, Monika?«, frage ich energisch. »Was war wichtiger als die tote Selma in der Küche?«

»Äh.« Sie fasst sich hektisch an den dunkelrot leuchtenden Hals, lässt die Hände umgehend wieder auf den Tisch sinken, um dann auf der Tischdecke herumzureiben, als ob es darum ginge, die Falten herauszubekommen. »Herr Helmut, ich habe mich doch schon für die Zeitverzögerung entschuldigt.« Sie reißt die Augen weit auf. »Fragen Sie den netten Herrn von der Polizei. Es war nur die Aufregung, nur die Aufregung. Ich wusste einfach nicht, was ich machen sollte. So oft passiert das ja nicht, also dass eine Tote bei uns liegt.«

Mir ist klar, dass die Männer hier öfter wegsterben und eine weibliche Leiche wegen ihrer Seltenheit aufwühlen kann, aber eine solche Aussage für ein Seniorenheim zu treffen hat schon etwas Aberwitziges. Ihr scheint das jedoch nicht aufzufallen.

»Glücklicherweise stand plötzlich Frau Jutta vor mir«, redet sie weiter. »Die hat mich zu Ihnen gebracht.«

»Es kann nicht sein, dass Sie Kai-Uwe im Fernsehzimmer warnen wollten?«, hake ich nach. Den Unsinn, dass sie vom Schock aus der Fassung gebracht im Haus herumgeirrt ist, nehme ich ihr einfach nicht ab.

Sie schüttelt den Kopf, sodass ihre Haare wild umherfliegen, hält abrupt inne und sagt: »Möglicherweise wollte ich nachsehen, ob er noch da ist … aber mehr nicht. Ganz bestimmt nicht. Das müssen Sie mir glauben, Herr Helmut.« Schweigen.

»Sie finden eine tote Mitarbeiterin und es fällt Ihnen auf Anhieb nichts Besseres ein, als nachzusehen, ob ein blinder Passagier gemütlich in seinem TV-Sessel hockt?«

Helmut Katuschek kann auch anders.

Sie beißt sich auf die Unterlippe. »Ich habe mein Ehrenwort gegeben«, wimmert sie. »Das bricht man doch nicht, erst recht nicht, wenn derjenige nicht mehr unter uns weilt.«

»Es gibt Ausnahmen«, entgegne ich hart.

»Meinen Sie?«, fragt Monika Löwe zögerlich nach und ich kann ihr ansehen, dass sie mir nur allzu gern glauben will.

»Absolut. Mord gehört definitiv dazu«, versichere ich.

Sie streckt den Rücken durch und wirkt mit einem Male viel größer, als sie eigentlich ist. »Da war doch der Streit zwischen den beiden«, bricht es aus ihr heraus. »Ganz schlimm. Aber davon durfte niemand erfahren. Selma wollte nicht, dass alle noch schlechter auf Kai-Uwe zu sprechen sind. Und wegen des Streits, na ja, Kai-Uwe ist manchmal etwas seltsam und ich habe befürchtet, dass … Ich wusste nicht, ob Kai-Uwe … Es hätte doch sein können …« Sie knetet ihre Hände, fährt aber in hohem Tempo fort. »Ich wollte nicht, dass er in irgendetwas hineinrutscht. Das hätte auch Selma nicht gut gefunden. Sie hat gesagt, er sollte trotz allem sein Gesicht wahren können.« Wie um das Argument zu unterstreichen, nickt sie eifrig. »Irgendwie sind wir doch alle für den Jungen verantwortlich.«

Ich nicht. Und was Selma geritten hat, sich diesen Deppen ans Bein zu binden, erschließt sich mir immer weniger. Monika Löwe ist aber auch nicht viel besser. Dass ihre blinde Nächstenliebe so weit geht, dass sie diese durchaus wichtige Information gegenüber Weidmann verschweigt, hätte ich nicht gedacht. Was hat eigentlich dieser Kai-Uwe an sich, dass ihm alle ständig beispringen wollen? Am Kindchenschema kann es nicht liegen. Der Kerl ist so niedlich wie eine seit drei Tagen überfahrene Kröte.

»Haben Sie denn Kai-Uwe am Mittwoch angetroffen?«, frage ich weiter.

»Nein, nein«, versichert sie und scheint noch immer darüber erleichtert, was ich kaum fassen kann. »Nicht einmal seine Sachen waren da. Er muss unterwegs gewesen sein.«

»Um was ging es bei dem Streit eigentlich?«, will ich wissen.

Sie atmet tief. »Ich habe nicht gelauscht, ganz sicher nicht«, erklärt sie und hebt die Hände, als müsste sie eine solche Unterstellung abwehren. »Ich war bei Selma zum Essen in der Küche, zufällig, die Linsensuppe, na ja, Sie wissen schon. Peterlein war auch da, also kurz, er ist eher gegangen, nicht erst, als Kai-Uwe reinkam, schon vorher … Peterlein hat von dem Ganzen nichts mitbekommen. Das wäre es noch gewesen …« Pause.

»Was wollte Kai-Uwe?«

Sie zuckt mit den Schultern. »Selma sagt, stänkern. Sie hat es auch locker abgetan. Dabei …« Sie zögert und fährt dann kleinlaut fort: »Ich fand ihn ziemlich frech mit ihr. Richtig wütend war er. So kannte ich ihn überhaupt nicht. Dabei gab es nicht einmal einen ersichtlichen Grund.«

Ich glaube schon, dass es den gab, denke ich. Nach Selmas angedrohter Kündigung am Montag wird sie ihn vor die Tür gesetzt haben. Ganz einfach.

»Haben Sie mitbekommen, um was es ging?«, frage ich nach.

»Nein. Für mich war das alles nur wirr.« Sie senkt den

Kopf, als müsste sie nachdenken. »Er hat sie als Verräterin in der sozialen Sache beschimpft.« Auf Monikas Stirn zeigen sich ein paar Falten. Offenkundig versteht sie nicht, was Kai-Uwe gemeint haben könnte. »Auch das Wort ›Systemangepasste‹ oder so ist gefallen. Er hat so schnell gesprochen, dass ich ihn nicht richtig verstehen konnte …« Sie schnauft. »Selma hat ihn ignoriert. Kein Wort hat sie auf das alles erwidert. Irgendwann ist er glücklicherweise verschwunden. Ich war ja gottfroh, dass er sich so schnell hat abwimmeln lassen. Man weiß ja nicht, wie so etwas enden kann.«

»Mhm. War er vorher noch am Kühlschrank?«, will ich wissen.

Monika Löwe verwundert meine Frage sichtbar. »Nein«, haucht sie schließlich, als sie merkt, dass ich mein Ansinnen nicht weiter erklären werde. »Ich bringe ihm sein Essen normalerweise in den Fernsehraum, damit er nicht in die Küche kommen muss.«

Diese Schmarotzerei folgt einem ausgeklügelten System, das muss ich schon sagen.

»Und das war alles?«, frage ich nach.

»Ja. Wir haben gemeinsam gegessen und Selma hat getan, als wäre nichts gewesen. Nur dass ich niemandem davon erzählen darf, das hat sie gesagt. Dann hat sie mir von ein paar Schuhen erzählt, die sie kaufen gehen wollte. Irgendwann war meine Pause um und ich musste los. Einige der Gäste möchten nach dem Essen eine Tasse Espresso auf ihrem Zimmer serviert haben, und nach Gerhard musste ich auch schauen. Ich hatte ihn vorher nach oben gebracht und wollte sehen, ob es ihm gut geht.« Monika Löwes Augen haben nun etwas von einem Wasserfall. »Kurze Zeit später war sie tot«, jammert sie. »Wäre ich nur bei ihr geblieben …«

Dicke Tränen tropfen auf die neuen Kartoffeln und die Mayonnaise, die wir nur wegen Rolf Jürgen bekommen haben. Wenn ich gewusst hätte, dass man hier seine kulinarischen Wünsche äußern kann, dann hätte ich das getan. Dass die eigene Frau in U-Haft sitzt, müsste doch eigentlich ein gutes Argument für ein paar Maultaschen sein, oder?

»Ach, Monika …« Mehr bekomme ich nicht raus, denn ich ärgere mich, dass sie mir nicht früher von der Auseinandersetzung zwischen Selma und Kai-Uwe erzählt hat. Aber womöglich wäre ich nicht schlauer gewesen als jetzt. Dass Kai-Uwe Dreck am Stecken hat, war mir ohnehin fast die ganze Zeit klar. Wir werden sehen, was Weidmann daraus macht. Immerhin hat er den Kerl schon einmal mitgenommen. Ich stutze. »Wenn Sie bei Selma in der Küche gegessen haben, können Sie ja nicht bei Gerhard gewesen sein?«

»Nein«, haucht sie und schüttelt langsam ihren Kopf. »War ich auch nicht. Ihm ging es gut, als ich ihn auf sein Zimmer gebracht habe, sodass ich nur hin und wieder nach ihm gesehen habe. Wieso?«

»Nur so…«, nuschle ich gedankenversunken.

»Ich muss dann«, sagt Monika Löwe zögerlich. »Gleich ist die Feier und wegen Herrn Gerhard müssen wir auch etwas unternehmen …« Sie schluckt. »Na ja, ich habe noch viel zu tun.«

Ich nicke, rühre mich aber ansonsten nicht von der Stelle. Gerhards sicheres Alibi zerbröselt quasi vor meinem geistigen Auge. Unsinn! Nach der Nummer mit dem Kartoffelstück war er viel zu schwach, um in die Küche zu gehen und Selma umzubringen. Wieso sollte er das auch tun? Weil sie ihn wiederbelebt hat? Und wenn er nach dem Erstickungsanfall einen Blackout hatte? Dann könnte sein Verschwinden bedeuten, dass er vor der Polizei geflohen ist? Jetzt fange ich schon an, Gespenster zu sehen, nur, weil ich unbedingt diesen Fall lösen will.

Kurz nachdem Monika verschwunden ist, nicht ohne sich vorher noch ein frisches Taschentuch von mir zu borgen, kehrt Jutta schnellen Schrittes zurück. Sie scheint sich umgezogen zu haben, zumindest ist irgendetwas an ihr anders.

Die Frau Doktor, die in dem Moment erwacht, scheint es auch zu bemerken, denn sie zeigt mit dem Finger auf Jutta und lacht krächzend.

Juttas überbordendes Selbstbewusstsein kratzt das nicht.

»Lenni saß definitiv von zwölf bis halb drei am Mittwoch in der Pizzeria«, sagt sie und schnappt nach Luft. »Er ist ja auch ein Mann und fast einsneunzig groß. Das schließt ihn als Mörder per se aus. Ich frage mich, was du dir dabei gedacht hast, Helmut? Wir waren uns doch, was den Täter angeht, einig.«

Ich bin alt genug, um zu wissen, was es bedeutet, wenn Frauen behaupten, sie seien sich mit Männern einig.

»Und er war definitiv nicht allein«, fährt Jutta aufgewühlt fort. Ihr zweideutiges Zwinkern mag ich nicht. »Er hat ein Mädchen, unser Lenni. Ist das nicht toll?« Sie faltet die Hände vor der Brust und schaut an die Decke, als hätte ihr der liebe Gott oder wer auch immer die größte Freude ihres Lebens bereitet.

»Prima«, entgegne ich, nur damit sie nicht wieder meint, ich würde sie ignorieren.

»Soll ich herausbekommen, wer sie ist und was sie

macht?« Jutta findet wieder mal kein Ende. »Möglicherweise ist das von Bedeutung für *unsere* Ermittlungen.«

Wenn ich sicher sein könnte, dass sie dann Ruhe gibt, würde ich dem zustimmen. Stattdessen lehne ich ihr Angebot dankend ab. Jutta scheint dies erstaunlicherweise entgegenzukommen, denn sie zieht ohne Widerworte ab. Die Verlobung hat Vorrang.

»Lennox Bergmann hat also ein einwandfreies Alibi für die Tatzeit«, murmle ich vor mich hin. Aber ganz auf der Höhe scheint er trotzdem nicht zu sein. Denn es sollte doch mit dem Teufel zugehen, wenn er nicht kurz nach halb drei wieder im Haus gewesen sein sollte, um dann rein zufällig, nachdem der erste Spuk vorüber war, in der Küche aufzutauchen. Das jedenfalls würde zeitlich hervorragend mit den von Weidmann festgestellten Spuren zusammenpassen. Dass Selma um diese Zeit definitiv schon tot war, ist allerdings ein unumstößlicher Fakt. Angesichts des Schocks, den ihr Anblick bei ihm ausgelöst haben könnte, will ich seine Verwirrtheit einmal gelten lassen.

»Welche Verlobung feiern wir eigentlich heute, Herr Katuschek?«, fragt die Frau Doktor und unterbricht damit meinen Denkprozess. »Unsere?«

»Flieger, grüß mir die Sonne, grüß mir die Sterne und grüß mir den Mond…« Die Musik – offenbar lieben die frisch Verlobten Hans Albers – schallt durch das gesamte Haus und nach allem, was ich von der Tür zum Speiseraum aus erkennen kann, versucht sich Rolf Jürgen hinter seinem Rollator an einer Art militärisch anmutendem Tanz. Neben ihm steht eine überglücklich strahlende Ingeborg, die Mühe hat, es ihm gleichzutun, denn irgendwie verheddert sich ihr

Gehstock immer zwischen ihren Beinen. Möglicherweise ist es aber auch besser so, dass sie die zackigen Bewegungen nicht imitiert, denn auf ihrem Kopf liegt ein Blütenkranz aus rosafarbenen Geranien. Dass die von Margots Balkon stammen, daran hege ich keinen Zweifel, aber bis meine Frau zurück ist, wird es genug neue Blüten an ihren Pflanzen geben, vorausgesetzt, ich vergesse nicht wieder, sie zu gießen.

Vorsichtig, denn ich führe die Frau Doktor an meinem Arm, gehe ich zu unserem Tisch hinüber. Mir entgeht dabei nicht, dass sie sich ein wenig zurechtgemacht hat, soweit das in ihrem momentanen Zustand möglich ist. Aber so eine frische Gummischürze kann durchaus etwas für sich haben. Jedenfalls steht sie in einem schönen Kontrast zu dem schwarzen Anzug, den ich mir aus dem Schrank genommen habe. Ich erinnere mich, ihn das letzte Mal zu Herberts Beerdigung getragen zu haben. In meinem Alter gibt es quasi keine anderen Anlässe mehr, sich entsprechend zu kleiden. Da ist eine Verlobung eine willkommene Abwechslung. Sogar wenn sie im Seniorenheim stattfindet.

Ich muss schon sagen, die Girlanden und Luftballons, die von der Decke hängen, sowie die kleinen Blumensträuße überall machen echt was her. Auf den Tischen stehen sogar Sektflaschen nebst Gläsern und diversem Gebäck. Nachdem der Gin sich längst verflüchtigt hat, hätte ich nichts gegen ein Gläschen einzuwenden. Heute scheint der Alkohol ja nicht limitiert zu sein. Wenn Margot länger wegbleibt, sollte ich es der Frau Doktor gleichtun und mir ebenfalls einen kleinen Vorrat anlegen. Eine eigene Minibar macht unabhängig. Darauf hätte ich eigentlich auch früher kommen können. Aber Widersetzlichkeit ist mir nun einmal nicht gegeben.

Ich rücke den Stuhl zurecht und lasse die Frau Doktor Platz nehmen. Dann schenke ich uns ein. Sie wirkt angesichts der Musik ein wenig irritiert, zumindest würde ich es so interpretieren, da sie sich die Ohren zuhält. Ich setze mich neben sie, lächle sie beruhigend an und sondiere die Lage. Bei dem dichten Gedränge muss ich mir erst einmal einen Überblick verschaffen. Die meisten der Gesichter sind mir bekannt, aber zur Feier des Tages scheinen auch fremde Leute gekommen zu sein. Zwei davon wurden sogar in ihren Pflegebetten hereingeschoben.

Der Einzige, den ich nicht ausmachen kann, ist Gerhard. Dass er die Verlobung seiner Ex mit einem Greisen-Gigolo nicht miterleben will, kann ich verstehen. Zumal mich selbst hauptsächlich die innere Unruhe hierhergetrieben hat. Ich bin nicht der Typ für ausschweifende Feiern, noch dazu, wenn ein Teil der Gäste in Pflegebetten liegt. Auch mit feinem Zwirn habe ich es nicht so. Die Lösung des Falls scheint mir aber zum Greifen nahe und ich möchte schlichtweg nichts verpassen. Ein guter Ermittler muss sich hin und wieder ins Getümmel stürzen, denn zuweilen geben die Menschen in der scheinbar anonymen Öffentlichkeit mehr von sich preis als ihnen lieb ist. Die Frau Doktor ist da absolut meiner Meinung, also sobald sie wieder geistig zurückgekehrt ist.

Jutta gibt die Zeremonienmeisterin und ist dabei in ihrem Element.

»Ich habe für euch die Sterne befragt«, schreit sie gegen die Musik an. »Euch ist ein großes Glück beschert.«

»Hans Albers, genau«, erwidert Rolf Jürgen, noch immer im Takt wippend. »Ein echter deutscher Mann. Blond, blauäugig und mit dem richtigen Dampf unter der Mütze.«

Ingeborg hingegen sieht aus, als hätte ihr Jutta kein schöneres Geschenk machen können. Aber wieso soll man sich auch nicht freuen, wenn man sich bei einer Quote von siebzehn zu acht durchgesetzt hat. Sie schmiegt sich hingebungsvoll an ihren Rolf Jürgen, was eine Herausforderung ist, da er sie durch seine Bewegungen immer wieder von sich wegstößt. Irgendwann ist allerdings jedes Lied zu Ende.

Jutta nutzt die Gunst der Stunde und fordert das Paar zum Küssen auf. In einem Seniorenheim gibt es fast nichts, was einem nicht geboten wird. Rolf Jürgen hat schon seine Zunge am Anschlag, seine Arme nach der genant dreinschauenden Ingeborg ausgestreckt und will sie gerade inbrünstig an sich reißen, als Jutta sich zwischen die beiden wirft und sie unsanft auseinanderschubst.

»Halt! So geht das nicht. Ihr interpretiert das Thema falsch«, schreit sie in einem fort und wedelt wie wild mit den Armen.

Rolf Jürgen sieht das nicht so, denn er setzt immer wieder zum Sprung auf Ingeborg an. Die hält sich sichtbar empfangsbereit. Aber gegen ein Bollwerk wie Jutta hat das Hutzelmännchen keine Chance.

Ich kann mir zunächst keinen Reim darauf machen, aber dann sehe ich die bleiche Frau, die neben unserer Heimleiterin Frau Mehltau in der Tür steht und aussieht, als bekäme sie jeden Moment einen hysterischen Schreikrampf. Das muss dann wohl Uschi sein. Schön, dass die beiden die Ehefrau von Rolf Jürgen auch zu ihrer Verlobung eingeladen haben.

»Ich kann kein Stück inszenieren bei diesen permanenten Unterbrechungen«, kreischt Jutta und bringt noch etwas mehr Sicherheitsabstand zwischen die beiden quasi frisch Verlobten.

»Entschuldigung…«, hebt Frau Mehltau an. »Aber… ich wusste nicht, dass Sie ein Theaterstück einstudieren. Ich dachte, wir feiern Verlo…«

»Romeo und Julia«, bestätigt Jutta eifrig, ohne Frau Mehltau ausreden zu lassen.

Frau Mehltau klatscht erfreut in die Hände. »Ach wie herzig! Bei uns ist immer etwas los.« Sie wendet sich der neben ihr stehenden Dame zu. »Wie ich Ihnen gesagt habe, bei Herrn Rolf Jürgen kommt keine Langeweile auf. Erst die Verlobung und nun Shakespeare.«

Uschis Leidenschaft für die Kunst hält sich offenkundig in Grenzen. Und sie weiß ihren Angetrauten einzuschätzen. »Rolf Jürgen!« Ihr Schrei lässt hundertprozentig ein gutes Dutzend Hörgeräte durchbrennen und hat sogar das Zeug, Margots Organ in den Schatten zu stellen. »Du kommst sofort hierher!«

Rolf Jürgen hat nun keine Augen mehr für seine Julia, also Ingeborg. Er läuft sogar schneller, als Hans Albers das nächste Lied anstimmen kann. »Mausi, wie schön, dich zu sehen«, flötet er schwer atmend. »Kommst du mich abholen? Ich liebe Überraschungen.«

Ich für meinen Teil hätte es niemals für möglich gehalten, dass Uschi wirklich existiert. Ingeborg offenkundig auch nicht. Aber so ist das Leben, auch in einem Seniorenheim ist man vor unvorhergesehenen Ereignissen nicht gefeit. Als ich mir gerade mit der Frau Doktor ein zweites Glas Sekt genehmigen will, gibt es einen weiteren unerwarteten Auftritt.

»Helmut Katuschek!«

Die Stimme kenne ich zu gut und sie kann nur bedeuten, dass jetzt andere Zeiten anbrechen – und die werden nicht besser. Für mich zumindest nicht.

Jutta hat mir ein Kännchen Kaffee ins Foyer gebracht. Auch eine üppige Portion von dem Verlobungsgebäck konnte sie abzwacken. Kein Wunder, das wird nun ja nicht mehr benötigt. Rolf Jürgen jedenfalls hat es nicht mitgenommen. Der hatte nur noch Augen für seine Uschi, die ihn, ohne uns andere eines Blickes zu würdigen, im Eiltempo in ihr Auto verfrachtet hat. Ich möchte wetten, dass wir ihn spätestens heute Abend in der gleichen Geschwindigkeit zurückgeliefert bekommen, auch wenn das die bedauernswerte Ingeborg nur wenig trösten wird.

Wenigstens Rolf Jürgens Rollator, den er in der Eile zurückgelassen hat, ist ihr geblieben. Mit jedem Glas Sekt, das sie sich nach dem Verschwinden ihres Bräutigams einverleibt hat, hat der Rollator ihren Frust stärker zu spüren bekommen. Jedenfalls gelten in Gummireifen steckende Haarnadeln als Sachbeschädigung, im schlimmsten Fall sogar als Körperverletzung, falls Rolf Jürgen deswegen stürzen sollte. Ich habe Ingeborg höflichst darauf hingewiesen, mehrfach sogar, aber sie war nicht besonders aufnahmefähig. Nicht einmal der Nebeneffekt dieser Nadelzweckentfremdung schien ihr etwas auszumachen. Ihren Haaren mitsamt Margots Geranienblüten fehlte zusehends der Halt. So zerzaust wirkte sie locker zehn Jahre älter. Dafür jedenfalls hätten die Blumen nicht verschwendet werden müssen.

Margot hat die Lädiertheit Ingeborgs und der Geranien glücklicherweise unkommentiert gelassen. Solange der Täter nicht gefasst und ihre Unschuld damit nicht zweifelsfrei festgestellt wird, sollte sie besser keine dicke Lippe riskieren – Senioren sind bei solchen Dingen äußerst pingelig. Dass sie umgehend geschnallt hat, wessen Balkonschmuck da so schändlich missbraucht wurde, war ihr jedenfalls anzusehen. Das allerdings hat den Braten nicht mehr fett gemacht. Allein meine ausgelassene Feierlaune in Anwesenheit der Frau Doktor hat für eine erneute Verurteilung ausgereicht. Margot fristet ihr Dasein bei Wasser und Brot im Kerker und ich gebe den »Ausgehkavalier«, um bei ihren Worten zu bleiben. Das ging für sie nicht zusammen. Dabei weiß ich sehr wohl, dass die Versorgung in der U-Haft aus der Polizeikantine stammt und die immer ordentlich Remoulade auf die belegten Brötchen schmieren.

Margot jedenfalls ist nach ihrer Rückkehr schnurstracks in unser Appartement marschiert und hat sich eingeschlossen, angeblich weil sie nach den Strapazen dringend Ruhe braucht. Ich kann mir nicht vorstellen, dass es irgendwo ruhiger sein kann als in Einzelhaft, aber ich habe nicht widersprochen. Ich vermute, in spätestens zwei Stunden wird sie sich wieder blicken lassen, denn ihr Verlangen nach Ruhe wird unweigerlich der Sucht nach Fußpflege weichen.

Bei Hannelore, die ebenfalls zurück ist, scheinen die Bedürfnisse etwas anders zu liegen. Ich habe sie kurz nach Margots Ankunft mit einem Teller Kartoffelsalat aus der Küche kommen sehen. Ich hoffe für sie, dass sie ihn umgehend verzehrt und nicht für schlechte Zeiten in einem ihrer Schränke bunkert. Aber das ist eine Sache zwischen ihr und Kai-Uwe, sollte der jemals wieder hier auftauchen.

Warum Margot und Hannelore wieder frei sind, kann ich dagegen nur ahnen. Weidmann scheint auf einer vielversprechenderen Fährte zu sein, was eigentlich nur bedeuten kann, dass Kai-Uwe irgendetwas von Belang von sich gegeben hat. Womöglich hat er sogar gestanden. Ich kann noch nicht sagen, wie ich das alles finde. Ich hatte diesen seltsamen jungen Mann ebenfalls in meinem Kreis der Verdächtigen, aber mehr nun einmal nicht. Weidmann wäre in diesem Fall tatsächlich schneller. Das erste Mal in zwanzig Jahren. Damit muss ich wohl umgehen. Aber das ist nicht alles. Margot ist wieder da, und auch daran muss ich mich erst gewöhnen. Dafür kommt mir das Foyer gerade recht. Und Jutta, aber nur, da sie Naschwerk für mich dabeihat und schon seit mindestens zehn Minuten schweigt.

»Ich verstehe das nicht«, sagt Jutta enttäuscht. »Die Verstorbenen haben mich noch nie im Stich gelassen. Kai-Uwe ist doch keine Frau, oder? Aber es sollte doch eine Mörderin sein. Ganz sicher.« Ihre Zunge scheint mir ein wenig schwer zu sein. Die Sektflaschen waren nun einmal geköpft, auch wenn kaum noch jemandem der Sinn nach einem Prosit stand. Und Jutta ist keine Frau, die etwas umkommen lässt, nicht einmal billigen Schaumwein.

»Na ja,« entgegne ich zwischen zwei Schlucken von meinem Kaffee. »Wenn man allein seine halblangen Haare betrachtet, kann Kai-Uwe durchaus als Mädchen durchgehen.«

»Vielleicht hast du recht«, antwortet Jutta, offenbar ein wenig getröstet. Sie seufzt und stößt dabei eine wenig dezente Alkoholfahne aus.

»Möglicherweise hat Selma uns einen Hinweis gegeben, als sie sagte, ich solle mich Kai-Uwes annehmen«, stelle ich Jutta auf die Probe. »Du könntest sie schlichtweg falsch verstanden haben.« Ich taxiere Jutta aus dem Augenwinkel.

»Vielleicht«, entgegnet sie mit dünner Stimme.

»Jutta?«

»Ja, ja«, beeilt sie sich zu sagen. »Das kann schon mal vorkommen, also Übersetzungsprobleme. Die Geisterwelt spricht nicht in vollständigen Sätzen. Man muss sehr viel interpretieren und zwischen den Zeilen lesen können.« Sie holt tief Luft. »Reden ist wichtig, Helmut. Immer reden, auch mit den Lebenden.«

»Mhm. Kai-Uwe hat dir von dem Bier in Selmas Rucksack erzählt«, sage ich und bemühe mich, dass meine Stimme so gelassen klingt wie zuvor. Bei der Tratscherei im Haus hätte ich gleich selbst darauf kommen können. Schließlich habe ich Selmas Erinnerungsbier im Beisein dieses Menschen zu mir genommen.

Peinliches Schweigen.

Ohne Vorankündigung wirft Jutta mir ihren Kopf an die Brust.

»Du darfst mich nicht verraten, Helmut, bitte. Diese Sitzungen sind wichtig für mich. Ich lebe dafür. Und ich flunkere auch nur ein ganz kleines bisschen. Manchmal muss man dem Schicksal einfach auf die Sprünge helfen. Du bist immer so skeptisch mir gegenüber, nahezu abweisend. Da brauchte es einfach eine etwas stärkere emotionale Keule.«

Ich denke an die Scharlatane vom Bahnhof und grinse voller Genugtuung in mich hinein, natürlich nicht, ohne die propere Jutta von mir wegzuschieben. Ich bin ihr nicht gram. Im Gegenteil, ich bin erleichtert, dass ich offenkundig noch Herr meiner Sinne bin, zumindest, was Jutta und ihren Trockenblumenstrauß angeht. Einen Rechtsverstoß kann ich auch nicht erkennen, also zumindest nicht solange keiner zu Schaden gekommen ist. »Du solltest über die Gebühr für deine Lebensberatung noch einmal nachdenken«, sage ich verklausuliert.

Sie zuckt zusammen und lehnt ihren Oberkörper, so weit es geht, nach hinten.

»Margot muss nichts mehr zahlen, lebenslänglich. Du hast mein Ehrenwort«, erwidert sie eilig, hebt ihre Hand, streckt Mittel-, Zeigefinger und Daumen aus und schwört.

»Ich rede nicht nur von meiner Frau«, antworte ich.

Devotes Nicken. Das Schwurzeichen verschwindet umgehend.

»Dann könnte Gerhard durchaus tot sein«, sage ich irgendwann. »Das heißt, du hast keine Ahnung.«

»So habe ich das nicht gesagt«, empört sich Jutta. »Das doppelte Gesicht ist nicht so pauschal, wie du vielleicht meinst, Helmut.« Sie wiegt ihren Oberkörper schwerfällig hin und her. »Gerhard hat eine dunkle Seite. Das habe ich vom ersten Augenblick an gespürt. Und sein plötzliches Verschwinden … Puh!«

Ich denke mir meinen Teil und schwöre mir innerlich, dass ich niemals wieder nur ansatzweise in Versuchung kommen werde, einen Mehrwert aus Juttas »Gabe« zu ziehen. Was sie treibt, ist nichts weiter als billige Seniorenheim-Verzweiflung. So tief ist ein Helmut Katuschek noch nicht gesunken.

Fünf Kekse und eine komplette Tasse Kaffee später findet sie zu ihrer Stimme zurück. »Meinst du, wir sind jetzt mit unserer Ermittlungsarbeit fertig?«, haucht sie, um ein lang gezogenes Gähnen anzuschließen.

»Sieht so aus«, entgegne ich und hoffe insgeheim, dass mit Kai-Uwe der Täter gefasst ist. Das wären dann zwei Fliegen mit einer Klappe.

»Mhm. Das fühlt sich seltsam an.« Sie nimmt sich einen Keks und knabbert daran.

»Was ist seltsam?«, will ich wissen.

»Diese Leere«, antwortet sie. »Ich habe sie gleich gespürt, als ich hier eingezogen bin. Und jetzt ist sie wieder da.« Sie reibt sich kreisförmig mit der flachen Hand über ihr Dekolleté, als würde das Elend dort sitzen. »Hier werden einem die sinnvollen Aufgaben ja nicht gerade auf dem Silbertablett präsentiert.«

Wem sagt sie das. Wobei Jutta mit ihren Geisterbeschwörungen, der Kosmetikberatung und was sie sonst noch so alles treibt aus meiner Sicht ganz ordentlich zu tun hat. Mein Leben ist da erheblich trister.

Sie beugt sich weiter als notwendig zu mir herüber. »Du musst mir aber versprechen, dass wir weiterhin Freunde bleiben, Helmut. Man lernt in unserem Alter nicht mehr so viele Leute kennen, die etwas zu sagen haben … oder es noch können.« Sie legt ihre Hand auf meinen Oberschenkel und drückt ihn so fest, dass ich meine Durchblutung in Gefahr sehe. »Und die, die man kennt, sind schneller weg, als man denkt. Verstehst du?«

Ich sollte mal wieder das Grab meines Freundes Herbert besuchen. Dort war ich am Tag seiner Beerdigung das letzte Mal. Aber eigentlich ist das auch Quatsch. Ich sehe ihn ja ohnehin täglich beim Schach.

»Ach, was soll's!« Juttas Stimmung schlägt plötzlich um. »Keine Zeit für Trübsal. Was hatten wir für einen Spaß und die nächste Leiche kommt bestimmt.« Sie gluckst erfreut.

»Jutta!«, ermahne ich sie.

Erneutes Schweigen.

»Das mit Margot hätte schon gepasst, irgendwie, auch

zu ihrem Charakter«, fährt sie Minuten später fort. »Eifersucht, das große Thema der Liebe. Du kannst ruhig zugeben, dass Selma etwas Besonderes für dich war.« Sie schaut mich herausfordernd an. »So etwas spüren Frauen, vor allem die eigene.« Sie fasst nach meiner Hand. »Es muss ja nicht immer etwas Sexuelles sein«, ergänzt sie verständnisvoll. »Gerade in deinem Alter.«

Wie bitte darf ich das denn verstehen? Woher will sie denn wissen, wozu ich noch in der Lage bin oder wozu nicht ... Empörend! Zumal ich es selbst nicht weiß. Außerdem gebe ich überhaupt nichts zu, nicht einmal, dass das mit Margot eventuell nicht so abwegig hätte sein können.

»Trotzdem wäre dann aber Hannelore fehl am Platz gewesen. Sie halte ich nach allem, was ich heute weiß, noch weniger für die Art von Freundin, die mit einem durch dick und dünn geht«, sage ich und frage mich, ob Margot schon darüber informiert ist, was ihre angeblich beste Freundin hinter ihrem Rücken so getrieben hat.

»Die will man nicht geschenkt haben. Falsche Schlange. Sie hat mir sogar einen Zehner zugesteckt, wenn ich Margot bei unserer letzten Sitzung nach eurem Kanarienvogel frage. Angeblich wollte sie Margot damit unbedingt einen Gefallen tun, da sie Sorge hatte, nicht dranzukommen, wo ihr der Vogel doch so viel bedeutet hat«, beschwert sich Jutta. »Ich hätte es ablehnen sollen, aber zehn Euro sind nun einmal zehn Euro. Das Leben kostet!«

Mich wundert nichts mehr.

»Denn siehst du, da haben wir es wieder«, fährt sie fort. »Im schlimmsten Fall kriegt Rolf Jürgen von der ganzen Aufregung heute noch einen Herzinfarkt und ich bleibe auf den Kosten für den Sekt sitzen.«

Pause.

»Trotzdem fühle ich mich nicht wohl damit«, hebt sie erneut an.

»Womit?«, frage ich.

»Margot und Hannelore kommen frei, nachdem dieser Polizist Kai-Uwe mitgenommen hat«, erwidert sie. »Hältst du das für einen Zufall?«

»Mhm.«

»Sag doch mal!«

»Mhm.«

Sie bohrt weiter. »Meinst du, er hat sie womöglich mit seiner Aussage entlastet? Aber dann müsste er doch wissen, wer es gewesen ist oder nicht?«

Ich zucke mit den Schultern. Dass Kai-Uwe irgendjemandem hilft, außer sich selbst, glaube ich ehrlicherweise nicht.

Ausgedehnte Stille.

»Man hält unter Umständen Kai-Uwe für den Mörder«, haucht sie entsetzt.

Bei Jutta ist der Groschen nun offenbar gefallen. Ich bleibe, was Kai-Uwe angeht, unschlüssig. Zugegeben, die geliebte Wohnstatt zu verlieren, ist ein starkes Motiv. Dazu kommen der Streit, das löchrige Alibi, der ungehinderte Zugang zur Mordwaffe, seine beschränkten geistigen Fähigkeiten ... Aber wenn die Frau Doktor richtigliegt, dann ist der Täter erheblich kleiner als Selma. Auf Kai-Uwe trifft das nicht zu. Aber womöglich hat sich dieser Idiot halb gebückt von hinten an sie rangeschlichen, so, wie er es in irgendeinem dieser geistlosen Streifen, die er immer guckt, gesehen hat.

»Mhm.«

»Du liebes bisschen!«, echauffiert sie sich, und es scheint nun keine Rolle mehr zu spielen, ob ich auf sie eingehe oder nicht. Ich stelle mich darauf ein, Juttas Sorge über die Zukunft von Kai-Uwe und ihre Ideen zu seiner Rettung einfach nur so durchrauschen zu lassen. Wenn chronische Langeweile auf übertriebenen Enthusiasmus trifft, kommt nun einmal nichts Vernünftiges dabei heraus. Aber weit gefehlt. Jutta treibt überraschenderweise etwas anderes um.

»Dann lag ich ja mit meinem Tipp komplett daneben«, regt sie sich auf. »Hundert Euro für nix riskiert. Wie ärgerlich! Wie soll ich denn die wieder reinbekommen, zumal meine Séancen nun notgedrungen ein karitativer Beitrag sind?« Mit fahrigen Bewegungen greift sie sich gleich mehrere Kekse und lässt einen nach dem anderen in ihrem Mund verschwinden. Kohlenhydrate beruhigen bekanntermaßen die Nerven. Bei mir nicht.

»Du hast auf Selmas Mörder gewettet?«, will ich entsetzt wissen.

Jutta unterbricht schlagartig ihre Kaubewegungen und schaut mich aus großen unschuldigen Augen an.

»Nur eine kleine Sache, kein Ding«, murmelt sie. »Hatte ich das nicht erwähnt? Oh, Helmut!« Sie zupft imaginäre Flusen von meinem T-Shirt-Ärmel. »Aber ich mache nur noch Geschäfte, die ich überschauen kann.«

Sie hat auch noch den Hut auf bei der Sache, denke ich. Jutta arbeitet als Buchmacherin. »Wer ist noch dabei?«, frage ich mit schlecht unterdrücktem Ärger.

»Du bist doch jetzt nicht etwa böse, Helmut, oder?«, will sie in leicht unterwürfigem Ton wissen. Dazu klimpert sie mit ihren Wimpern.

Nein, nur stinksauer. Meine Freundin Selma wurde umgebracht und ihr Umfeld hat nichts weiter zu tun, als auf ihren Mörder zu setzen, um damit einen schnellen Euro zu verdienen. Und die Frau, die ich entgegen meiner Intuition und Erfahrung in die Ermittlungsarbeit eingebunden habe, führt dreisterweise das Wettbüro.

»Alle, außer die Frau Doktor und Margot«, gesteht sie kleinlaut. »Die habe ich zugegeben nicht gefragt. Das Personal natürlich auch nicht. Die hätten es sicherlich untersagt.« Sie schnauft. »Na ja, und bei dir war ich mir nicht sicher, ob du …« Sie nestelt unruhig an den dicken roten Perlen in ihren Ohrläppchen.

»Hannelore hat auf Margot gesetzt«, schlussfolgere ich.

Jutta nickt rasch. »Zweihundertfünfzig Euro. Ziemlich viel. Ich habe mich auch darüber gewundert, wo sie doch sonst so ein Sparfuchs ist. Und die Sache war ja nicht ansatzweise sicher.«

Hannelore traut Margot doch nicht tatsächlich einen Mord zu, oder? Noch dazu ist sie gerissen und extrem kalkulierend. Sie startet keine blauäugigen Unterfangen, hundertprozentig nicht.

»Hannelore geht garantiert kein solches Risiko ein, ohne sich etwas davon zu versprechen, also etwas, das realistisch erscheint«, rutscht es mir heraus. »Oder es liegt an ihrer krankhaften Todessehnsucht. Sie hat nichts mehr zu verlieren. Wieso sollte es dann bei dem Rest von uns anders sein?«

»Darüber habe ich noch gar nicht nachgedacht. Hannelore ist so undurchsichtig«, entgegnet Jutta. »Wenn ich ehrlich bin, haben die meisten auf Margot gesetzt. Bei der Quote hätte Hannelore sowieso nicht viel gewonnen.« Sie zuckt mit den Schultern. »Aber das konnte sie ja nicht wissen. Derartiges plaudere ich grundsätzlich nicht aus. Es kann mir ja auch egal sein. Die fünf Prozent für den Aufwand des Wettbüros sind so oder so für mich drin.«

»Wen hat es noch getroffen?«, hake ich nach und mir glühen die Ohren von dem, was ich hier hören muss.

Jutta ereifert sich. »Unser Lenni hat zwei Stimmen abbekommen, die von Ingeborg und Rolf Jürgen. Wie sehr Ingeborg allerdings hinter ihrem Tipp steht, kann ich nicht sagen. Du weißt ja, wie verliebte Frauen sind«, erklärt sie. »Rolf Jürgen allerdings war felsenfest davon überzeugt, dass es Lenni gewesen sein muss. Er unterstellt ihm ein triebgesteuertes Motiv, na ja, du kennst ihn ja.«

Rolf Jürgen bewegt sich in keinen anderen Denkmustern. Natürlich. Und er sieht sich Frau Mehltau verpflichtet. Schlichtweg, weil sie eine adrette Frau ist. Dagegen kann Bergmann nur verlieren. Ich schaue Jutta an und warte, was noch kommt.

»Na ja«, sie windet sich. »Auf Kai-Uwe haben drei Leute getippt. Ich weiß jetzt aber nicht mehr genau, wer …« Sie denkt offenbar nach. »Gertrud, Auguste … ah.« Sie schnipst mit den Fingern. »Mir fällt es nicht mehr ein. Ich kann es nachlesen, wenn du möchtest. Mein Wettbuch wird vorschriftsmäßig geführt. Wenn die drei Schachteln jetzt die fette Knete abräumen, bin ich sauer.« Sie wirft das eine Ende ihres Schals mit Schwung über ihre Schulter. »Du bist übrigens auch dabei«, fügt sie leise hinzu. »Nur fünf Euro, also fast nichts.«

»Von wem?« Helmut Katuschek ist also kein absoluter Außenseiter, wobei ein Mordverdacht mehr als aberwitzig ist. Aber fünf Euro zu zweihundertfünfzig für Margot, was soll ich denn davon halten?

Jutta braucht diverse äußerst intensive Atemzüge, um mit der Sprache herauszurücken. »Gerhard«, entfleucht es ihr endlich.

Ich verstehe nichts mehr. Ausgerechnet mein einigermaßen umgänglicher Tischnachbar Gerhard hält mich für einen Mörder? Das enttäuscht mich jetzt wirklich. Wenn Jutta das mit »dunkler Seite« gemeint hat, stimmt das wohl. Dass er mir meine Erste Hilfe so nachträgt, hätte ich niemals für möglich gehalten. Wir sind doch nicht im Kindergarten. Oder bin ich ihm anderweitig zu nahegetreten?

»Und du? Auf wen hast du gesetzt?«, frage ich nach und weiß nicht, ob ich die Antwort überhaupt hören möchte.

»Gerhard«, entgegnet Jutta im Brustton der Überzeugung.

»Wieso ausgerechnet er?«, frage ich verwundert nach.

»Ganz einfach. Irgendwann kommt immer die Stunde der Underdogs.«

Ich döse. Was soll ich auch sonst machen? Früher und später wird Weidmann wieder hier auftauchen und Rapport abgeben. Seinen Triumph mit Kai-Uwe möchte er mir sicher nicht vorenthalten. Er lechzt nach Anerkennung. Früher war ich damit nicht besonders freigiebig, vor allem bei ihm. Dementsprechend hat er Nachholbedarf und spekuliert dabei womöglich auf meine Altersmilde. Ich beschließe, mir, wenn es dazu kommen sollte, Mühe zu geben und mir die Schlappe nicht anmerken zu lassen. Immerhin wäre das die erste Mordermittlung in meiner Laufbahn, die ich nicht anständig und vor allen anderen zu Ende gebracht hätte. Möglicherweise bin ich doch eingerostet.

An der Frau Doktor jedenfalls kann es nicht liegen. Die ist trotz ihrer gesundheitlichen Defizite absolut auf der geistigen Höhe. Womöglich gibt es doch so etwas wie ein Verfallsdatum, auch bei Kriminalbeamten, was bedeuten würde, die Sache mit der Pensionierung ergäbe durchaus Sinn. Was für ein deprimierender Gedanke – ich denke besser nicht weiter darüber nach. Immerhin besteht noch ein leises Fünkchen Hoffnung, dass Kai-Uwe unschuldig ist. Ich wünsche mir das nicht für ihn. Er ist mir egal. Ich will es für mich. Denn dann bin ich wieder im Rennen.

Aber dass Jutta hinter meinem Rücken illegales Glücksspiel betreibt, ist schon ein starkes Stück. Die Professionalität, mit der sie dabei vorgeht, auch. Eine risikoreiche Außenseiterwette – auf einen potenziellen Mörder! Du liebe Güte! Auf Ideen kommt diese Frau. Und Hannelore, die Kröte, steigt darauf ein. Mit einem klassischen Verrat. Denn eines ist wohl mal klar. Ihr monetärer Einsatz liefert zumindest eine Erklärung für die Aussagen, mit denen sie Margot in die Pfanne hauen wollte. Wie charakterlos kann man eigentlich sein? Pfui Teufel! Warum Margot allerdings die Fleischgabel in Selmas Nase angefasst hat, bleibt mir weiterhin ein Rätsel. Ob Hannelore etwas daran gedreht haben könnte? Ausschließen kann ich es nicht.

Da ich mit diesen Gedanken im Kopf unmöglich einen Mittagsschlaf halten kann, greife ich neben mich und ziehe eine der Zeitschriften vom Beistelltisch. Normalerweise lange ich diesen Schund nicht an, aber da überall auf den Titelseiten Leute mit grauen Haaren abgebildet sind, gehe ich davon aus, dass explizit Senioren angesprochen werden sollen. Das Informationsangebot sollte damit irgendwo zwischen den familiären Skandalen in den europäischen

Königshäusern und altersbedingten Krankheiten liegen. Nach Letzterem suche ich. Obwohl ich mich recht gut mit den Telefonbuchphasen der Frau Doktor arrangieren kann, hätte ich schon gern etwas mehr über ihr Gebrechen erfahren. Ich bin nun mal lieber vorbereitet, vor allem für den Ernstfall. Selbstverständlich könnte ich dahingehend auch unseren zuständigen Heimarzt befragen. Er hält einmal in der Woche seine Sprechstunde bei uns ab und seine Termine sind fast so begehrt wie die zur Fußpflege. Aber ich kann nicht sicher sein, dass die Inhalte meines Gesprächs mit ihm nicht irgendwann bei Margot landen. Die fordernde Art meiner Frau macht nicht einmal vor dem Arztgeheimnis halt und am Ende bin ich der Gelackmeierte. Dann quäle ich mich doch lieber durch die Magazine. Irgendwo werde ich schon fündig werden.

Der Fahrstuhl setzt sich in Bewegung. Zweiter Stock. Ich behalte die Anzeigetafel im Auge und hoffe darauf, verschont zu werden. Der Aufzug passiert das Erdgeschoss in Richtung Keller. Sehr gut. Moment mal, da waren doch Frauenstimmen. Eine davon gehört zu Margot. Eindeutig – das ist ihr Lachen. Wieso klingt sie so ausgelassen? Fußpflege mit Hannelore, das muss die Antwort sein. Na bitte, da haben wir es wieder. Ich schaue auf meine Armbanduhr. Knappe sechzig Minuten hat sie es ausgehalten. Diese Frau ist doch einfach unverbesserlich. Wenigstens kann ich mich jetzt ungestört in unserem Appartement umziehen. Mein Zweireiher ist im Dauerbetrieb etwas unbequem und für das Foyer bin ich overdressed.

Wie es sich gehört, staple ich das Lektüreangebot wieder ordentlich auf Kante und mache mich auf den Weg. Als ich am Frühstücksraum vorbeikomme, stehen da Frau Mehltau und Hannelore in eine angeregte Unterhaltung vertieft. Hannelore? Wieso? Ich grüße flüchtig, drehe ab und ändere meinen Plan. Nach meinem letzten Kenntnisstand war niemand meiner Mitbewohner dieser Zwangsgemeinschaft in letzter Zeit auf den Umgang mit Margot erpicht. Wer, wenn nicht Hannelore, was augenscheinlich ausgeschlossen ist, sollte also mit meiner Frau scherzen? So viel Selbstaufgabe würde ich nicht einmal Jutta zutrauen. Und was hat Margot überhaupt noch zu lachen? Misstrauen überkommt mich. Margot wird sich doch mit ihrer unnachahmlichen Art nicht in die nächste Katastrophe manövrieren? Ich sollte auf der Hut sein und begebe mich eilig hinunter zum Kosmetikbereich.

»Also ich muss schon sagen, ordentlich und sauber war das dort schon alles«, höre ich Margot durch die geschlossene Tür berichten. »Die Beamten waren nicht einmal unfreundlich, ganz im Gegenteil. Einige haben mich sogar wiedererkannt. Immerhin war ich meinem Gemahl zu den wichtigen dienstlichen Anlässen eine unverzichtbare Stütze. Man hat ja schließlich seine Verpflichtungen, und die weiß man in jeder Hinsicht vorbildlich zu erfüllen.«

Ich kann mir nicht helfen, aber mir fällt dazu nur mein fünfundzwanzigjähriges Dienstjubiläum ein. Margot hat sich damals mit dem Leiter der Dienststelle angelegt, weil sie der Meinung war, dass ein Urlaubstag und zweihundert Euro, die man als Anerkennung bekam, womöglich für die Toilettenfrauen angemessen wären, aber nicht für ihren Mann. Und weil ihr dieses Argument allein offenbar noch zu dünn war, hat sie mich auf einen Sockel gehoben, den sie mit der kompletten Unfähigkeit meiner Kollegen und Mitarbeiter untermauert hat. Wenn ich daran denke, schäme ich mich heute noch dafür.

»Die Gefangenen bekommen aber keinen Streichkäse«, empört sie sich. »Können Sie sich das vorstellen?«

Sie? Margot siezt niemanden in dieser Verwahranstalt außer das Personal und …

»Also meine liebe Frau Katuschek, was Sie in den letzten achtundvierzig Stunden durchgemacht haben müssen.« Ein erstaunter Pfiff. »Das eröffnet Ihnen ja ganz neue Welten.«

Da spricht die Frau Doktor. Zweifelsohne. Und sie klingt nicht, als hätte sie ihr Telefonbuch dabei. Seit wann hat sie einen Draht zu Margot? Unschlüssig darüber, wie ich das zu werten habe, halte ich mein Ohr fest an die Tür gedrückt.

»Meine liebe Frau Doktor Böttcher, Sie sind doch tatsächlich der einzige Mensch, der das richtig einzuschätzen weiß.« Zusammenhangloses Kichern. »Herr Katuschek bringt für diese Dinge keinerlei Empathie auf, ja er interessiert sich nicht einmal dafür, was in meinem Leben vor sich geht.« Wieder dieses blöde Gackeln. »Wenn er ein richtiger Mann wäre, hätte er niemals zugelassen, dass dieser stumpfsinnige Weidmann mich abführt. Und Hannelore erst. Wie ihre zarte Seele das alles verkraften soll, daran mag ich nicht einmal denken.« Jetzt lacht sie schon wieder.

Die Frau Doktor erwidert etwas, was ich leider nicht verstehen kann.

»Helmut hat aus dem Verborgenen agiert? In meinem Sinne?«, kreischt Margot und ich bekomme langsam Angst vor dieser überbordenden Euphorie, die in der Stimme meiner Frau mitschwingt. Kann eine verfrühte Entlassung aus der U-Haft dermaßen viele Glückshormone freisetzen?

Oder liegt es an der Fußpflege? »Sind Sie da sicher, liebste Freundin?«

Hat sie meine Frau Doktor als »liebste Freundin« bezeichnet? Das Ganze nimmt befremdliche Ausmaße an.

»Frau Katuschek, ich versichere Ihnen, dass sich Ihr Mann jederzeit tadellos verhalten hat.« Die Frau Doktor hat einen äußerst klaren Moment. Danke schön.

»Das ist ja auch schnurz«, flötet Margot laut.

Mir nicht.

»Aber die warme Milch, die Sie mir vorhin gemacht haben, die vergesse ich Ihnen nie. Und ich Dummerchen wollte sie erst nicht nehmen. Wenn ich gewusst hätte, dass sie mir so guttut…« Ein wohliger Seufzer unterstreicht die Verfassung meiner Frau. »Sie dürfen gern Margot zu mir sagen.«

Sekunde. Warme Milch? Seit wann trinkt Margot Milch, und dann auch noch erwärmte? Und wieso…? Also die Frau Doktor ist doch ein kleines Biest. Das erklärt natürlich Margots Hochstimmung. Ein bisschen Gras ins Getränk und zack, die Welt der Frau Katuschek ist rosarot. Da hätte ich mal vor vierzig Jahren draufkommen sollen.

»Nach diesen Strapazen, ich bitte Sie«, erwidert die Frau Doktor und ich kann den Schalk, der ihr im Nacken sitzt, förmlich hören. Margots Vertrautheit prallt ebenso an ihr ab.

Margot pflichtet ihr bei und schluckt auch noch brav die folgende scheinbar naive Frage nach dem Grund ihrer Verhaftung.

»Dass Helmut Katuschek eine Affäre mit dem toten Mädchen gehabt hat, hat doch ohnehin niemand geglaubt, also nachdem ich mit diesen Idioten fertig war«, sagt Margot.

»Meine Güte, wir reden über meinen Mann! Der wird sich hüten, ein außereheliches Verhältnis einzugehen! Abgesehen davon braucht es dafür ja mindestens noch einen Gegenpart.«

Wie darf ich das denn bitte verstehen?

»Die Stümper haben sich an dieser vermaledeiten Fleischgabel hochgezogen. Nur wegen ein paar Fingerabdrücken von mir.« Eine ausgelassene Freude schließt sich an, die unangemessen lange anhält. »Jesus! Was für ein Drama, nur, weil ich mal eine Fleischgabel anlange. Man kann sich aber auch haben.«

»Also wirklich, das ist ja entsetzlich«, entgegnet die Frau Doktor. »Und so ein dummer Zufall.«

Ein dummer Zufall, genau. Wie sollte man es auch sonst nennen, wenn Margot sich an Küchengeräten zu schaffen macht.

»Ganz meine Meinung!«, bestätigt Margot. »Ich werde wohl als zahlende Bewohnerin und Ehefrau eines Kriminalhauptkommissars a. D. das Recht haben, in die Küche zu gehen und diese kleine Made zur Rede zu stellen. Es kann ja nicht angehen, dass sie meinem Mann vor allen Leuten mit diesen Blutwurstscheiben schöne Augen macht. Wir beide wissen doch, wie das läuft. Die jungen Dinger bezirzen die alten Knacker und am Ende fehlen fünftausend Euro auf dem Sparbuch.«

Für zwei Scheiben Blutwurst?

Margots Stimme erreicht schwindelerregende Höhen. »Und wie ich sie gerade so zurechtweise, fällt diesem linkischen Ding die Gabel aus der Hand und mir direkt vor die Füße. Sicherlich vor Schreck, dass es Frauen gibt, die derartig impertinentes Verhalten nicht dulden. Jedenfalls bin ich kein Unmensch und habe ihr das Teil aufgehoben. Sie schien sich dazu nicht in der Lage zu sehen, aber ich denke, da muss man einfach Größe zeigen. Nicht wahr?«

»Ganz und gar, meine liebe Frau Katuschek«, erwidert die Frau Doktor.

»Hannelore, die das Ganze zufällig durch die offene Küchentür beobachtet hat, sieht das ganz genauso«, fügt Margot noch voller Überzeugung an.

Das wäre eine Erklärung, aber wieso hat Weidmann ihr das so einfach abgenommen? Hannelore hat das mit Sicherheit nicht so wiedergegeben, schon allein im Hinblick auf ihre zweihundertfünfzig Euro.

»Wenn ich nur wüsste, wie es Hannelore geht«, plappert Margot munter weiter. »Ich habe sie seit unserer Verhaftung nicht mehr gesehen.«

Nicht reagieren, Frau Doktor. Nicht reagieren. Die Überbringer der schlechten Nachrichten sind immer die Gekniffenen.

»Jedenfalls freue ich mich für Sie, dass das alles so schnell und vor allem glimpflich ausgegangen ist«, hebt die Frau Doktor an. Sie umschifft die Stinkeklippe Hannelore. Sehr gut.

»Ja, nicht wahr? Glücklicherweise ist mir das Telefonat mit dem Urologen meines Mannes wieder eingefallen. Hannelore und ich haben letzten Mittwoch allein zwanzig Minuten in der Warteschleife gehangen, bevor wir jemandem am Ohr hatten, als Privatpatienten. Das muss man sich einmal vorstellen.«

Welcher Urologe? Und wieso weiß Hannelore von dem und ich nicht? Und wie kommt Hannelore dazu, Arztgespräche über mich zu belauschen?

Margot läuft zu Hochform auf. »Und diese Schwester! Meine Güte, was die Ärzte heutzutage für Personal haben. Die können nicht einmal mehr ein Gespräch durchstellen. Über vierzig Minuten meiner Lebenszeit hat uns die Gesundheit meines Mannes gekostet. Dabei sind meine Notizen und der Anruf bei der Apotheke nicht einmal eingerechnet. Jedenfalls konnte Andreas, also Herr Weidmann, anhand meiner Telefongespräche einwandfrei nachvollziehen, dass ich unmöglich gleichzeitig Selma in der Küche umgebracht haben kann. Als das endlich klar war, durften wir gehen. Allerdings müssen wir uns zur Verfügung halten. Bitte schön, wenn es weiter nichts ist.«

»Tja, so ein Alibi ist Gold wert«, entgegnet die Frau Doktor, und ich kann mir nicht helfen, aber sie klingt ein wenig enttäuscht. Aber womöglich bilde ich mir das auch nur ein.

Margot und Hannelore haben ein gemeinsames Alibi, so weit kann ich folgen. Aber was veranlasst Hannelore dann, zweihundertfünfzig Euro auf ihre Freundin zu setzen? Ganz offenkundig kann sie nicht die Mörderin gewesen sein. Welchen Sinn macht dann dieser Wetteinsatz? Womöglich läuft in Hannelores Kopf noch viel mehr verquer, als ich bisher angenommen habe.

»Stimmt das, was mir Pflegerin Monika Löwe vorhin erzählt hat?«, will Margot wissen. »Man hat den armen Kai-Uwe verhaftet?« Allein im letzten Satz springt ihre Stimme zwischen drei Oktaven.

Die Frau Doktor ist klug genug, das nicht zu bestätigen. »Er gibt eine Aussage auf dem Revier ab«, erklärt sie.

Bei Margot ist alles wie immer. Sie hört das, was sie hören will. »Sehen Sie, liebe Olga, wenn es kommt, kommt es dicke. Da hat der gute Junge seine Freundin verloren, wenn Sie mich fragen, ein luftiger Charakter, aber er hat sie sich ja ausgesucht, und schon taucht das nächste Problem auf. Ein Mordverdacht. Da kann ich nur lachen. Ich hoffe nur, dass Helmut hier nicht seine Hände im Spiel hat. Er ist nun auch schon etwas älter und verwechselt leicht etwas. Ich könnte nicht mehr ruhig schlafen, wenn er den lieben Jungen auf dem Gewissen hätte.«

Margot schläft immer gut, sogar mit einem halben Pfund Streichkäse im Magen. Dem vollfetten.

Hinter mir werden Schritte laut. Ach bitte, wer stört denn jetzt? Schnell ziehe ich mich von der Tür zurück und versuche, möglichst unschuldig dreinzuschauen. Unser Auszubildender Peter Bause schleicht an mir vorbei. Und obwohl er mich offenkundig beim Spionieren erwischt hat, macht er sich nicht einmal die Mühe, mich anzusehen oder mir anderweitig zu verstehen zu geben, dass er mich bemerkt hat. Ich hingegen kann nicht anders, als ihn anzustarren. Er sieht anders aus als sonst. Eindeutig. Irgendwie möchte man meinen, er wollte doch tatsächlich arbeiten. Sein rosafarbener Kasack wird durch eine neonfarbene Warnweste ergänzt. Über seiner rechten Schulter hängt ein Seil, an den Füßen trägt er Gummistiefel und vor der Stirn prangt eine LED-Grubenlampe, die er sinnvollerweise mitten am Tag schon eingeschaltet hat. Das Gummiband, das diesen Kopfschmuck hält, scheint mir ein wenig zu straff zu sein, denn es führt dazu, dass sein Pony verrutscht ist. Was darunter zum Vorschein kommt, verblüfft mich wirklich. Der Junge hat tatsächlich ein zweites Auge, und ich bin womöglich der einzige Mensch außer ihm selbst, der es je gesehen hat.

»Was haben Sie denn vor?«, rufe ich ihm nach, denn sein ungewöhnliches Outfit macht mich dann doch neugierig.

»Suchaktion nach Herrn Gerhard«, mault er lustlos, ohne seine Blickrichtung zu ändern. Ich sage es ja, ich könnte bewusstlos auf dem Boden liegen und der Junge würde drübersteigen. Das richtige Personal zu finden gleicht einer Tombola. Man zieht meistens Nieten.

»Wo suchen Sie den armen Mann denn? Auf dem Matterhorn?«, frage ich noch.

»Weiß nicht«, entgegnet er und verschwindet im Fahrstuhl.

Rolf Jürgens Rollator steht dort, wo er ihn am Nachmittag achtlos zurückgelassen hat. Niemand scheint das geringste Interesse an dieser verwaisten Gerätschaft zu haben. Nicht einmal Ingeborg. Sie hat mit Rolf Jürgen als Lebensendgefährte abgeschlossen. Das steht ihr quasi auf die Stirn geschrieben. Aber auch sonst lässt die Stimmung beim Abendessen zu wünschen übrig. Wenn überhaupt Tischgespräche stattfinden, handelt es sich um zweisilbige Phrasen über Belangloses. Die erfolglose Suche nach Gerhard scheint alle doch erheblich zu beschäftigen, schließlich gehört es nicht zur Tagesordnung, dass einer von uns seit vierundzwanzig Stunden abgängig ist, ohne dass der Leichnam in seinem Bett gefunden wird. Alle. Bis auf eine.

»Also diese Olga… welch eine tolle Frau«, schwärmt Margot in einem fort. »So eine sympathische Person, und zuhören kann die! Es war richtig aufbauend, sich nach so langer Zeit mal wieder mit einem normalen Menschen zu unterhalten.«

»Mhm.«

»Und wir sind absolut auf einer Wellenlänge. So etwas gibt es selten, weißt du, Helmut.« Margot schabt mit ihrem Messer den in der Silberfolie verbliebenen Streichkäse ab. »Dass sie auch noch voller Begeisterung zur Pediküre geht, hätte ich niemals für möglich gehalten.«

Und ich bereue schon nach wenigen Minuten, dass ich mich zum Abendessen wieder an meinen alten Tisch gesetzt habe. Margot lässt einen wie üblich nicht zu Wort kommen. Sie plappert ohne Pause über ihre neue intensive Freundschaft zu der Frau Doktor und hält nebenbei angestrengt Ausschau nach Hannelore, die heute erstaunlich unpünktlich ist. Ich hoffe darauf, dass sie noch mit dem Kartoffelsalat zu tun hat, den sie vorhin abgestaubt hat, aber eigentlich ist mir das auch egal. Immerhin muss man ihr zugutehalten, dass sie gemeinsam mit unserem Auszubildenden den Park nach Gerhard abgesucht hat. Wieso er dafür eine spezielle Ausrüstung brauchte, während Hannelore das in ihrer Strickjacke erledigt hat, weiß er im Zweifel nicht einmal selbst. Jedenfalls sind beide nicht fündig geworden.

Der Indoor-Suchtrupp, angeführt von Jutta und Monika Löwe, konnte ebenfalls keinen Erfolg vermelden. Gerhard ist wie vom Erdboden verschluckt, was Frau Mehltau dazu veranlasst hat, auf mein Anraten die Polizei zu alarmieren. Mir ist durchaus bewusst, dass vierundzwanzig Stunden bei einem Erwachsenen, auch wenn er alt ist, nicht gerade ein bedrohlicher Zeitraum sind, aber angesichts der jüngsten Ereignisse halte ich alles für möglich. Mittlerweile bin ich, was Gerhards Abtauchen angeht, etwas skeptischer, aber wie haben wir früher immer so schön gesagt: Gewissheit hat man erst, wenn die Wasserleiche an einem vorbeitreibt.

»Wenn Gerhard nicht mehr da ist, könnte sich doch Olga mit an unseren Tisch setzen«, fährt Margot fort, während sie die zweite Käseportion aus ihrer Folie schält. »Das fände ich wirklich herzig.«

Erstaunlich, wie schnell Plätze gefüllt werden, sogar wenn sie noch nicht einmal richtig frei sind. Allein bei dem Gedanken an das Quartett aus Margot, Hannelore, der Frau Doktor und mir wird mir übel. Wenn es Margot gelingen sollte, meine letzte verbliebene Vertraute auf ihre Seite zu ziehen, esse ich auf meinem Zimmer. Nicht, dass ich glaube, dass die Frau Doktor diese neu entfachte Sympathie erwidert, keineswegs. Ihr Einsatz bei der Fußpflege war ganz eindeutig im Sinne unserer Ermittlungen. Denn eines ist so sicher wie das Amen in der Kirche: Margot wäre mir gegenüber niemals so redselig gewesen. Die Frau Doktor hat hier ganz ausgezeichnet gearbeitet und war dabei auch noch äußerst überzeugend, aber mit diesen Konsequenzen konnte sie nicht rechnen. In ihrem Normalzustand ist das auch kein Problem, doch es droht Gefahr, wenn bei ihr die Hälfte der Lichter aus sind. In diesen Momenten ist sie nicht sie selbst und damit leichte Beute für meine Frau. Dann will ich nicht zugegen sein. Ich habe schließlich auch Gefühle.

»Ich wusste, dass du diese Idee auch gut findest«, flötet Margot. »Deswegen spreche ich die Sache gleich nach…« Margot stutzt, unterbricht ihren Satz, hebt ihr Hinterteil leicht von ihrem Stuhl und wedelt mit dem Folienrest ihres Streichkäses. »Hannelörchen, huhu!«, ruft sie erfreut. »Da bist du ja endlich.« Ihre Mundwinkel berühren fast ihre Ohren, so sehr entzückt sie das Auftauchen ihrer Busenfreundin.

Und dann passiert das Unvorhersehbare. Hannelores

Aufenthalt in der U-Haft scheint mit einer partiellen Amnesie einherzugehen, zumindest in Bezug auf Margot. Ohne nur die kleinste Notiz von ihr zu nehmen, marschiert sie schnurstracks auf unseren Nachbartisch zu und nimmt mit grenzenlosem Selbstverständnis daran Platz. Darüber zeigt sich sogar die toughe Jutta im ersten Moment ein wenig erstaunt, aber diesen Zustand überwindet sie schnell.

»Welche Pflegeprodukte nehmen Sie für Ihr Haar?«, will sie von Hannelore wissen. Dabei versäumt sie es nicht, mir wieder einen dieser verschwörerischen Blicke zuzuwerfen.

»Wasser und Seife«, brummt Hannelore, offenbar uninteressiert an Schönheitstipps jeglicher Art, und greift nach dem Brotkorb.

Die Frau Doktor lässt die Cocktailtomaten über den Tisch rollen. Offenbar durchlebt sie gerade wieder ihre Telefonbuchphase.

»Aber …? Was …? Hannelore …«, haucht Margot neben mir und ist plötzlich kreidebleich. Vor lauter Fassungslosigkeit bleibt sie stehen und setzt sich erst wieder, nachdem ich sie zurück auf ihren Stuhl gedrückt habe. »Helmut! Hast du das gesehen?«, wispert sie mit gebrochener Stimme und Tränen in den Augen.

Was sagt man jemandem, der die Antwort ohnehin nicht hören will?

»Die wichtigen Leute sitzen jetzt nebenan und alles nur, weil du mit deiner verstörenden Schnüfflerart das halbe Heim gegen uns aufgebracht hast. Familie Katuschek ist Persona non grata«, schnieft sie. »So weit ist es schon gekommen.«

Noch bevor ich etwas sagen kann, pfeffert sie mit einer weit ausholenden Armbewegung ihre Serviette auf den

Tisch, schnappt sich ihr unangetastetes Käsebrot und stiebt erbost davon.

Ich bin schuld. Und esse nun also allein.

Es dauert nicht lange, da setzt um mich herum ein undefinierbares Tuscheln ein. Noch ehe ich den Grund ausmachen kann, steht er neben mir und röchelt auf meine angebissene Schnitte. Rolf Jürgen ist zurück und hat augenscheinlich kein Problem damit, am Tisch der Aussätzigen Platz zu nehmen. Ausnahmsweise scheint ihm nicht sonderlich viel daran gelegen zu sein, bei den Frauen zu sitzen.

»Helmut.«

»Rolf Jürgen.«

Er zieht sich den Teller mit dem Aufschnitt heran und bedient sich.

Wir kauen schweigend. Ein Abendessen unter Männern. Ich teile meine Flasche Bier mit ihm. Schließlich müssen wir zusammenhalten, vor allem, nachdem sein Tag so mies gelaufen ist.

Er prostet mir zu. »Körperliche Ertüchtigung macht hungrig«, jauchzt er und scheint tatsächlich überaus fröhlich gestimmt zu sein. Ich weiß zwar nicht genau, wie es um seinen Geisteszustand bestellt ist, aber womöglich hat er Ingeborg und die verpatzte Verlobung bereits vergessen und ist sich keiner Schuld bewusst. Ich beobachte ihn aus dem Augenwinkel. Seine Vergnügtheit scheint sich mit jedem Schluck Bier noch zu steigern. Offenkundig schafft Alter Narrenfreiheit und Rolf Jürgen nutzt das schamlos aus. »Meine Uschi hat richtig Fleisch angesetzt«, sagt er mit vollem Mund. »Da hat man was zu greifen.«

Ich denke an Margots heimbedingten Wohlfühlspeck.

»Na, Checker! Alles easy auf dem Planet der vergreisten Affen!« Kai-Uwe ist zurück. Sein dämliches Grinsen auch. Pünktlich zum Abendessen. Das allein scheint ihm jedoch noch nicht zu genügen. Er setzt sich eiskalt zu uns an den Tisch. Jetzt greift er auch noch nach meinem Bier und kommt mir dabei so nah, dass ich den Zander vom Mittagessen in seinen Haaren riechen kann.

Herbert versucht gerade, seine Bauern zu entwickeln. So, wie er das betreibt, ergibt das keinen Sinn, aber dahingehend hat er noch nie einen Ratschlag von mir angenommen. Ich ahne schon, dass er trotz dieses unnützen Vorhabens wieder gewinnen wird. Unwirsch sortiere ich im Kopf meine nächsten Züge. Zugegeben, ich bin gerade nicht sonderlich auf der Höhe. Mich treibt die Sache mit Kai-Uwes Rückkehr um. Entweder der Junge ist unschuldig oder Weidmann konnte ihm nichts nachweisen und hofft nun, dass er sich unter polizeilicher Beobachtung irgendwie selbst entlarvt. Die zweite Option gefällt mir nicht sonderlich. Denn Kai-Uwe sucht nicht das Weite, im Gegenteil scheint dieses Heim ihn anzuziehen wie der Käse eine Maus. Der Junge ist ebenso unverschämt wie unberechenbar. Beides kann durchaus gefährlich werden. Noch dazu ist noch keiner der Kollegen hier aufgetaucht. Und selbst wenn jemand käme, ich weiß sehr wohl, was passiert, wenn Weidmann abgelenkt ist, beispielsweise durch seine neue Freundin. Dann haben wir am Ende alle eine Fleischgabel in der Nase.

»Psst. Herr Katuschek.«

Ich sitze beim Schachspiel auf unserem Balkon und höre Stimmen. Wenn das so ist, brauche ich mir über die vermeintliche Zeitbombe Kai-Uwe keine Gedanken mehr zu machen.

»Herbert! Schach lebt von der Interaktion«, murmle ich. Dann bewege ich einen seiner Bauern über das Brett.

»Kollege Katuschek. Haben Sie freie Kapazitäten?«

»Frau Doktor, sind Sie das?«, frage ich verwundert und lasse meinen Blick suchend über ihre Balkonbepflanzung schweifen. Ich kann niemanden ausmachen. Grüner Overall hinter grünem Blattwerk, das kriegt selbst ein Zwanzigjähriger nicht hin.

»Selbstverständlich«, erwidert sie leise, aber bestimmt.

Ich richte mich auf und trete an das Geländer. »Was gibt es denn?«, frage ich in das Grünzeug, ebenfalls bemüht, keine Zeugen für unser Gespräch auf den Plan zu rufen. Diskretion ist bei der Polizeiarbeit nun mal das A und O.

»Ich brauche Sie in der Mordsache Scherschmidt. Können Sie rüberkommen?«, antwortet sie.

Ich lehne meinen Oberkörper nach hinten und blicke halb schräg über meine Schulter in Richtung Schlafzimmer. Margot hat Migräne, und zwar die, die sie immer bekommt, wenn ihr etwas gegen den Strich geht. Trotz der unbedingten Ruhe, die sie sich verordnet hat, ist die Tür geöffnet. Ich bin lange genug verheiratet, um zu wissen, was das bedeutet. Margot Katuschek hat mich im Auge.

»Momentan ist es schwierig«, rufe ich mit gedämpfter Stimme in das Gestrüpp. »Ich bin nicht allein.« Und ich weiß, welche Dramen mich erwarten, wenn ich mich trotz Margots Zustand entferne, noch dazu kurz nach sechs Uhr abends, wenn Margot damit beginnt, sich für die Nacht vorzubereiten.

Ich höre das angestrengte Atmen der Frau Doktor.

Zeitgleich steigt Trotz in mir auf. Helmut Katuschek, du wirst gebraucht, denke ich, stecke meine Hand in die Pflanzen, drücke sie ein wenig beiseite und blicke in das erwartungsfrohe Gesicht der Doktorin.

»Ich sorge für freie Fahrt und Sie schwingen die Beine«, erklärt sie mit ihrer typischen Überzeugungskraft und fasst nach den Stängeln.

Mir ist durchaus bewusst, dass ihr der leichtere Part dieser Expedition zufällt, aber ich beschwere mich nicht. Was mir die Schweißperlen auf die Stirn treibt, ist die Tatsache, dass wir im ersten Obergeschoss wohnen. Ich habe in meinem Berufsleben so einige Selbstmörder gesehen, und die aus der ersten Etage waren immer die Gekniffenen. Das gibt nichts außer schwere Knochenbrüche. Vor meinem inneren Auge sehe ich ein Gipsbett. Und wir alle wissen, was das in meinem Alter bedeuten kann.

»Herr Katuschek, Sie sind der Held der Stunde«, ruft mir die Frau Doktor angesichts meines Zögerns zu.

Ich bin ein Mann, der keine Wahl hat. Dafür aber eine Fußbank. Kurz darauf prüfe ich den sicheren Stand auf derselbigen, gebe meinem rechten Bein ordentlich Schwung und schaffe es so, meine Ferse auf dem Handlauf abzustellen. »Die Hälfte hätten wir schon mal geschafft«, lasse ich die Frau Doktor wissen.

Sie scheint nur halb so optimistisch zu sein wie ich, denn sie umfasst meinen Fuß und hebt ihn behutsam zu sich herüber, während ich mit beiden Händen das Geländer umklammere, um das Gleichgewicht nicht zu verlieren. Einen Krampf und eine gefühlte Ewigkeit später schaffe ich es, meine Zehenspitzen auf dem Boden aufzusetzen. Die Frau Doktor hat ihre Motivationssprüche schon lange eingestellt und sieht aus, als wäre sie kurz davor, einen Krankenwagen zu holen. Ich muss zugeben, dass ich momentan möglicherweise eine nicht ganz so gute Figur mache, aber dass sich mein linkes Bein beim Versuch, es nachzuziehen, andauernd im Haschisch verhakt, kann mir nun wirklich nicht angelastet werden. Ich werde kurzatmig. Aber das ist nicht so schlimm wie das Taubheitsgefühl in meinen Zehen.

Mit letzter Kraft bewege ich mein Bein nach oben. Ich schaffe es wieder bis auf den Handlauf. Und dann, zack! Der stechende Schmerz, der mir in den Rücken gefahren ist, nimmt mir fast die Sinne. Ich bin bewegungsunfähig, in einer durchaus unvorteilhaften Körperhaltung. »Frau Doktor«, japse ich mit schmerzverzerrtem Gesicht, »ich glaube, es gibt da eine eine klitzekleine Abweichung vom Plan.«

»Lieber Herr Katuschek, das gestaltet sich jetzt deutlich komplizierter als gedacht«, höre ich die Frau Doktor sagen. Dann verschwindet sie schnellen Schrittes in ihrem Appartement.

Aber Frau Doktor, Sie können doch nicht…? Das ist jetzt, sagen wir mal, ein wenig unkomfortabel. Dann durchzuckt mich ein schrecklicher Gedanke. Die Telefonbuchphase könnte von ihr Besitz ergriffen haben, und die kann Stunden dauern. Ich lote gedanklich meine Möglichkeiten aus. Ein Hilferuf würde nicht nur die Feuerwehr, sondern auch meine Frau alarmieren, was meiner Gesamtsituation eine noch unschönere Wendung geben würde. Zurückhaltung scheint mir also das Gebot der Stunde. Entsprechend vergrabe ich meinen Kopf zwischen den Blättern, was zumindest die Welt jenseits des Heimgeländes fernhalten sollte. Allein die Vorstellung, dass der bewegungsunfähige Kriminalhauptkommissar a.D. Helmut Katuschek über eine Drehleiter vom Balkon seiner Seniorenheimnachbarin gerettet werden muss, lässt mich noch mehr transpirieren. Der angestrengte Blick auf meine Armbanduhr verrät mir, dass ich noch genau sechzig Minuten habe, bevor Margots TV-Vorabendprogramm startet. Dann jedenfalls bin ich erledigt, denn die Sichtachse von Margots Sessel auf meinen zurückgebliebenen Fuß ist unverstellt. Den Rest findet sie dann garantiert sehr schnell heraus. Auch wenn mich diese Aussicht zu Höchstleistungen treibt, habe ich gegen die Blockade in meinem Rücken keine Chance.

Unter mir auf der Straße werden Geräusche laut. Oje, man hat mich entdeckt. Gleich läuft hier unter Margots hysterischem Geschrei ein komplettes Bergungsszenario ab. Ich versuche, nicht zu hyperventilieren. Der Lärm ebbt ab. Es waren also nur ein paar arglose Passanten, die keinen Blick an ein Seniorenheim verschwendet haben.

»Herr Katuschek, Hilfe naht«, höre ich die Frau Doktor von irgendwoher sagen. Sehen kann ich sie leider nicht. Ich warte. Man kann im Alter so einiges an Geduld aufbringen, das habe ich mittlerweile gelernt. Man kann, aber man muss nicht. Angeblich sollen scheinbar ausweglose Situationen die Gehirnzellen zu Höchstleistungen antreiben, doch auch davon merke ich nichts. An meinem Geisteszustand hat sich seit dem Abendessen nichts geändert, nur dass ich jetzt festklemme. Herrje! Das ist aber auch …!

»Kollege Katuschek, es ist an der Zeit«, sagt die Frau Doktor, die nun wieder neben mir steht und eine aufgezogene Spritze in ihrer Hand hält.

Ich bin absolut ihrer Meinung und versuche, ihr meinen rechten Oberarm ein wenig entgegenzudrehen, man tut ja, was man kann. Die Frau Doktor bemerkt meine Kooperationsbereitschaft nicht einmal, sondern öffnet zielgerichtet meine Hose, die umgehend der Schwerkraft nachgibt, zumindest bis sie von der unnatürlichen Haltung meines linken Beines abgebremst wird. In allen schlechten Dingen liegt eben auch etwas Gutes. Auch was meine Unterhose angeht, ist die Frau Doktor wenig zimperlich. Ein kurzer Griff und mein nackter Hintern schwebt zwischen zwei Balkonen eines Seniorenheims. Sogar mich überrascht das Alter immer wieder. Das Ansetzen der Nadel kriege ich nicht einmal mit, aber ehrlich gesagt bin ich schon an dem Punkt, an dem es mir egal ist.

»Erledigt!«, triumphiert die Frau Doktor. »Gin Tonic, um den Wirkungseintritt abzuwarten?«

Ich verweigere mich nicht und danke allen himmlischen Mächten, dass sie nicht mit ihrem Telefonbuch zurückgekommen ist.

»Soll ich Ihnen beim Schließen Ihrer Hose behilflich sein?«, fragt die Frau Doktor, während ich regungslos im Sessel sitze und zwischen zwei Schlucken meines Mixgetränks die mittlerweile wesentlich dumpferen Schmerzen wegatme. »Ich könnte Sie auch einrenken. Bei Karl Heinz hat das Wunder gewirkt«, bietet sie an.

Ich betrachte die neben mir stehende knöcherne Nachbildung ihres verstorbenen Mannes einschließlich seiner Schienbeinfraktur und lehne dankend ab.

»Was hatten Sie so Dringendes mit mir zu besprechen, meine Liebe?«, frage ich. Im Polizeidienst muss man sein eigenes Wohlbefinden hinter die Sache zurückstellen.

»Ich hatte eine aufschlussreiche Plauderei mit Ihrer Frau Gemahlin«, erwidert die Frau Doktor.

Nachdem ich nicht reagiere, schlussfolgert sie das einzig

Richtige. »Sie wissen Bescheid.« Sie nickt zufrieden. »Dann gibt es ja noch Hoffnung für Ihre Ehe.«

»Nicht von Margot«, sage ich. »Eher zufällig.« Ich ärgere mich noch immer, dass das Auftauchen unseres nichtsnutzigen Auszubildenden womöglich zu erheblichen Informationsdefiziten bei mir geführt hat.

Die Frau Doktor lässt das so stehen. »Dann wissen Sie auch, dass Gerhard am Mittwochmittag in der Toilette des Kosmetikbereichs gesehen wurde?«

Siedend heiß fällt mir sein löchriges Alibi ein. »Aber er lag doch krank im Bett«, versuche ich einen schwachen Widerspruch. »Sind Sie sicher?«

Die Frau Doktor hält meinem Blick souverän stand.

Margot Katuschek, du bist mein Sargnagel.

Gerhard ist wieder da. Und ich muss mit ihm reden. Dringend. Stattdessen hocke ich mit Margot bei diesem vermaledeiten Frühstück. Ich bin ihr einfach nicht entkommen. Sie sagt, sie kämpft um unsere Rückkehr in das gesellschaftliche Leben dieser Residenz, quasi die Resozialisierung der Eheleute Katuschek. Mir war überhaupt nicht bewusst, dass ich irgendetwas verloren habe. Entsprechend will ich auch nichts wiederhaben. Margot sieht das anders. Sie denkt, unsere Dauerpräsenz sorgt ganz automatisch für eine Wiedereingliederung. Das würde bedeuten, man müsste einen Räuber auch nur lange genug zwischen die Bankangestellten setzen, damit sie ihm einen Kaffee ausgeben und ihm die Nummer des Safes verraten. Margot ist naiv. Und mir kribbelt es in den Beinen, vor Anspannung und nicht wegen meines eingeklemmten Ischiasnervs.

»Ob der liebe Gerhard wohl zum Frühstück schon

herunterkommen kann?«, höre ich Jutta am Nachbartisch sagen. »Es wäre schon beruhigend, wenn ich mich selbst von seinem Wohlergehen überzeugen könnte. Es ist nicht schön, dass die Heimleitung ihn so von uns abschirmt.« Sie rührt geräuschvoll mit einem Löffel in ihrem Kaffee. »Man hört ja, er hätte eine ganze Nacht an der Bushaltestelle verbracht, auf einer Bank. Dann erst hat ihn eine hilfsbereite Passantin ins Krankenhaus gebracht.« Sie schüttelt sich. »Also für mich wäre das aushäusige Übernachten nichts. Ich habe mir noch nie etwas aus Camping gemacht.«

»Wo bitte ist denn hier eine Bushaltestelle?«, will Hannelore wissen.

Genau gegenüber auf der anderen Straßenseite, denke ich. Für einen Fluchtversuch ist der bedauernswerte Gerhard also nicht weit gekommen.

Jutta winkt ab. »Wenn das stimmen würde, hätte Peterlein ihn doch mitgebracht. Er kommt jeden Tag mit dem Bus zur Arbeit.«

Peter Bause? Niemals.

»Jedenfalls ist Gerhard wohlauf und wieder in unserer Mitte«, konstatiert Jutta. »Die Schäfchen sind alle wieder vollzählig.«

Ich werfe Jutta einen strafenden Blick zu. Natürlich bemerkt sie ihn und bekommt umgehend rote Ohren. Damit endet auch ihr Geplapper, vorerst zumindest. Ich frage mich, wieso ein gesunder, geistig fitter Mittachtziger heimlich aus einem Heim verschwindet und dann nicht weiter kommt als bis zur nächstbesten Bushaltestelle. Wo wollte er denn hin? Und vor allem, warum ist er dann nicht in irgendeinen Bus gestiegen? Kein Mensch hockt sich eine ganze Nacht in ein Bushäuschen, wenn keine zwanzig

Meter weiter sein bequemes Bett steht. Noch dazu, wenn er möglicherweise einen Menschen auf dem Gewissen hat. Irgendwas muss ihn aufgehalten haben. Aber was?

»Seine Schnecke hat ihn versetzt.« Rolf Jürgen lacht schmierig. »Und da hat er einfach gewartet, ob noch eine vorbeikommt.« Er hebt und senkt die Schultern. »Wenn man schon einmal in der Freiheit ist …«

»Er ist zum Sterben dort rausgegangen«, weiß Hannelore. »Das machen die Indianer auch so, um ihrem Stamm nicht zur Last zu fallen.«

Mir entgeht der verwunderte Blick der Frau Doktor nicht. Niemand ist hellauf begeistert, wenn er plötzlich Hannelore am Tisch hat. Ich für meinen Teil warte noch immer darauf, dass diese eigenmächtige Veränderung der Sitzordnung Konsequenzen hat, aber angesichts der chaotischen Zustände, die hier herrschen, traut sich sicherlich niemand vom Personal, Hannelore an ihren Regelverstoß zu erinnern. Mir soll es recht sein.

»Ein Freitod?«, kreischt Jutta, drückt ihre Augen fest zusammen und hebt die Hände gen Himmel. »Das fange ich nicht ein.«

Jetzt geht das schon wieder los.

Margot öffnet den Mund, als wollte sie etwas sagen, kommt aber nicht dazu.

»Selbstverständlich. Die meisten Suizidalen setzen sich an eine Bushaltestelle«, bestätigt die Frau Doktor nüchtern.

Falls das ein Selbstmordversuch werden sollte, hat Gerhard etwas grundlegend falsch gemacht. Die Linie fährt alle halbe Stunde. Da sollte man meinen, das seien Chancen genug. Wie sinnvoll es allerdings ist, sich vor einen bremsenden Bus zu werfen, mag dahingestellt sein. Aber Gerhard war schon immer ein wenig weltfremd. Deswegen passt das im Zweifel schon.

Margot fängt leise an zu weinen. Ich bin sicher, dass dies nichts mit Gerhard zu tun hat. Sie möchte gern mitreden, schafft es aber nicht. Dass man auch mit seinem Mann Konversation pflegen kann, scheint ihr nicht in den Sinn zu kommen. Seit gestern Abend mal wieder ganz und gar nicht. Ich gebe zu, dass ich meine gestrige Rückkehr in unser Appartement klüger hätte gestalten können. Aber nachdem mir der Weg über den Balkon verwehrt war, blieb mir nichts anderes übrig, als die Tür zu nehmen. Dass Margot sich just in dem Moment zum Getränkeautomaten aufmacht, als ich mit geöffnetem Hosenschlitz aus dem Nachbarappartement trete, konnte ich nicht ahnen. Sie holt sich ihr Wasser nie selbst, warum sie ausgerechnet gestern damit angefangen hat, ist mir schleierhaft. Wenigstens hat das ihre neue Freundschaft zu der Frau Doktor spontan abgekühlt, eigentlich sogar in den zuvor herrschenden Vereisungszustand zurückkatapultiert, was mir nicht unrecht ist.

»Heute gibt es italienische Salami«, sage ich laut. Aus Italien stammt im Zweifel nicht einmal die Verpackung, aber mit irgendetwas muss ich mich an den Tischgesprächen der anderen beteiligen.

Jutta schaut mich an, als hätte sie einen Geist gesehen. Sie traut sich aber nicht, mich nach dem Zusammenhang zwischen Gerhard und einer Dauerwurst zu fragen.

»So fett, wie die ist, stirbt man wenigstens schneller«, geht Hannelore auf mich ein.

»Ich nicht«, krächzt Rolf Jürgen erfreut.

Juttas Hand schnellt zu ihm herüber und ihre Augen blitzen auf. »Du wirst von einer deiner Amouren gerichtet,

Herzchen«, sagt sie und der Gedanke daran scheint sie zutiefst zu belustigen.

Die Sache mit Gerhard ist vom Tisch.

»Ich sterbe beim Liebesakt«, flötet Rolf Jürgen und zwinkert mir zu. Mir ist nicht klar, was er mir damit sagen will. Mir jedenfalls wird es unter Garantie nicht so ergehen.

»Mit einer rassigen Rothaarigen weit unter der Fünfzig«, fügt er hinzu.

Ich brauche mich nicht umzuschauen, um zu wissen, dass es bei uns so jemanden nicht gibt. Rolf Jürgens Ehefrau Uschi kann ebenfalls nicht gemeint sein. Die ist brünett.

»Die haben noch alle Zähne und schön straffes Fleisch«, redet Rolf Jürgen weiter.

»Das habe ich auch«, kichert Jutta. »Also bis auf zwei Backenzähne.«

Neben mir kratzen die Stuhlbeine über das Parkett. Gleichzeitig schwappt mein Kaffee über den Tassenrand, so sehr wackelt der Tisch bei Margots Abgang. Meine Frau hat genug gehört, und wenn ich den schnellen Blick zwischen der Frau Doktor und Jutta richtig deute, war genau das der Plan. Diese Teufelsweiber!

Ich beiße von meinem Brötchen ab und kaue, als ob nichts gewesen wäre. Die Augen der Frau Doktor ruhen auf mir, das bemerke ich sogar, ohne sie anzusehen.

»Ich gehe dann mal zur Fitness«, sagt sie übertrieben laut und erhebt sich.

Dann wird das Helmut Katuschek heute wohl auch tun.

Gerhard liegt in seinem Bett und hat die Decke bis zur Nase hochgezogen. Seine Lider sind geschlossen, aber irgendetwas sagt mir, dass er nicht schläft. Er lauert.

Wie ich so neben seinem Bett stehe, fällt mir ein, dass ich noch niemals in seinem Appartement, geschweige denn in seinem Schlafzimmer gewesen bin. Gerhard ist äußerst offenherzig bezüglich seiner diversen Gebrechen gewesen, aber viel Privates hat er ansonsten nicht von sich offenbart. Gut, er war verheiratet, mit Marie-Luise, und er war wohl nicht besonders glücklich. Das kann jedem passieren. Dafür hat er es fast das ganze Leben mit ihr ausgehalten. Zumindest sind die beiden auf dem schwarz-weißen Hochzeitsfoto, das auf seinem Nachtschrank steht, verdammt jung. Eigentlich kann ich das aber nur für Gerhard mit Gewissheit sagen. Bei ihr fehlt das Gesicht. Ich blinzle. Nach etwas Natürlichem sieht das nicht aus, sondern eher nach einer Nagelschere.

Die Frau Doktor scheint das Foto zeitgleich entdeckt zu haben. Sie beugt sich herunter, richtet ihre Brille und schaut es lange an. Danach wirft sie mir einen vielsagenden Blick zu. Ich hoffe für Gerhards Frau, dass er ihr Gesicht erst nach ihrem Tod entfernt hat. So etwas will man zu Lebzeiten nicht sehen. Das deprimiert doch. Seltsam ist es aber schon irgendwie, man kann solche Erinnerungen ja auch wegwerfen oder, wie Margot es tut, in irgendeine Schublade verbannen. Dabei ist das bei uns eher eine Zwischenlagerung, bis wir wieder einen Platz an der Wand frei haben.

Jemand stößt mich vorsichtig an. Die Frau Doktor. Natürlich. Als sich unsere Blicke treffen, bedeutet sie mir, dass sie unter dem Bett etwas entdeckt hat.

Gerhards Hausschuhe. Schöne flauschige Fellpantoffeln. Kaninchenfell.

Wenigstens stellt Weidmann keine Fragen. Eigentlich hat er sich überhaupt nichts anmerken lassen, wie er da so mit Gerhards Hausschuhen unter dem Arm durch das Foyer marschiert ist. Er ist einfach nur hinter dem Rollstuhl, in dem Gerhard von zwei Beamten aus der Residenz gebracht wurde, hergelaufen. Dabei hat er mir freundlich zugenickt, aber als er mein verzweifeltes Gesicht gesehen hat, ist er stehen geblieben und hat mir das erzählt, was Gerhard mir und der Frau Doktor partout nicht offenbaren wollte.

Gerhard hat Selma umgebracht. Wegen der Blutwurst. Na ja, etwas mehr gab es da schon, aber die extra Wurstscheiben, die Selma mir spendiert hat, sollen die Initialzündung gewesen sein. Gerhard war eifersüchtig. Auf mich. Und irgendwie auch auf alle anderen, die nach seinem Dafürhalten glücklich waren.

Fast fünfzig Jahre soll Gerhard verheiratet gewesen sein, mit Marie-Luise, der notorischen Fremdgeherin. Sogar seinem Bruder soll sie schöne Augen gemacht haben, in Gerhards eigenem Ehebett. An dem Tag hatte sie gekocht, Linsensuppe mit Blutwurst. Gerhard hat nichts von diesen Demütigungen vergessen. Er hat still alles ertragen. Und gewartet, dass die gemeinsamen Ehejahre zu Ende gehen. Fünfzig Jahre hat das gedauert. Und dann, als es endlich so weit war, war er ein alter Mann, noch schwächer und mutloser, als er es fast sein gesamtes Leben gewesen war. Die Sehnsucht nach dem großen Glück wurde mehr und mehr zu Verzweiflung, Neid und Missmut. Dann kam der vergangene Mittwoch, der Tag, an dem Selma mir zwei Scheiben Blutwurst in die Linsen gelegt hat.

»Sie können doch nichts dafür, Chef«, sagt Weidmann.

»Nicht direkt zumindest. »Er hat den Hass auf seine verstorbene Frau auf diese Selma projiziert.«

»Und auf mich«, sage ich tonlos. »Wenn ich das nur geahnt hätte ...«

»Mhm.« Weidmann neigt den Kopf. »Eigentlich nicht unbedingt auf Sie. Oder wieso hätte er sonst die Mordwaffe im Kosmetikbereich verstecken sollen? Ich schätze, er wollte Ihnen helfen, Ihre Frau loszuwerden.« Weidmann beißt sich auf die Zunge. »Äh, Chef, das war nicht ... Sie wissen schon. Ich ...«

Ich mache eine wegwerfende Handbewegung.

»Immerhin kam von Ihrer Frau der entscheidende Hinweis«, wirft er entschuldigend ein.

»Mhm.« Margot, genau. Wenn sie reden soll, schweigt sie, und wenn man seine Ruhe haben will, kann sie den Mund nicht halten.

»Aber wenn Sie vorhin nicht angerufen hätten ... Dass Ihnen bei Ihrem Krankenbesuch die Hausschuhe aufgefallen sind, einfach genial!« Er hält mir seinen nach oben gestreckten Daumen hin. »Ich hätte die Aussage Ihrer Frau nicht ernst genommen, also nicht generell, aber ...«

»Schon gut, Weidmann«, antworte ich. Das tröstet mich nicht. Wirklich nicht. Ich denke an Selma und hasse mich für meine Vorliebe für Blutwurst.

Weidmann geht. Dann dreht sich noch einmal um, wobei er seinen Mund verzieht. »Sie haben wieder einmal gewonnen«, sagt er in einem Tonfall, den ich nicht deuten kann. »Aber Chef«, er kratzt sich hinter dem Ohr, »ein kleiner Fehler ist Ihnen unterlaufen. Nur ein ganz kleiner.«

Ich hebe den Kopf und schaue ihn fragend an.

»Wenn sich Frau Jutta vom Handy des Opfers Fotos

schickt, fällt das auf, also nachdem das Opfer schon ein Opfer ist, meine ich.« Er zwinkert mir zu und verschwindet.

Ich sage es ja, Jutta ist zuweilen eine Fehlbesetzung.

Wenigstens ist mir noch die Frau Doktor geblieben. Ich wende mich der Sofaecke zu, in der sie sitzt. Ihr Kopf steckt tief in einem Telefonbuch.

Dann bleibt mir jetzt nur die vertraute Stille des Foyers.

»Helmut Katuschek! Es ist Zeit für unsere Fußpflege«, höre ich die durchdringende Stimme von Margot. Dass ich Hannelore einmal vermissen könnte, hätte ich nie zu träumen gewagt.